LOVE TO LEARN

The Transformative Power of Care and Connection in Early Education

人際智商

讓孩子學得更好的教養新關鍵

侯可麗 Isabelle C. Hau——著
張綺容——譯

目次

第三部
前進之路：培養連結的未來

序言
播下連結的種子

美妙呀美妙，孩子的心智真美妙

——尤達大師，《星際大戰二部曲：複製人全面進攻》

兒時的人際關係對孩子影響深遠，是潛能開發的關鍵因素。從呱呱墜地起，我們與周遭建立的連結，形塑我們立身處世的核心，這些最初的互動播下了學習之籽、成長之籽、成就之籽。暖暖的關愛、大大的安全、滿滿的珍惜，加上滋養的正向人際關係，以及玩耍和探索的時間和空間，就能成就孩子的學習。

過去數十年間，科學界逐漸凝聚共識：從健康的腦部發展、出色的學業表現、不屈不撓的韌性到一生的幸福與成就，其中的關鍵就是兒時的人際關係。比起過往，我們更進一步了解生與養之間的千絲萬縷，從生命的最初——照顧者撫慰的觸碰和溫柔的嗓音——養育的環境塑造了神經的連結、奠定了終身熱愛學習的基礎。情感連結攸關認知發展和社會情緒發展，科學界正逐步揭曉這背後的神經生物學機制。總歸一句：充滿愛的人際關係不僅讓人更聰明，還能促進整體健康與長壽，影響既深且遠，因此，二〇二一年，美國兒科學會呼籲兒科界採取行動，藉由與家庭和社區合作，優先處理兒時的人際關係。[1]二〇二三年，美國醫務總監墨菲（Vivek Murphy）在一份針對青少年和成人的諮詢報告中提出警告：當前「寂寞與孤獨流行」，妨害身心健康，而社交連繫與社區歸屬則有助於療癒和修復。[2]

滋養的兒時人際關係至關重要，這似乎是不證自明的眞理，任何人——只要當過父母、顧過小孩甚至只要當過小孩，光憑直覺都能共鳴，既然如此，何必還要寫一整本書，來探討這個看似與生俱來的智慧呢？

道理很簡單——人與人之間充滿愛的關係，正是許多孩子缺乏的，不論是對孩子來說、還是對整個世界而言，帶來的後果都不堪設想。在新冠疫情之前，美國每五位學童中，就有一位沒有大人照顧。[3]二〇二〇年，四四%的中學生表示感到孤立無援、缺乏大人和同儕支持，這比例比十年前高出一倍。[4]哥倫比亞大學的新冠與母嬰健康研究指出：疫情高峰期出生於紐約長老會摩根史坦利婦幼醫院的新生兒，每十位就有八位與母親不親，令人震驚，[5]而且情況越來越糟。

從小就人際疏離的情形日漸頻繁。現代家戶人口越來越少，單親家庭越來越多，孩子成長過程中缺乏手足陪伴，既不常跟爸爸媽媽的朋友往來、也缺乏大人開導，而且很少與爺爺、奶奶、外公、外婆……等親戚互動。跟十年前相比，孩子與同伴面對面相處的時間減少了六成，[6]出門玩耍的時間比爸爸媽媽小時候少了一半，[7]孩子不知不覺就沉浸在螢幕的孤獨世界裡，螢幕已經成為現代人的庇護所，爸爸媽媽也常常往裡頭尋求慰藉。過去十年來，少年寂寞的比例翻倍，[8]許多孩子行程滿檔，根本無暇結交朋友，這是過度重視成績、升學競賽提前開跑的後果。還有些孩子生活失序，時常遭受大人忽視。

全球新冠疫情讓問題雪上加霜，幼童更缺乏陪伴，情緒困擾和心理健康問題與日俱增，從而波及家庭和教育工作者。目前已有證據顯示：疫情導致的疏離和焦慮讓幼童語言發展遲緩更甚以往，[9]與此同時，史丹佛大學的研究人員證實，隔離和壓力讓青少年的大腦加速成熟，[10]在此之前，只有長期身處逆境（例如遭受忽視、家庭功能失調）的孩子，才會出現這種「大腦年齡」加速改變的現象。這些腦部變化是否會持續？可能造成什麼後果？有待時間證明。

疫情損害健康，不僅導致平均壽命縮短，還可能造成人類智商倒退，新出爐的證據顯示：自從一九〇五年智力測驗發明以來，人類智商首次出現下降——儘管以智力測驗來看待人類智力仍有瑕疵，但智商下降依舊是重大的變化。[11]而這些問題的根源，正是驚天動地、無聲無影的兒時人際危機，影響深遠、危害於無形，卻罕見談論，遑論呼籲解決之道。

爲了扭轉局勢，本書擘畫了大膽的願景：在未來，教學將以人際爲本，愛則成爲素養之一，要實現這樣的願景，典範必須轉移，從所謂「兒童中心教育觀」，轉向以關係爲中心的學習，重心從提升平均成績和智商，轉而提升我所謂的人際智商（relational intelligence），我們不僅要好好養育未來的新生兒，更要支持已在學的孩子，他們的大腦仍在發育中，卻因社會重視學業成績勝過人際關係而深受影響。

所謂人際智商，可以定義爲理解、周旋、有效與人互動的能力，適用於各種社交和人際場合，其中包含一系列的技巧和行爲，使個人能夠建立並維持健康的人際關係、設身處地爲他人著想，能夠進行有效溝通、化解衝突、察言觀色。從建立人脈、促進團隊合作、適應世間百態，人際智商都至關緊要，有助於在生活中和職場上贏得好人緣。人際智商的核心是愛——每天一點一滴累積正向的人際存款，培養喜悅、信任、諒解的感受，深化社會連結、促進整體福祉、形塑我們的生理機制和學習能力。人際智商與社交智商（social intelligence）息息相關，後者由美國心理學家桑代克（Edward Thorndike）於一九二〇年首次提出。社交智商與人際智商都不脫理解和互動，但社交智商更偏重一般社交技巧與應對進退，人際智商則著重於建立和維持深刻、有意義的人際關係。

新冠疫情肆虐多年，引發社會動盪、學校停課、人際疏離、人心寂寞，幾年下來，家長和教育工作者都注意到：孩子的社交技巧退步、利社會行爲減少。學齡兒童的家長擔心，自從疫情爆發以來，孩子變得拙於與人相處，希望學校能安排培養社交技巧的活動，教育工作者也表示社交和行爲問題暴增。[12]你如果跟我一樣爲人父母，多少也會注意到同樣的影響出現在自家孩子身上，正苦惱該如何幫助孩子練習或發展這些沒機會培養的技巧。

有些讀者可能會覺得談這些太溫馨、太不科學、太感性，但人際關係確實能改變大腦。神經科學顯示：受到細心呵護的孩子，腦容量會比較大、人生也會比較順遂，而且反之亦然，疏於照顧的孩子腦容量比較小、功能也比較差，而缺乏安全依附的孩子，產生心理健康問題的機率加倍（安全依附是指孩子覺得受到照顧者保護，就算照顧者——包括父母、祖父母、保姆、托育人員、幼教老師或其他主要照顧者——不在身邊，也相信他們一定會回來）。此外，建立關係的時間也很重要。研究顯示，等到孩子大一點才建立親子關係，儘管仍然有益於大腦發展，但效益銳減，相關研究成果會在後續章節詳細說明，屆時還會提到重要的不僅是親子關係，還包括孩子周遭的人際網絡。

我對於兒時人際關係的影響來自於親身體會。幼兒教育改寫了我的人生軌跡。三歲那一年，我父母收到晴天霹靂的診斷報告——絕大多數的家庭想都不敢想——心理測驗結果顯示：我的學業性向成績偏低，求學和求職發展可能都會受限。我做什麼都比別人慢，學爬慢、學走慢、學說話也慢。心理測驗結果出來之後，一連串測驗接踵而至，推薦我接受各種專門的介入治療。

時間快轉。我從高中畢業，在畢業典禮上代表致詞，並進入哈佛大學就讀，即便如此，誰也沒料到我這個移民第一代、出身法國南部偏鄉三流公立學校、口音濃重的人，雖然成績後來居上，但能不能大學畢業還是「未知數」，竟然有朝一日成爲全球金融家，在影響力投資圈開創新局，並引領教育思想改革。

我常常想，如果我出生在不同的家庭、成長於不同的教育環境，我的人生際遇是否會大不相同？儘管從小就被診斷出有學習差異，我卻仍舊大放異采，這究竟是怎麼辦到的？爲了幫助我蓬勃發展，我的爸媽和老師做了哪些努力？如果運用這些知識，我能否爲其他孩子的學習和成長鋪路？這個疑問一直在我的職涯道路上引領我前行。

這一路以來，我投身研究、理解與創新，打造讓所有孩子都能發光發熱的光明未來。我擔任史丹佛大學學習加速器（Stanford Accelerator for Learning）的執行董事，在史丹佛大學主持大型新政，每天與研究學者、學生、教育工作者、學校主管、社區領袖合作共事，利用大腦與學習科學、資料、科技的最新研究，爲全民創造更有效、更公平的教學方法。在這之前，我在歐米迪亞集團（Omidyar Group）主持全美教育倡議，該集團是一間慈善機構，由eBay創辦人皮耶・歐米迪亞（Pierre Omidyar）與妻子潘蜜拉（Pamela Kerr）共同創辦，我負責連結人才、理念和資源，成功推動教育計畫，在幼兒教育領域成果豐碩。我下了苦功，投資與擴展多家機構和生態圈，如今水到渠成，嘉惠了上百萬的學習者。這些資歷讓我有幸結識來自各國和（幾乎）全美各州的教育工作者、家庭、小小學習者，我把這些經驗結合起來，得出了一條結論：學習和健全發展的祕方始於充滿愛意的兒時人際關係，就是這麼簡單。不過，學習是一條複雜且多元的旅程，單靠充滿愛意的兒時人際關係遠遠不夠，許多孩子雖然深受疼愛，但仍然消弭不了學習差異，需要專業的支持才能有一番成績。我想強調的是：人際關際是基本中的基本，但多半不受重視，在理解如何培養孩子的好奇心、學習動機和自信心時，我們很少會充分考慮人際關係帶來的影響。

對我來說，家庭是一切的起點，爸媽從小就把我抱在懷裡、用親情圍繞著我，爲往後溫暖且充滿愛意的親子關係奠定基礎。照片裡襁褓中的我，是個幸福、愛笑、圓嘟嘟的寶寶。法國的媽媽享有帶薪育嬰假（法國的爸爸從二〇〇一年起也有），當時育嬰假是十六週，結束後爸媽送我去一間小型的家庭式托育機構，稱爲「托嬰所」（crèche），位於一幢房子裡，就在我家和我爸媽的工作地點附近，非常方便，屋外有一座花園，可以讓我和其他小寶寶曬太陽、玩遊戲。小時候的我既害羞又內向，而且不太會說話，記得第一個帶我的康蓓老師會念故事、唱搖籃曲給我聽，聽到老師的聲音，我就安心了。長大之後我才知道，這種安心效果稱爲「生物行爲同步」，意思是我們與人互動時，彼此的行爲與生理機制產生同步，這是人類與生俱來的重要特徵，有助於我們與他人建立連繫。

我從充實的托嬰所轉換到公立幼兒園之際，發展遲緩的測驗結果恰好出爐。法國的義務教育從三歲進幼兒園開始，幼兒園的法文是「maternelle」，字面意思是「媽媽的照顧」，提供學前教育給三到六歲的孩童，裡頭各式各樣的小朋友都有，在這樣的環境中，我開始突飛猛進，具體的轉捩點我記不得了，當時年紀還太小，不過五歲那年，雷諾瓦老師跟我有個難忘的時刻。雷諾瓦老師是我的幼兒園老師，教會我好多事情，包括科學（例如蝴蝶的一生、植物學）、閱讀、算術、發揮創意做美勞。最重要的是，雷諾瓦老師相信我——儘管我害羞又有發展遲緩之虞，老師還是給了我當領袖的機會。

我的幼兒園跟大多數的幼兒園一樣，每到年底就會安排表演慶祝過年，並且邀請家人一同觀賞。那一年的表演主題是白雪公主，雷諾瓦老師指派我演主角，小班和幼幼班的孩子演小矮人，由我帶著大家排戲，而這次盛裝打扮、出演主角的經驗，幫助我建立了自尊心，縱使過了那麼多年，我依然記得聚光燈打在我身上的那一刻。雷諾瓦老師對我的信任，反過來幫助我相信自己，我從此頭也不回、一路奮發向上，至於這一刻是否就是轉捩點？又或許是經年累月的特殊教學事例推動了我的人生轉折？正確答案究竟是哪一個，我們永遠不會曉得，唯一可以確定的是——雷諾瓦老師帶給我深遠的正面影響。

我分享親身經歷，是想彰顯兒時經驗給幼兒帶來的蛻變，尤其是與成人的關係。這些年來，像我這樣的故事時有所聞，述說人生軌跡因爲某位親人、老師、導師、教練而大不相同。除了直系親屬之外，成長過程中影響我們最大的就是老師了，其實美國人大多表示：老師爲人生帶來了重大的正面影響。13

人腦擁有精密的神經網路，賦予我們非凡的潛力，得以溝通、記憶、思考有條理、創造、發明、想像、體會豐富的情感、將心比心、與人相處。可是，剛出生時，我們的神經網路還不成熟，在許多方面都還不完備，即使是足月的嬰兒，大腦也未完全發育，七成的大腦要等到出生後才開始成長。14

其他哺乳動物出生時大腦就已發育完整，相較之下，嬰兒的大腦相當不成熟，只能完全依賴他人存活，貧乏、有害的環境和人際關係，對嬰兒的影響重大。初次聽說這種事，可能會感到相當驚訝，畢竟大部分的物種一出生就能行走、覓食或獵食。從演化的角度來看，母體內溫暖又安全，人腦爲什麼不在子宮裡發育完成？反而需要產後的「第四孕期」來讓大腦加速發展？大自然是不是傻了？

一點也不傻。大腦的「早產」未成熟狀態，其實是人類發展的必要條件。人類不同於其他哺乳動物，我們能推理、能想像、能創造，能形成比其他物種更龐大的社會網路，能創新、能築夢、能孕育新的可能，能依照道德和倫理行事，能適應新環境、隨情況應變，這一切能力都源自我們出生時大腦尚未完全發育，要等到與周遭建立關係，透過觀察、模仿、推理和最重要的情感連結，大腦才漸漸發育。反過來說，早產的大腦源自於遠古人類以狩獵、採集維生，不管我們出生和身處的文化，無論我們的社經背景、政治處境，無論我們的社經視角、政治觀點，人類的存續長久以來都依賴人際關係和團體，這正是人類的特質。

出生頭幾年，人腦的神經基本上是可塑的，這既是難得的機會，也是驚人的弱點，聰明和仁慈的基礎在人生的開端就已經打下，至於基礎穩固與否，則取決於我們的人際關係，大腦接觸到什麼、就發展什麼。

我們往往以K－12（幼兒園到高中）教育來劃定對下一代的社會責任，政策重點和稅金都用於支持教育體制，討論的則不外乎學校的義務、老師的教學，包括教什麼、怎麼教。可是，如果學習問題的根本原因得不到解決，政策再怎麼變、教學法再怎麼換、課程再怎麼改，對學生來說都是換湯不換藥。我們需要徹底改變教育觀，將支持重點轉移到幼兒階段——聚焦在滋養未來主人翁的人際關係上。根據美國政府統計，三到五歲的美國幼兒中，無論是體能或是就學準備，大多（五八％）都尚未完備。[15]聯合國兒童基金會報告指出：全球兒童泰半無法獲得幼兒教育。[16]五歲前漸漸拉開的體能及就學準備差距，助長了往後K－12教育的成就差距。[17]輸在起跑線的幼兒，未來跟不上的可能性更高，甚至越輸越多，而輸在起跑線的孩子實在太多太多了。[18]

在開展教育觀改革時，我們必須體認到：幼兒的成長環境各式各樣，並不侷限在教室之內，包括家裡、遊戲場、幼兒園、托育中心，以及與親友、導師、教練、老師、鄰居、信仰領袖等人組成的人際圈。因此，視人際智商爲學習基石而花心力培養時，勢必要多管齊下。

儘管改革的路上充滿挑戰（本書將逐一探討），但我仍然樂觀以對，尤其我相信親屬關係即將重獲定義，學習也將隨之反轉。眼前家庭結構經歷劇烈演變，代際團結正在崛起，不同年齡層之間共享資源、經驗、價值觀，培養代際之間的連繫、共鳴和責任感，從而促進福祉和社會凝聚力、傳承智慧與知識。

在史丹佛大學工作，我逐漸認清我們正處於重大的科學和技術革命之際。對於人際關係如何促進學習，當前的科學理解雖然仍嫌膚淺，但過去數十年的重大科學突破，正在快速擴大我們的了解，由新科技、大數據、人工智慧驅動的研究，探索鏡像神經元、大腦與生物同步、生物標記、愛的生物化學等，漸漸拼湊出大腦爲何天生就具備連結能力，又是如何具備連結能力。

我們都很擔心科技會影響孩子（尤其是社群媒體和人工智慧），不過，與此同時，科技也促進了人與人之間的連繫。無論是政府還是民間，用於幼兒相關事業和機構的資金正在增加，越來越多人體認到照顧很重要、玩耍很重要、社會情緒學習很重要，商業界開始重視情商（EQ）、甚至愛商（love quotient, LQ）。愛商由億萬富豪兼阿里巴巴創辦人馬雲自創、組織領導力專家懷斯（Chris Wise）闡述，意指愛人愛己、善待人我的能力。[19]越來越多人認爲：情商與愛商跟智商一樣重要，甚至比智商更重要。隨著人工智慧席捲全球，人類同理他人、連結人我的獨特能力（也就是人際智商）急需提升，以關係爲中心的創新教學法和跨世代的教養方法更是方興未艾。

新世代的小小學習者出生於二〇一五年之後，更有更多尚未出世的小小學習者。這個世代還沒定名，前兩個世代分別是Y世代（千禧世代）和Z世代，因此有人建議從頭再來，將二〇一五年後出生的世代稱爲A世代。這些小孩從小就接觸螢幕，因此，也有人建議取名爲玻璃世代，而提議取名爲C世代的人，則是因爲這些小孩不是從小就生活在新冠疫情中，就是成長於因新冠疫情而天翻地覆的世界，因此取「COVID」（新冠肺炎）的「C」，稱之爲「C世代」。相較於這些悲觀的論調，我樂觀建議將新世代的小小學習者取名爲R世代，全名是人際世代——Generation of Relationships，並且在重視相親相愛的世界中養育這群小孩。氣候變遷領域有「零排放」和「零浪費」的概念，教育領域也該追求「潛能零糟蹋」，讓每個R世代的孩子都能透過充滿愛的人際關係來學習、成長、充分發揮潛能。

時機已成熟。無論你是急切尋求指引的父母、祖父母，是熱衷提升學習成效、啓發學生的教育工作者，是尋求解決根深柢固社會問題的社區領袖、兒童倡議者、政策制定者，或者，你只是熱愛知識、擁抱人類潛能，本書都邀請你一同踏上蛻變之旅，書中交織著一則又一則訴說著毅力、同理心與創造力的故事，收錄了以最新神經科學和科技做出的創新成果，希望能啓發並鼓勵你思考：孩子該怎麼養育？幼兒學習和學校環境該如何安排？充滿關懷的社區要怎麼建造？在培養終身熱愛學習的路上，讓我們一起深入理解、共同奔馳想像，擁抱兒時人際關係的力量。

全書架構安排如下：

第一部論證孩子從幼時就面臨人際危機，這是迫切且普遍的議題。第一章破除種種深植人心的迷思，說明人際關係在幼兒階段的關鍵角色；第二章闡述孩子的人際圈怎麼會越來越小，第三章突顯人際圈縮小如何阻礙孩子發揮潛能。第四章轉而探討大人，在行程與螢幕的雙重夾擊下，大人對於小小學習者而言常常是人在心不在。

第二部探討兩大科學研究主題：一是人際關係對成功的影響，二是人際關係如何影響左右我們生活的新科技。我們雖然身處人際關係之中，但對人際關係的了解卻需要科學研究成果來闡明。第五章概述科學進步讓我們理解人際關係如何促進學習；第六章探討人工智慧對人際智商與情感連結的正反影響；第七章則討論科技帶給人際關係的疑難雜症。第八章融會貫通，論證愛是教育領域的靈丹妙藥，沒有了愛，生活和學習就沒有了心跳，人際智商高的人，才有光明燦爛的未來。

第三部描繪充滿希望的創新方法和潛力無窮的解決方案。第九章探索以關係爲中心的前衛解決方案，適用於日益多元的家庭組成；第十章聚焦於借助遊戲、時間、智慧、關懷來培養小孩的友誼；第十一章重新定義學校和教師：學校是人際關係的樞紐，教師是益智員（relational brain builders），建構小小學習者的人際腦；第十二章則展望社區營造的療癒感、融合感、歸屬感。

第四部未完待續，留待你我共同完成，就像新生兒的第四孕期，我希望第四部是神經連結、發現、開展的新時期，讓我們共同努力，爲下一代開創光明的未來。

本書各章節所提到的組織，其相關資訊可參見書末註釋。

閱讀本書時，請你思考人生中三段充滿愛的人際關係，想一想這三段重要的人際關係如何改變你的學習歷程、支持你的學習旅程，又是否與本書中提到的概念相呼應。康蓓老師和雷諾瓦老師改變了我的人生，而改變你一生的貴人又是誰？你從他們身上學到什麼？爲什麼對你來說他們如此特別？此外，也請你想一想：誰正在向你學習？你該怎麼做，才能讓進入你生命的幼兒從你身上學到更多？

本書共十二章，涵蓋的範圍很廣，你將陪我造訪矽谷，同遊佛羅里達州的橘柚公園、夏威夷、明尼蘇達州——還有紐約的貝德福山懲教所（Bedford Hills Correctional

Facility），我們會去逛沃爾瑪大賣場，甚至飛去法國、日本、肯亞。不過，這趟旅程的起點是我的母校哈佛大學，地點在波士頓，當地出了一位零售大亨，高瞻遠矚，在經濟大蕭條的谷底捐出部分財富，研究推動人類幸福與成長的因素。

第一部

幼兒人際危機

孩子要正常發展，
需要與至少一位對他抱持「非理性」情感關係的成人，
一起參與日趨複雜的活動。
一定要有人深深愛著這個孩子，
這是首要之務，必須貫徹始終。

——尤里·布朗芬布倫納——
〈家庭的功用？〉
美國價值觀研究所（一九九一）

第一章 兒時關係的預測值

每位成功的孩子，至少都有一位成人當靠山，並建立一段穩定且投入的人際關係。

——傑克．雄科夫（Jack Shonkoff），國家兒童發展科學委員會（二〇一五）

買房子，地段最重要。養小孩，人際關係最重要。人際關係，人際關係，人際關係——我們需要人際關係。

——詹姆士．柯默（James P. Comer），《一個都不能少：教育改革的柯默之道》（*Child by Child: The Comer Process for Change in Education*）（一九九九）

一九三八年，經濟大蕭條，科學家展開了有史以來最長、最重要的縱向研究計畫，在景氣正低迷的時候，科學家想了解造就美好人生的要素，倒也正逢其時。該計畫最初由百貨業巨擘格蘭特（William T. Grant）出資，一九三六年成立格蘭特慈善基金會，專門研究幸福，當年那句鼓舞人心的使命宣言，至今仍可見於該基金會的網站上：「我的想法是要想方設法，藉由增進了解如何享用這世界的一切，來協助人民與各個民族過得更知足、更平和、身心更健康。」[1]

格蘭特研究計畫以贊助人的姓氏命名，追蹤了兩百六十八名男性，希望能揭開人生健康快樂的祕密。哈佛研究人員選擇了近在眼前的研究群體——哈佛大學生，從一九三九到一九四四年間，參與研究者（皆爲大學生）接受多次訪談、問卷調查、理學檢查，提供了大量數據。該研究就是知名的「哈佛成人發展研究」[2]，初期追蹤了參與者的身體健康、心理健康、教育程度等多項指標，但後來遭遇了縱向研究常見的困境——研究啟動十年之後，經費遭砍，只能苦撐，研究人員偶爾發放問卷、勉強維持，好不容易撐到了一九六〇年代，年輕的精神科醫師華倫特（George Vaillant）注意到這項研究，看出其中潛力無窮，畢竟美國總統甘迺迪也是初代參與者。華倫特醫生重振旗鼓，並且擴大規模，成爲「哈佛成人發展研究」的主要贊助人，並將研究成果發揚光大。

最初的研究對象群體跟「多元化」三個字完全沾不上邊，當年哈佛大學只收男生（女性是後期才納入研究），學生的社經地位與種族背景都不具代表性。爲了緩解這些顧慮，一九七〇年代增加了第二期研究，招募了四百五十六名年齡介於十二歲至十六歲的青少年，各個出身波士頓最貧困的家庭。初期和二期參與者幾乎都已不在人世，其子女（或說是下一代）現在每兩年接受一次訪談。

該研究得出的結果令人詫異：促進幸福的，並非金錢或名聲，親密的人際關係才是人類全面發展的關鍵動力。想要預測一個人能否長壽、幸福，與其觀察社會階級、智商、甚至是基因，觀察社交關係還更準確，而且這項發現跨越社經、性別、種族的界限，通通都成立。

現任「哈佛成人發展研究」的主持人沃丁格（Robert Waldinger）是一位禪僧，身兼哈佛大學的精神病學教授，在他看來，照顧身體健康固然重要，但照顧人際關係就是在照顧自己。二〇一五年，沃丁格教授上ＴＥＤ談「什麼造就美好人生？」，這部影片的觀看次數高達數千萬，後來還寫成一本書。[3]（我在史丹佛大學的研討會上遇到他，他說演講影片是在麻州布魯克林鎮錄製的，場地很小，原本以爲觀看次數頂多只會破千。）「什麼造就美好人生？」聚焦在三個重點：第一，社交關係大大影響我們的整體幸福，寂寞則會損害健康、降低幸福、減短壽命。第二，社交關係看重的是品質，而非只是數量。與社交關係薄弱者相比，社交關係穩固者更幸福、更健康、更長壽。第三，穩固的社交關係不僅有益於我們的身體健康，也能保護認知功能健康。

這支短短的ＴＥＤ演講影片沒提到的，是沃丁格教授得出的一條深刻結論：童年人際關係品質的影響會延續到成年，比起童年冷淡的母子關係，母子關係「溫馨」的男性平均收入更高；反之，童年母子關係不佳的男性，年老後更容易罹患失智症。不僅母子關係很重要，童年父子關係越溫馨，成年後焦慮的比例就越低。「哈佛成人發展研究」的發起人華倫特醫生總結得妙：「有愛就幸福。沒第二句話。」[4]

這項著名的哈佛研究雖然是國寶，但由於最初的樣本代表性不足，研究限制顯而易見，例如：結論能否適用於各式各樣的孩子和家庭？在逆境中成長的孩子際遇如何、爲什麼有些能在逆境中取得成功？這些問題罕見嚴謹研究，其中最嚴謹的研究者莫過於發展心理學家薇爾娜（Emmy Werner），以研究兒童韌性取得卓越的學術地位。

薇爾娜一九二九年出生於德國的猶太家庭，在歐洲經歷第二次世界大戰，成長於戰火之中，她以韌性作爲終身的研究主題。戰後，薇爾娜移民到美國，以明尼蘇達大學兒童發展研究所作爲職涯起點，受聘擔任訪談員，研究對象是明尼蘇達州西南部的青少年，當年的研究結果強調遭遇逆境的青少年成年之後更可能受挫，但薇爾娜卻對於例外的個案越來越感興趣。

薇爾娜與夏威夷的執照心理師史密絲（Ruth Smith）合作展開縱向研究，從一九五五年開始觀察夏威夷可愛島（Kauai）的孩子（共六百九十八人），並追蹤了三十二年，[5]研究目的在於了解爲什麼有些孩子能在逆境中成功，研究結果公諸於世之後翻轉了我們對於韌性的理解，以及人際關係對於學習和成長的重要性。

任何長達三十年的研究，都會以可愛島作爲首選之地，但以縱向研究來說，可愛島特別理想：島上社區關係緊密，島民安居樂業，相較於美國本土，島上的人口流動較少，因此有機會追蹤一代人長達一輩子。此外，可愛島上的族群多元，既有土生土長的夏威夷原住民，也有十九世紀初來自菲律賓、中國、日本等地的移民。

薇爾娜與史密絲追蹤島上各個族群的孩子，發現有三成的孩子身處逆境，有的是家境清貧，有的是產前或產期出現併發症，有些家庭長期失和、雙親離異、父母有心理健康問題，有些由教育程度不滿八年的媽媽撫養。

兩歲之前就遭遇四個（以上）危險因素的孩子，大約三分之二在十歲之前出現學習或行爲問題，十八歲之前有違法／心理健康出狀況的紀錄。不過，薇爾娜和史密絲發現：暴露於相同風險因素的孩子中，有三分之一表現良好，這令人嘖嘖稱奇，從而獲得「脆弱無敵」的稱號，一直成長到三十多歲，都不曾面臨失業或法律問題，也不曾依賴社會服務，離婚率、死亡率、慢性健康問題發生率都明顯較低於經濟無虞的同性別孩子，而且學業和事業成就也都不輸經濟條件穩定的孩子，有的甚至更勝一籌。

究竟這些孩子是如何克服兒時逆境而成長茁壯的？儘管身邊都是可能阻礙發揮所長的「危險因素」，但展現最強韌性的孩子都獲得了緩衝的力量——薇爾娜和史密絲稱之爲「保護因素」。

其中一個保護因素特別強大——所有展現韌性的孩子，在人際關係中至少都有一座靠山。在可愛島的研究中，堅韌的孩子身邊大多都有一位盡心盡力的成人照顧者，像船錨一樣幫助他們度過人生逆境，並教導他們如何生存和茁壯。正是這樣的存在，才讓這群孩子與眾不同。研究還指出：這位成人不一定要是父母，可以是其他家庭成員（例如姑姑、阿姨、祖父母），也可以是社區中的其他成人，包括老師、教練、宗教領袖、導師，這一點十分有趣。薇爾娜與史密絲指出：終其一生，人際關係都扮演重要角色，其研究發現與「哈佛成人發展研究」一樣，都強調兒童必須在幼兒時期就建立對成人的信任。不過，儘管上述結果在學術界備受推崇，在社工、心理健康、教育領域也為專業人士所熟知，可是，從政策面和實務面來看，社會並未認可社會互動對學習有所影響。為什麼我們一直選擇視而不見？過去十年來，我一直在琢磨這個問題，最後發現可以歸納為五大核心理由，每個理由都是存在已久的迷思：

一、幼兒園是學習的起點。
二、學習和成功都要靠自己。
三、孩子天生就有韌性。
四、智力（和潛能）固定不變。
五、溺愛會寵壞寶寶。

圖表 1

兒時腦部發育與政府經費投入，兩者比例懸殊

5 歲之前幼教經費不足，阻礙終身潛能發揮

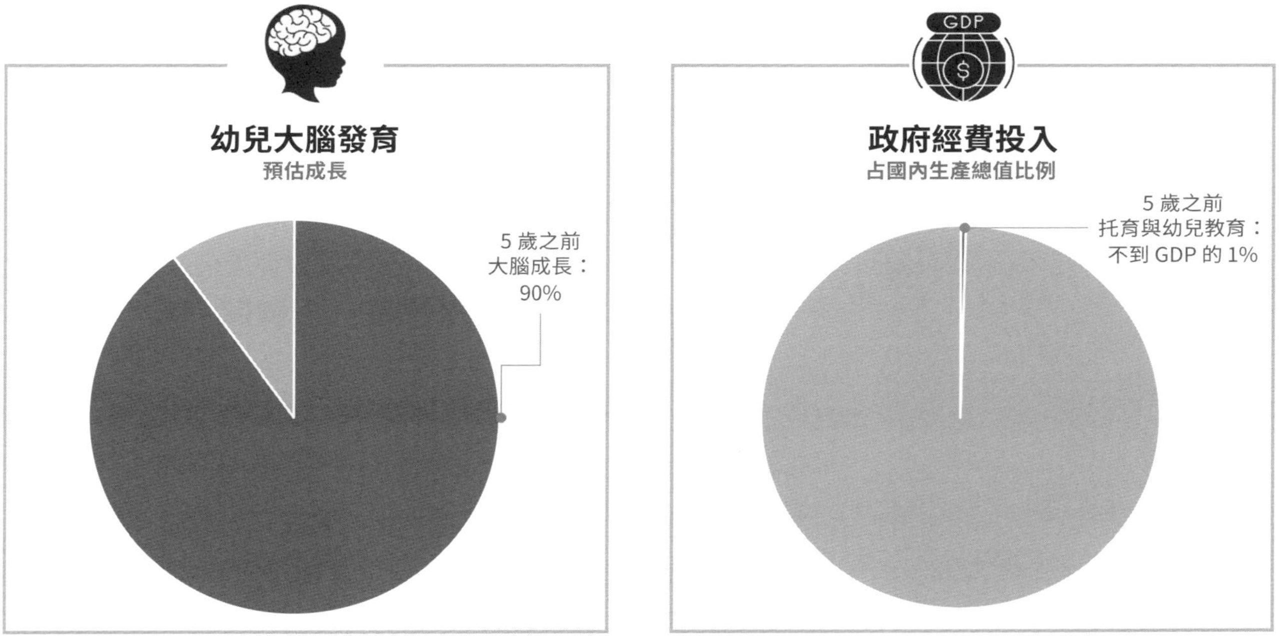

資料來源：

- Brown, T. T., and Jernigan, T. L., "Brain Development During the Preschool Years," *Neuropsychology Review* 22, no. 4 (2012): 313–333, https://link.springer.com/article/10.1007/s11065-012-9214-1.
- 2022 GDP spending on public education: early care and education: 0.4% GDP; K–12: 3.5% GDP; postsecondary education 2.5% GDP. Institute of Education Sciences, Report on the Condition of *Education 2022*, https://nces.ed.gov/pubs2022/2022144.pdf.

在培育小小學習者的路上，這些迷思蒙蔽了我們的視野。誕生於工業革命時期的大眾教育體制，將女性社會角色定位爲照顧者的傳統觀念，正是這五大迷思的根源。此外，過去數十年來的科學進步，突顯了幼年時期的重要性，但支持幼兒及其家庭的資源卻相當匱乏，兩者之間的差距也是造成這些迷思的原因，成爲缺乏政治意願去優先重視小小學習者的藉口。既然已經知道大腦發育有九成發生在五歲之前，爲什麼美國投注在幼年時期的資金還不到國內生產總值的一%？[6]

讓我們一起揭開這五大迷思吧！

迷思一：幼兒園是學習的起點

泰瑞莎住在維吉尼亞州的維吉尼亞海灘，如同大多數新手父母，她明白自己對於照顧新生兒一知半解，其中一個問題一直困惑著她：寶寶才兩個月大，應該要聊些什麼才好？寶寶雖然還不會說話，但是不是已經要幫助寶寶學習了呢？如果是，她應該怎麼跟寶寶說話？又該說多少才好？

泰瑞莎去上了ＬＥＮＡ提供的親職教育課程。ＬＥＮＡ是非營利組織，全名爲「語言環境分析基金會」（Language Environment Analysis），「運用寶寶對話科技與數據驅動課程，致力於改變寶寶的未來」[7]。ＬＥＮＡ鼓勵泰瑞莎跟寶寶聊天、念書給寶寶聽，課程講師給了泰瑞莎一台「聊天計數器」，用來計算泰瑞莎在寶寶面前說了幾個字、對話互動了幾次，「聊天計數器」就像專爲寶寶語言訓練設計的Fitbit，Fitbit建議用戶日行一萬步，並追蹤每日步數，「聊天計數器」則鼓勵照顧者每小時對話四十次，同時計算、回報親子之間的對話互動次數。[8]泰瑞莎跟我說：「剛開始感覺很怪。」說著便笑出聲來。

維吉尼亞海灘的LENA課程已經辦了好幾年，泰瑞莎和先生以賽亞是第一期的學員，女兒艾薇當時只有幾個月大，現在已經五歲了。泰瑞莎說：「當時我們手忙腳亂、毫無頭緒。」家訪護士告訴她LENA課程，立刻引起她的興趣，LENA課程讓家長「有能力促進寶寶的腦部發育」，只要每週挑一天使用「聊天計數器」，在家記錄完之後就會收到一份報告，比較夫妻倆與同齡幼兒家長的聊天狀況，泰瑞莎和先生可以觀察女兒的語言學習進展，也可以看看自己的養育方式與女兒語言發展之間的關聯。

研究顯示：大人與幼兒聊天的頻率，與幼兒進入青春期的智商，兩者之間呈現正相關，[9]但我們天生不善於估計自己跟孩子聊天的頻率，而且往往都是高估，事實上，話最少的爸媽，高估的幅度最大。[10]全美國有上百萬的家長沒有使用「聊天計數器」，他們大概不曉得自己跟寶寶說了多少話，不曉得寶寶的學習狀況，也不懂得怎麼跟寶寶互動。

學習過程發生在大腦中，看不見、聽不到、摸不著。究竟學習是怎麼進行的？目前仍缺乏當下可見的回饋。儘管科學證據顯示：學習在上學之前就開始了，但大家依然故我，總認爲上學（通常是幼兒園）才是學習的起點，幼兒時期只是無關緊要的發展時期、人生必經的過程。大家多半都有個迷思：認爲孩子在進入幼兒園之前都與社會無關，加上投注在幼兒時期的經費不足，低估了幼兒學習其實左右了長遠發展的成果。

三歲定終身——不論爲人父母或祖父母，對於這句話的意思大致都有所體悟，可是，我們未必了解嬰幼兒從多大開始可以感受複雜的情緒，許多爸媽都不曉得幼兒時期的親子互動會深深影響孩子。關於幼兒發展認知，曾經針對全美家長做過調查，其中將近三分之二曉得大腦在三歲之前成長最快，但有超過三分之一回答三到五歲，顯然嚴重低估了幼兒階段的重要性。問及家長的照顧品質從幾歲開始長期影響孩子發展，他們大多回答六個月大之後，但事實上影響從出生就開始了，而且越來越多證據顯示：胎教也是奠基時期。此外，三分之一的家長認爲：要等到一歲之後，跟寶寶說話才有益於語言能力發展，但益處其實從出生就開始顯現，甚至從胎教就開始了。[11]

錯估影響幼兒成長時間範圍的並非只有家長。想到幼兒教育，我們腦海中大多會浮現保母和托育中心，確保寶寶「吃飽、安全、整潔」——這些用詞反映出我們對幼兒教育的看法，讓幼教在公共政策的優先順序更加靠後。我們不稱幼教環境爲「學習中心」，而稱爲「日托」或「托育」，也不用「老師」、「教育工作者」、「教保員」、「益智員」來稱呼小小學習者的教育者，反而稱爲「保母」或「奶媽」，我們以「學前」來稱呼五歲以下的學習環境，似乎有意要與學校區別。幼教老師的薪資排名倒數百分之二，低於遛狗員和咖啡師。[12] 幼教老師的工作不過就是換尿布、哄午睡，有什麼好培訓的？又憑什麼領高薪？我常常聽到這樣的質疑，有時直截了當，有時隱晦迂迴。從歷史上來看，照顧和教育的作用（特別是在幼教領域）受到低估，認爲是「女人家的事」，這樣的評判也導致幼兒教育和專業照顧的價值遭到低估。

認爲上學才開始學習的迷思實在是錯得離譜，學習不僅從幼兒階段就開始，甚至在幼兒階段學得最多。我們生來就是億萬富翁——新生兒帶著百寶箱來到世界上，裡頭裝著一千億顆神經元，多如銀河中的繁星。幼兒的大腦與青少年、成年人的區別不在於神經元的多寡，而在於神經元之間的連結。神經元之間的傳遞位置稱爲突觸，會經歷建立、增強、減弱、修剪的動態過程，而且一生當中有三個時期特別活躍，分別是幼兒時期、青春期、爲人父母時期（沒錯，大腦會在我們當了爸媽之後改變，後面章節會再談到這一點）。突觸有助於訊息傳遞、啓動記憶、驅動學習。新生兒的突觸極少，出生後則加速形成，三歲之前的形成速率每秒鐘可超過一百萬。

這數十億顆神經元之間有無限種連結方式，幼兒的大腦容易塑形，這稱之爲大腦可塑性或神經可塑性。大腦塑形的驅動力來自人際互動，因此，幼兒時期的「發接球」爲大腦發展和學習奠定基礎。「發接球」（serve and return）一詞由哈佛兒童發展中心主任荀克夫（Jack Shonkoff）教授所倡導，用以形容兒童與成人照顧者之間來來回回的互動，如同網球的發球與接球。荀克夫教授認爲發接球「至關重要，大腦構造期待這種來回互動，這是大腦建立迴路的方式，也是大腦發展不同技能的方式。」[13]大人和孩子之間這種滋養的交流，對孩子的智力有正面影響，能用於準確預測未來的學業成就。[14]在成長的過程中，大腦會藉由「突觸修剪」減少多餘的神經連結，進而提升認知效率和適應能力，在青春期和青壯年時期尤其如此。

艾薇今年滿五歲了，泰瑞莎告訴我，艾薇扎實掌握了語言技能，而且經常聊天，相當厲害。「想了解LENA的成效，看看我家寶貝就知道，」泰瑞莎說：「艾薇談論的事情十分超齡。」像艾薇這樣的孩子——五歲之前就主動跟照顧者聊天，並且做好就學準備進入幼兒園——到十一歲時掌握基本技能的機率爲八二%；而沒有做好入學準備的孩子，機率則降至約四五%。[15]幼兒學習品質關乎中學、大學、就業、健康、甚至成年後戀愛穩定等方方面面的成果。[16]

語言是人類獨特且重要的能力，學習之所以要及早開始，原因之一就是要發展語言能力。英語並非我的母語，因此，語言習得的過程一直令我著迷。小孩是怎麼學習語言的？學習語言的最佳時期是什麼時候？小孩一次可以學習多少種語言而不會搞混？我發現經驗之談是「七七」法則：想要精通一門語言，「七」歲之前開始學最理想，小孩一次可以學「七」種語言而不會互相搞混。[17]（對了，少數傳奇的超級多語者可以說一百多種語言。）

我家小孩成長於三語環境中，會說英語、法語、漢語，天生就是多語者，能夠在不同的語言之間切換自如，而且口音純正、不會互相干擾，我們當爸媽的既非天賦異稟，也並未耗費心神，小孩就自然精通三語。在我們家：爸爸說漢語，媽媽說法語，彼此溝通用英語，這並非什麼特別案例，世界上有超過一半的孩子天天都說一種以上的語言。還記得我家老大小時候發生過一件事，當時她一歲，只會說幾個字，剛剛吃完一碗葡萄，但還想再吃，忽然，她分別說了英語、法語、漢語：「grape」、「raisin」、「葡萄」，並且在三種語言間來回切換，看看哪種語言可以達到目的。她已經了解到不同的人說不同的語言，而這些不同的詞語代表同樣的東西。幾年後，她滿三歲了，有一天，她跑來找我說話，板起最嚴肅的面孔、拿出最權威的口吻，說：「媽媽，妳的英語不太好。」她指的是我說英語時的口音很重，即便在美國生活和工作了將近二十五年，我的口音還是改不掉。

我家孩子爲什麼能精通多語？而我身爲成年人，卻連說個簡單的英文字（例如「three」、「free」或任何含有th-的字）都十分吃力？這是因爲我們的大腦有「窗口期」或說是「敏感期」，神經系統對於學習新技能特別敏感，這些窗口通常在幼兒時期就會打開，並藉由社會連結來催化各種技能的發展。

華盛頓大學語言學家庫爾（Patricia Kuhl）教授長期透過腦部掃描和其他實驗研究這項議題。二〇一〇年，庫爾教授上ＴＥＤ談「嬰兒的語言天賦」，闡述嬰兒學習語言是透過聆聽周遭的人聲，並針對需要知道的聲音進行「統計分析」。[18]腦部掃描顯示：六個月大的嬰兒能運用複雜的推理來理解周遭世界；未滿八個月、文化背景不同的嬰兒，能辨識世界上任何語言的聲音，但成年人卻做不到這一點。庫爾教授甚至指出：嬰兒在七個月大時區分音素的能力，可用於預測五歲時的閱讀技能。[19]此外，庫爾教授強調，語言學習能力在七歲之後開始下降，而且每隔兩到三年就會明顯變得更差，[20]過了青春期（當然還有成年後）要精通一門語言更是難上加難，我就是最佳明證。語言學習顯然有最佳時機，而這扇學習之窗在幼兒時期便已經開啓。

庫爾教授做過一項很有意思的實驗，對象是九個月大的寶寶，家人都說英語。庫爾教授將這些在英語環境成長的寶寶分成兩組，[21]找了一位漢語母語人士陪第一組寶寶玩耍、聊天、唱歌，另一組寶寶則用英語進行相同的活動，十二次課程結束之後，研究人員測量這些英語寶寶的漢語音素辨識程度，發現跟漢語母語人士互動的美國寶寶，漢語聽力已經達到母語等級，辨識出的音素跟在漢語環境成長的寶寶一樣多。接著，庫爾教授做了第二組實驗，漢語母語人士使用相同的歌曲、活動、聊天內容與美國寶寶互動，但改成使用螢幕上虛擬課程，而這些看螢幕的寶寶漢語聽力毫無長進。庫爾教授的研究結果顯示：幼兒是高度社會化的學習者，需要透過與人相處來學習，面對面互動能啓動人際腦，大大幫助兒童學習用母語和非母語來溝通。語言學習不只是技術，而是透過社交互動傳承的特殊天賦。

德國萊比錫的馬克斯普朗克人類認知暨腦科學研究所（Max Planck Institute for Human Cognitive and Brain Sciences）進行了類似的實驗，研究人員追蹤寶寶的大腦活動，結果發現寶寶從四個月大起，最多只要聆聽十五分鐘，就知道任何語言的句子在語法上有沒有語病。[22]研究人員還發現：語言學習非常依賴照顧者的情緒和語調，寶寶兩個月大時，照顧者的語調越正面，六個月大時寶寶的語音處理就越好，[23]充滿愛的正面互動，能讓孩子學得更快更好。

學習從小就開始，而且是透過互動來學習，不僅學習語言如此，幼兒數學能力也是從小藉由與人互動開始。你知道嗎——就算是剛出生幾個鐘頭的嬰兒，對數字也大致有個概念，聽起來很不可思議吧？研究人員讓出生不到五天的寶寶聆聽相同的聲音組合，分別是四聲「嘟嘟嘟嘟」或「啦啦啦啦」，以及十二聲的「嘟」和「啦」，接著讓寶寶觀看含有四個點點或十二個點點的圖像，結果發現：如果圖像上的點點數跟聽到的「嘟嘟嘟」或「啦啦啦」一樣多，寶寶專心的時間就會拉長（十六位寶寶中有十五位如此），令研究人員極爲詫異。實驗結果顯示：新生兒可以透過聽覺和視覺來感知數量，而且能將視覺和聽覺接收到的資訊串連在一起，跌破許多人的眼鏡。[24]

除了與生俱來的數學直覺，學齡前幼兒的算術能力更是驚人。如果問五歲的小朋友：「莎拉有二十一顆糖果，後來又得到三十顆。約翰有三十四顆糖果。莎拉和約翰，誰的糖果比較多？」五歲小朋友雖然還沒學過這些數學概念，但大多都能正確回答。[25]這或許是因爲題目問的是糖果嗎？抱歉我扯遠了。

社交互動不僅能加快語言學習，似乎也能促進幼兒數學能力發展。小一生家長如果使用「睡前數學」這個應用程式，就算每週只使用一天、讓孩子睡前聆聽包含數學概念的故事，小朋友的數學能力（相較於單純聽故事的小一生）就會顯著提升。[26]這種親子互動的效果極佳，小朋友在爲期九個月的學年中，數學能力平均可以領先同儕三個月，影響可長達四年以上。[27]此外，小朋友與同儕互動，似乎能學到更多數學知識。紐約市的「High 5s計畫」，讓六百多位來自二十四所低收入學校的五歲兒童參加數學俱樂部，每週參加三次、每次三十分鐘，[28]比起傳統的教學方式，好玩、有趣、互動性強又符合程度的團體活動，能顯著提升小朋友的數學能力。[29]

學習閱讀不同於學習語言或幼兒數學能力，學習閱讀有其時程和邏輯。爲什麼會這樣？這是因爲識字是近代才有的事，大腦的構造並非爲了閱讀而設計，人類進化的速度還沒追上這項只有五千年的發明。嚴格說起來，學習閱讀沒有最佳年齡。不過，考量到大腦迴路在視覺模式與語言模式之間建立連結的過程十分複雜，因此，通常建議爸媽和照顧者儘早開始親子共讀、多多念書給孩子聽，如果孩子在三歲前就能跟大人對話，學習閱讀就更容易。[30]

說了這麼多，然後呢？科學證據明擺在眼前：出生後三到五年是我們一生中大腦發育最快的時期，每位寶寶雖然都擁有無窮潛能，但為寶寶打下成功基礎的時間卻十分有限，無論是學習語言還是學習數學，大腦都有敏感期，而且大致依照預設順序開啟：聽覺和視覺發展最早，接著是運動技能，然後是語言。感官途徑（例如聽覺）、語言能力、高層次認知功能都在出生幾年之後到達巔峰，嬰幼兒的大腦可塑性最強，許多窗口期在上幼兒園之前就已經開啟，隨著年齡增長再逐漸關閉，但永遠不會關死，活到老仍然可以學到老。大腦雖然有基因預設的發展藍圖，但要在窗口期建立突觸來驅動學習則大抵要依靠人際關係。換句話說，學習的時機很重要，學習的方法——尤其是學習的夥伴——也很重要。早在上幼兒園之前，學習就已經認認眞眞展開了。

迷思二：學習和成功都要靠自己

一八七二年，一群獵人來到印度北方邦的北部叢林，走著走著突然停下腳步，眼前的景象太令人傻眼了——狼群優雅地在森林裡穿梭，後頭跟著一個輕飄飄的身影，竟然是個四肢著地的小孩在林間彎彎繞繞，狼群鑽進附近的洞穴裡，不見了，獵人們在洞口點火，用煙把狼燻出洞之後殺掉，再把男孩救走。

這是桑尼查（Dina Sanichar）的故事，相當不可思議，據說當時他六歲，由狼群撫養長大，那幾年印度等地不時就有找到野孩子的罕聞，「狼孩」桑尼查只是其中之一，後來成爲《森林王子》（*The Jungle Book*）一書的靈感來源，除了狼孩之外，類似的故事還有犬孩、熊孩、甚至羊孩，東西方文化雖然賦予這些傳說神話色彩，但野孩子的眞實人生卻令人心碎，不僅無人理睬且極度孤立，重新融入文明社會的過程讓我們不得不正視種種尷尬的問題，包括人類的發展、人性與野性、人之所以爲人的特質。此外，野孩子的故事深刻闡明了學習要靠群體共同努力。

在獵人們發現之前，桑尼查一直以爲自己是一匹狼——吃生肉，四肢著地行走，用呼嚕聲或狼嚎聲來溝通。自從進了孤兒院之後，桑尼查在人群中生活了三十多年，最後終於學會穿衣服、站著走、（偶爾）人模人樣用餐，但終其一生都不會說話，年僅三十五歲就死於肺結核，很慘，一輩子都受到嚴重發展遲緩影響，生活起居都必須依賴他人照顧。像桑尼查這樣的案例非常罕見，這些野孩子證明了孩子會適應環境，也證明了人際關係對於學習和發揮社會功能而言至關重要，打破了學習靠自己的迷思。

這個迷思牢不可破，只要Google「學習」，跑出來的都是獨坐在書桌前念書的圖片，我們的教育系統（以這個迷思爲基礎）大多建立在個人成功之上：個人測驗、個人成績、個人書桌、個人教學法，我們談個人化學習，卻輕忽、不計人際合作與人際關係在學習中的價值，以及學習必須透過人際互動的既定事實。

其實，人類從新生兒開始就具備建立關係的能力，從出生那一刻起，寶寶自然而然就展現出想與周遭大人建立連結的模樣，具體表現在各種行爲和反應上，例如尋求眼神接觸、對觸摸有反應、在熟悉的照顧者面前表現出安心的跡象。新生兒建立和參與人際關係的能力是情感和社交發展的基礎，突顯出兒時人際關係攸關孩子的學習和整體幸福。十四個月大的寶寶看到別人無法自行取得物品，會努力想要幫忙。幼兒已經懂得行善，例如看到人家冷，會主動遞毯子過去、看到人家傷心，會主動分享心愛的玩具。一歲半的寶寶看到照片背景裡的玩偶面對面，跟看到照片背景裡只有一隻玩偶或者玩偶背對背，前者助人的傾向是後者的三倍。我們對人際關係的興趣似乎是與生俱來，同時也是我們學習的主要動力。神經科學家運用功能性磁振造影深入研究大腦在社交情境中的運作方式，結果發現大腦使用兩套獨立的神經網路，分別用來處理社交思維和非社交思維。任務的性質不同，啓動的神經網路也不同，一套用於社交，一套用於非社交。有趣的是，一旦非社交活動停止，社交網路就會如反射動作般迅速重新啓動，[31]社交模式是大腦的預設模式，我們要依靠人際智商才能健全發展，學習不僅依賴腦細胞和生理機能，也不僅倚賴我們的選擇和行動，更依賴於我們身邊所有人的生理機能、選擇和行動。

一二一一年，西西里國王腓特烈二世進行了一項實驗，想知道寶寶如果沒人教會說哪一種語言。他推測應該是希伯來語、希臘語、拉丁語或阿拉伯語，並認為寶寶會自然說出「上帝的語言」。為了做實驗，國王下令將新生兒從母親身邊帶走，轉交給奶媽照顧，並禁止奶媽在寶寶面前說話，也不得觸摸寶寶。遺憾的是，實驗戛然而止，我們永遠無法得知寶寶天生會說哪種語言，因為所有寶寶都夭折了。這個悲慘的結果由義大利史學家、腓特烈二世的政敵薩林培內．德．亞當（Salimbene de Adam）載入史冊，並認為寶寶之所以夭折，是因為少了愛撫而無法存活。

愛意與人際關係滋養我們茁壯成長。然而，美國每七位孩童中，就有一位遭受虐待，[32]全世界二至四歲的幼童中，將近四分之三（大約三億幼童）經常遭受爸媽和照顧者的體罰／心理暴力。[33]在虐待案例中，超過四分之三與忽視有關，[34]而忽視則會危害孩童發展。根據史丹佛大學研究，中國農村認知／社會心理發展遲緩的兒童多達八成五，主因是家長外出到城市打拚，將孩子留給祖父母或親戚照顧，導致常常缺乏滋養的互動。[35]這裡先挑明了說：匱乏對於學習和成長的影響到底有多大，目前尚未百分之百清楚。

匱乏和不幸都是很難研究的課題。對於關係匱乏，雖然已經在囓齒動物和猴子身上進行了許多（不乏爭議的）研究，但以人類為對象的研究則少得多，長達數十年的大型研究更是少之又少。不過，歷史提供了獨特的情境——冷戰下的羅馬尼亞孤兒院提供了難能可貴的契機，得以大規模研究關係匱乏造成的後果，為相關研究立下里程碑。

一九六七年，羅馬尼亞獨裁者齊奧塞司（Nicolae Ceauşescu）上台，對國家懷有宏大願景，運用史達林「人口成長帶動經濟成長」的理論實施嚴刑峻法、下令禁止避孕和墮胎，出生率因此飆升，但經濟成長卻遲遲跟不上，許多家長養不起孩子、只能送去公立孤兒院，這些孤兒的確切人數不得而知，保守估計為十萬，最新估計則超過五十萬。

這些孤兒院的門口張貼著海報——母親將寶寶帶到孤兒院，多年後孩子長大、手牽手與母親喜相逢。這些海報顯然在告訴大眾：國家比父母更懂得照顧小孩。可是，這些孤兒院嚴重缺乏資金，孩子營養不良、社會接觸少、得不到充分的照顧和鼓勵，而且經常遭受虐待。一九八九年，齊奧塞司遭到暗殺，東歐國家重新對外開放，羅馬尼亞孤兒院的慘況才被報導出來。

率先報導的包括英國記者葛雷漢（Bob Graham）。[36]齊奧塞司遇刺兩週後，葛雷漢抵達羅馬尼亞，一踏進孤兒院，刺鼻的尿騷味立刻撲面而來，裡頭沒有公園或幼兒園的兒童嬉鬧聲，只有一片令人不安的死寂，這些孤兒被剝奪了親情、缺乏鼓勵、無人養育，此時無聲勝有聲，沉默就是慘痛的代價。

羅馬尼亞孤兒院的慘況被報導出來之後，有些幸運的孤兒接受了領養，但人數不多，孤兒院仍然繼續運作，大多數的孤兒都沒有走。研究人員比較接受領養的孤兒和留下來的孤兒，期盼能解答幾道主要的問題：養育和依附有多重要？何時開始產生影響？遭遇不幸和關係匱乏會有哪些後果？經歷了不幸與關係匱乏，孩子還有沒有可能康復？

在羅馬尼亞孤兒院經歷匱乏的孤兒全都接受了腦部掃描，科學家研究之後發現掃描結果非常明確：在孤兒院待得越久、孤兒的腦容量越小，比起接受領養的孤兒，留下來的孤兒腦容量平均小了將近一〇％。[37]此外，研究結果顯示：由於幼兒時期遭受匱乏，導致這些孤兒智商較低、注意力不足過動症（ＡＤＨＤ）的發病率較高，[38]而且大腦較小、功能也較弱，腦部掃描測量顯示：孤兒的大腦對電脈衝的反應較少，每多經歷一個月的匱乏，腦容量就又更小一點，令人驚異，尤其是控制情緒調節的腦區，影響特別嚴重，一三％的孤兒對成年照顧者沒有表現出任何依附。[39]

這些異常似乎無法完全用營養不良來解釋。索努加－巴克（Edmund Sonuga-Barke）教授主持了長達二十年的英羅領養研究計畫，其中比較了英國領養的孤兒與留在羅馬尼亞的孤兒，結果發現：「我們相當確信這些影響也有心理層面的因素，包括缺乏鼓勵、缺乏社會互動、缺乏依附和羈絆」。[40]

爲了回答孩子經歷了不幸與關係匱乏能否康復，研究人員在羅馬尼亞首都布加勒斯特進行了早療計畫，長期比較追蹤兩組孤兒的認知能力、語言能力、運動能力、社會情緒能力，一組是在領養家庭長大的孤兒，另一組則是留在孤兒院的孤兒，[41]人際接觸較少的孤兒在這四組能力都出現發展遲緩，接受領養的孤兒情況較好，兩歲前就離開孤兒院的孤兒發展尤佳，後來與同齡人幾乎沒有區別，這證明不幸大多是可以克服的，及早介入、及早康復。[42]這項研究的結論簡單卻深刻：滋養的人際關係很重要，越早開始越好。

孤兒院的研究很有意思，但顯然偏離常態。對於過著一般童年生活的孩子，愛意與人際關係的影響究竟有多大？孩子的腦容量有沒有可能因為滋養而倍增？二〇一六年，一群研究人員經由科學得到了結果。

聖路易斯兒童醫院的兒童精神科醫生露比（Joan Luby）是華盛頓大學的教授，同校的心理學暨腦科學系主任芭琪（Deanna Barch）身兼心理學家，兩人進行了一連串研究檢視兒童腦部掃描，其中包括測量學齡前兒童海馬迴的發育情況與接受母愛多寡之間的關聯。[43]海馬迴是左右學習、記憶和情緒調節的腦區，兩位研究人員仔細觀看親子互動的錄影，並就互動情況給分，從而測量母愛給予的多寡。研究模擬日常家庭生活中略感壓力的情況：要求母親完成一項任務，同時給孩子一個吸引人的禮物，但不准孩子馬上拆開。

那些能夠在完成任務的同時對孩子表現出情感支持的父母被評爲更有教養。而那些在測試過程中摒棄孩子或採取懲罰性方式的父母，其支持度得分則較低。能夠一邊完成任務、一邊給予孩子情感支持，則評定爲母愛給予得多，過程中不理會或者苛待孩子，則評定爲母愛給予得少。

這項研究中，兒童腦部掃描結果顯示：母愛多寡與海馬迴大小直接相關。[44]研究人員發現：縱使母親情感支持多寡只差一點點，結果卻天差地遠，比起母愛接受低於平均的孩子，獲得較多母愛的孩子海馬迴發育倍增，簡而言之，兒時的關愛有助於大腦強健，這不是說父母必須完美無缺，或者說必須無微不至關懷孩子，小兒科醫生兼精神分析師溫尼考特（Donald Winnicott）提出「剛剛好育兒法」，家長在呵護孩子的同時，也要優先關照自身情緒健康，並爲家庭生活打造條理。社會、經濟、文化等因素交互作用，共同影響幼兒教養，體認到這一點非常重要，許多家長（尤其是母親）很難兼顧親職和工作，這種大環境問題讓家長無法時時以愛意澆灌下一代，例如貧富差距、托兒選擇不足、缺乏父母支援政策等，勢必得一一解決不可。

兩位教授隨後又進行了另一項研究，這次將時間拉長，從開始接受學前教育到進入青春期，一共追蹤了一百二十七位兒童，總共進行三次腦部掃描，檢視大腦發育與溫暖呵護之間的關聯，[45]主要想藉此回答兩道問題：第一，在兒童的生命軌跡中，給予溫暖呵護的時機重不重要？第二，溫暖呵護在學前階段觀察到的正面影響是否會長期存在？

研究發現更多證據，證明兒時人際關係對大腦發育很重要，學齡前接受母愛滋養與支持的青少年海馬迴較大，反之海馬迴則較小，學齡前較少給予支持的母親，縱使在孩子上小學或中學之後轉而發揮母愛，也無法扭轉結果，這表示大腦在幼兒時期有敏感期，對於家長的支持更有反應。此外，幼兒時期的溫暖呵護長期有益於大腦，學齡前給予愛的滋養，進入青春期之後大腦的情緒功能更佳，入學後才給予愛的滋養則無效。這些研究結果都強調：充滿愛的兒時人際關係左右大腦發展的方方面面，從而影響兒童的學習與發育。

露比教授和芭琪教授的研究雖然以母親為主要研究對象，但是母親之外的照顧者也很重要，同儕也不可或缺。母嬰有多親密，爸爸和寶寶也可以一樣親密。爸爸參與育兒有益於寶寶健康，包括讓早產的寶寶長胖、提高母乳哺育率。爸爸主動投入教養，小孩拿A的機率比同儕高出五〇％，[46]自覺跟爸爸很親的孩子，高中畢業後進入大學或工作穩定的機率倍增。無論父親還是母親，親子關係都是重質勝於重量。

同樣的道理，越來越多證據指出：爺爺奶奶幫忙帶孫，孩子各方面的表現都會進步，包括學業成績、社交技巧、言行舉止、身體健康，[47]而且含飴弄孫能延長壽命，倒也是個額外的好處。[48]

不僅小孩與大人的直接互動很重要，研究還顯示：寶寶看到別家寶寶在場，完成任務的表現更佳。此外，針對學齡兒童的研究顯示：僅僅是（感覺到）身旁有人，就能改善學習效果，[49]例如大人一起陪看《芝麻街》，孩子的理解程度就能提升。[50]說到這裡，讓我們回頭看一下庫爾教授的語言實驗。發現幼兒透過螢幕學習語言效果不佳之後，庫爾教授深入研究箇中原因，[51]這次的實驗使用了同樣的漢語母語人士虛擬課程，但是學習環境從被動轉爲主動，讓寶寶藉由觸控螢幕來控制影片播放，每觸碰一次，螢幕就會播放二十秒的影片，影片內容是漢語母語人士介紹玩具和書籍，寶寶則隨機分到單獨學習或配對學習的環境，結果發現有其他寶寶在，寶寶學得更多、發出的聲音也更多，而且接觸到的寶寶越多，寶寶學得就越好。

從學校環境、親師情境到社區與學校經營，人際關係都扮演關鍵角色。一九九〇年代初期，全芝加哥數學能力和閱讀能力最差的小學，分別是亞歷山大小學和漢考克小學（眞令人難過），兩校相距不到兩公里，位處相鄰的社區，學生幾乎都來自經濟弱勢的黑人家庭。爲了提升學生成績，兩所學校花了十年的工夫、採取了一連串的措施，神奇的是：漢考克小學突飛猛進，亞歷山大小學卻只取得微幅進步。爲什麼漢考克小學能跌破眾人眼鏡？亞歷山大小學卻只能苦苦掙扎？研究人員發現：人與人之間的信任是一個重要的驅動因素。

爲了促進人與人之間的信任，漢考克小學的行政人員採取了幾項策略，包括讓家長、老師、行政人員共同參與決策，從而讓彼此互敬互重。此外，也側重專業發展以改善溝通技巧，並積極讓家長和社區參與定期會議和義工服務。漢考克小學持續且透明的溝通，讓所有人都能掌握最新資訊，同時藉由表揚和積極解決衝突來營造正向的學校文化，進一步加強人際信任。這些措施互相加乘，既改善了學校氛圍，也有助於提升學業成績。研究發現：在芝加哥，親師合作緊密及社區參與度高的學校，成績改善的機率是其他學校的十倍。[52]

無獨有偶，始於一九六八年的柯默學校發展計畫（Comer School Development Program），從康乃狄克州紐海芬市收入最低且成績最差的三十三所小學中，挑選了兩所來實施（分別排名第三十二和三十三）。兒童精神科醫生柯默（James Comer）與耶魯兒童研究中心的同事跟校方合作，結果這兩所學校的表現與紐海芬市收入最高的學校平起平坐，學生近乎全勤，而且沒有嚴重的行爲偏差。[53]柯默學校發展計畫涵蓋課業與社會情緒發展，根植於學生、親師、學校高層和社區之間積極且富有成效的人際關係。五十多年過去了，深根於培養人際智商的柯默計畫，仍然是美國和全球的榜樣。

學習全憑孤軍奮戰——這樣的迷思根源於個人主義。在傳統的課堂上，學生一個人一個座位，個個肩負著獨立完成任務的期待，這讓學習是獨旅的觀念深植人心，加上強調個人表現的評量方式（例如標準化測驗和考試），進一步助長了成功取決於個人努力與知識的看法；近年來，自訂進度的科技與線上學習平台崛起，讓這種觀念更加強化。然而，已有證據顯示：合作與人際互動在學習過程中具有重要影響，從而挑戰傳統觀點。如果學校與學習環境納入合作、人際關係與人際互動，家長與教育工作者在支持下成爲益智員，情況是否會大不相同呢？

迷思三：孩子天生就有韌性

考考你。這道簡單又實際的問題讓身爲家長的我苦惱許久：從學習的角度來看，應該在孩子人生的哪個階段搬家最好？

（A）五歲之前
（B）小學階段
（C）國中階段
（D）高中階段

五歲之前最多人選，也就是上幼兒園之前搬家最好，因爲我們臆斷小孩天生就有韌性，而且國中和高中階段要拚成績。不過，正確答案不是（A）。事實上，幼兒很脆弱，在這時候搬家，大大不利未來高中畢業的機率。[54]

這項關於搬家的研究很單純，突顯幼兒階段是非常敏感的時期。事實上，孩子並非天生就有韌性，韌性要靠後天培養，透過人際關係逐漸建立。

此外，其他研究也證明，幼兒非但不是天生韌性比大人強，反而對於創傷更加脆弱且敏感，這與迷思恰恰相反。麻省總醫院專攻社會因素與精神病學的流行病學家鄧恩（Erin Dunn）擁有遺傳學和表觀遺傳學專業，她領導研究團隊，發現五歲前經歷創傷的幼兒出現憂鬱症或創傷後壓力症候群的機率，是五歲後經歷類似悲劇者的兩倍。[55]此外，二〇〇五年，颶風卡崔娜肆虐紐奧良，後來當地四到六年級生轉介到心理健康諮詢的機率，幾乎是九到十二年級生的三倍。[56]

芝加哥西北大學范博醫學院精神病學和行為科學系教授佩里（Bruce Perry）發表最新研究，強調剛出生幾個月是建立韌性的關鍵，讓孩子得以面對壓力和逆境，並在成長過程中能夠建立健康的關係。根據佩里教授研究：「比起兩個月大之前在健康的人際關係中平安渡過、但往後十二年的人生極為不順，頭兩個月就遭遇逆境又缺乏人際關係緩衝的孩子，就算往後十二年都在健康的環境下長大，結果卻反而更差。」[57]縱使已經脫離高風險的環境，出生頭幾個月的高度壓力，依然會導致長期的壓力反應與創傷相關問題。

證據明擺在眼前，究竟孩子天生就有韌性的觀念是怎麼來的？首先，壓力和逆境帶來的影響，往往無法當下就看見。小孩還不會處理複雜的情緒，加上人生經驗不足，所以常常鑽牛角尖，而且大概也不懂重大壓力或創傷的影響，就算懂或許也無法像大人那樣說出口，縱使理解自己的感受，可能也找不到字眼或說不清楚，最後索性什麼都不講，導致大人誤會小孩沒事，但其實備受煎熬。此外，小孩就算遇到困境，嘴角依舊上揚，該玩照玩，該笑照笑，就算心事重重，還是一副無憂無慮的模樣。

這個迷思之所以流傳至今，原因在於大人覺得這樣想比較輕鬆，畢竟眞相令人心痛，想要正視談何容易？孩子對自己的生活掌控有限，人生經歷幾乎都操控在大人手裡，儘管我們不願承認，但身爲大人，我們的脆弱和失職，可能會深深影響此生遇見的孩子。

一段一段的經歷形塑了孩子的人生觀，幼時承受的逆境終究會留下烙印，雖然這不代表孩子會從此一蹶不振，但確實需要專業的支持才能恢復如常。成人心理治療大多免不了探討童年經歷對當前問題的影響，這絕非偶然。

迷思四：智力（和潛能）固定不變

一九五八年，美國還在實施種族隔離。密西根州伊普西蘭蒂城南部，許多非裔美國學生在學成績嚴重落後，讓學校行政人員韋卡特（David Weikart）大吃一驚。當時的人大多相信智力是一試定終生，孩子出生時智力有多高，這輩子就這麼高。實施智力測驗時，黑人小朋友的成績大多不佳，其中大半被送去特教班或被留級，高中畢不了業的大有人在。

韋卡特想讓黑人學童也有機會取得優異成績，但在校內遇到阻力，既然改變不了學校，韋卡特乾脆改寫遊戲規則，提出逆天背理的全新概念——讓三到四歲的黑人幼童念幼兒園，從而展開名爲「佩里幼兒園」的昂貴實驗，聘請碩士來當老師，並採用小班制教學，每天提供三小時的豐富認知活動，讓孩童在遊戲中學習、激發想像力，透過校外教學和企劃活動讓孩童與外界接觸，教師每週進行家庭訪問，據說最初很「尷尬」（引述某位參與者的說法）。[58]後來「佩里幼兒園」名列幼教界最常引用的研究，質疑傳統認知的好學生／人生勝利組與功成名就之道，並突顯幼兒教育十分關鍵，強調不論種族或背景，只要有機會接受良好的幼兒教育，都有可能大放異采。

這項研究追蹤「佩里幼兒園」的孩童超過五十年，比較實驗組（接受幼兒教育）和對照組（未接受幼兒教育）的人生軌跡，實驗結果啓發了芝加哥大學著名經濟學家暨諾貝爾獎得主赫克曼（James Heckman）研究投資幼兒教育的效益。他的研究成果顯示：接受優質幼兒教育的兒童不僅更健康，而且高中畢業和上大學的機率都更高，入獄和接受政府援助的機率則較低，也更可能找到好工作，成年後更有可能維持穩定的戀愛關係。「佩里幼兒園」的綜合效益十分可觀，每投入一美元，就能獲得十三美元的經濟回報，這麼高的報酬率代表優質的幼兒教育並非燒錢，而是極富價值的投資。二〇二一年，赫克曼發表了最新的研究成果，展示「幼兒教育的世代效益」，[59]如果持續忽視幼兒階段的重要性，被拋下的不只是一代人，而是好幾代人。

「佩里幼兒園」打破智力和能力固定不變的迷思，顯示幼兒時期是發展潛能的關鍵機會，並且強調透過人際關係來開發潛能。「佩里幼兒園」是「啓蒙計畫」（Head

Start）的靈感和模範，後者是爲清貧兒童提供的幼教計畫，由聯邦資助、普及全美，[60]運用人際智商的力量來促進兒童良性發展，計畫內容針對親子雙管齊下，計畫人員會接觸孩童的家庭，建立家庭與同儕和社區的連繫，並且讓家庭參與領導，各地學校的管制機構，都有「啓蒙計畫」的家庭成員在裡頭。

目前有證據顯示：自閉症譜系障礙兒童的智力和潛能也能提升。對這些孩子來說，人際關係更加複雜，而我們對於自閉症的了解仍然不足，該怎麼提升還沒有明確的辦法。二〇一〇年，加州大學戴維斯分校心智研究所精神病學和行爲科學教授羅傑斯（Sally Rogers）與同事研究丹佛早療模式（Early Start Denver Model）對自閉症兒童的影響，結果發現丹佛早療模式可以提高智商、改善適應行爲。[61]丹佛早療模式密集支持幼兒與他人（特別是父母）當下的互動，善用幼兒的興趣和熱衷的活動以確保互動有趣且愉快。二〇一二年，丹佛早療模式獲選《時代》雜誌年度十大醫學突破。[62]後續研究指出：丹佛早療效果持久，療程結束兩年後，效益仍持續累積，腦部掃描顯示，密集早療改善了關乎社交及溝通技巧的大腦活動。[63]

智力固定不變的迷思，長期困住我們對人類潛能的理解，更讓某些兒童群體遭受排擠，誤以爲認知能力（例如智力和解決問題能力）是與生俱來、無法改變的特質，想改善也改善不了。實際上，智力絕非固定不變。神經可塑性賦予大腦適應和成長的卓越能力，只要獲得適當的幫助，任何人都能活到老學到老。智力是可塑的，以人際關係為基礎的有效學習策略可以擴展智力，只要擁抱這個觀念，就為終身學習和蓬勃發展開啟了無限可能。

迷思五：溺愛會寵壞寶寶

溺愛會不會毀壞孩子終生？縱覽二十世紀不同時期，著名的心理學家、兒科醫生和其他專家都建議父母盡量不要抱寶寶，藉以培養孩子自我調節的能力。一九〇七年，兒科界的先驅霍爾特（Luther Emmett Holt）在書中寫道：「不要跟六個月以下的寶寶玩，玩得越少對寶寶越好。」[64]再來看看心理學家、美國心理學協會主席華生（John Watson）一九二八年給出的建議：「想要摸摸孩子的時候，記住母愛是危險的工具……一旦孩子的品格被不當的教養給慣壞（寵壞孩子只需要幾天的時間），誰曉得還矯不矯正得回來？」[65]

這種育兒指導造成了一種迷思：太疼愛可能會寵壞孩子，長大後會變得自私自利、一天到晚要求別人。事實上，科學證據一清二楚：父母不可能寵壞幼兒，尤其是一歲以下的寶寶，根本沒有太常抱、太常理會這種事，理會寶寶的需求是讓寶寶知道這個世界很可靠、很值得信任，應該要建議父母多抱抱寶寶才對：幼兒獲得的愛越多，長大之後就會越獨立。

過去八十年來，發展科學家發現了幼兒與照顧者之間的細微互動關係會左右終身發展，影響深遠而持久，這樣的理解是圍繞著「依附」的概念而來。「依附」的定義是指與照顧者建立連結，這種連結來自於滿足幼兒的情緒調節與探索需求，根基於幼兒相信照顧者會隨喚隨到。

「依附」的科學理論可追溯自一九三〇年代，英國精神科醫生兼精神分析學者鮑比（John Bowlby）提出了全新的學說。當代心理學家等專業人士泰半將兒童行爲歸因於內在因素，例如飢餓、敵意、性欲，大多忽視了環境的影響。然而，鮑比與情緒困擾的兒童相處時，觀察到這些兒童有個共同的特徵：缺乏關愛與乏人照顧。儘管上司不情願，鮑比仍然堅持認定家庭經歷舉足輕重。一九四四年，鮑比觀察少年觀護所四十四名盜竊犯和四十四名非盜竊犯，並寫成紀錄。在盜竊犯中，共十七人在五歲前與母親長期分離，非盜竊犯則只有兩人有類似的經歷。[66]在後續研究中，鮑比發現：六十名在四歲前曾因肺結核與母親隔離的兒童，學業成就較低。[67]

與此同時，美國心理學家哈洛（Harry Harlow）得出了類似的結論。哈洛的研究相當殘忍（如今看來根本違反道德），將幼猴與母猴分隔開來、隔離在「絕望之井」裡，並觀察幼猴與鐵絲媽媽（身上有奶瓶）與布偶媽媽（身上沒有食物）的互動，結果發現幼猴尋求的不只是吃飽，而是安慰。[68]

後續鮑比將研究範圍擴大到與父母分離的兒童（例如住院的孩子），過程中漸漸產生一個想法，而想法又結晶成信念：主要照顧者（早期研究中通常是母親）扮演著兒童「心理組織者」的角色，（尤其在某些發展階段）發揮重要的影響。鮑爾認爲：爲了促進心理健康，「嬰幼兒應該體驗到與母親（或永久的母職代理人）溫暖、親密、持續的關係，雙方都享受其中並獲得滿足。」[69]不過，根據鮑比的看法，依附對象未必非得是母親（或家長），嬰兒自己會在心中建立「依附的小小金字塔」。

一九五〇年代，鮑比的同事安絲沃（Mary Ainsworth）從嬰兒與母親分離和重聚的反應來分析母嬰依附模式，藉以描述三種獨特的依附類型，[70]後來美國心理學家梅恩（Mary Main）又找到了第四種，[71]分別是：

- 安全型（確信需求會得到滿足）
- 焦慮／矛盾型（不確定需求會得到滿足；尋求安慰）
- 迴避／輕視型（認定需求不會得到滿足；尋求獨立）
- 恐懼迴避／混亂型（對親密關係既渴望又害怕）

這些依附類型反映了嬰兒不同程度的安全感和因應策略，並非固定不變，每個人在生命各個階段都有可能發展出安全型依附。

明尼蘇達風險與適應縱向研究（Minnesota Longitudinal Study of Risk and Adaptation，簡

稱ＭＬＳＲＡ）進行了三十五年，發現童年依附品質的影響會延續到成年，安全型兒童的情緒健康、社交能力、人際關係往往更佳，多半從幼兒園開始展現出積極的社交互動，上小學之後的友誼也更親密，不僅社交能力更強、家庭互動關係更健康，並且展現領導才能。這樣的安全感也與學業成功相關，必須擁有更強的動機、更強的專注力、更高的自尊心，才有用功的動力。[72]此外，比起愛理不理的家長，家長越愛搭理孩子、疼愛孩子，孩子的語言技能就會翻倍。[73]

嬰兒時期有安全感的孩子，長大之後更獨立，不安全感則往往造成孩子越長大越黏人，這是ＭＬＳＲＡ研究最著名的發現之一。獨立的來源是安全感、關愛和滋養的人際關係。

安全感帶來的益處會帶到學校裡，同儕和老師更接納也更善待安全型兒童，就算不曉得孩子過往的依附類型，老師依舊會給予安全型兒童更多溫暖與尊重，這一點十分不可思議。對於安全型兒童，教育者往往會設定適齡標準，並且寄予厚望。反之，依附模式較辛苦的兒童，受到的照顧較少、管束更多，老師的期望比較低、較常對孩子發脾氣，偏偏這些孩子更需要大人在互動中展現更多同理。

儘管科學已經了解這麼多，但舊有的思維方式在美國依然陰魂不散，四分之一的父母仍然採用威權教養，強調服從、紀律、管束，而非用愛滋養孩子。[74]截至二〇二四年，美國十六個州仍然允許學校進行體罰，此外，不分年齡，無論是學齡前兒童還是全體兒童，密西西比州的體罰率都占第一。

溺愛會寵壞孩子的迷思，根源於認爲過度關愛會造成孩子依賴、以爲什麼都是自己應得的、無法應對人生的挑戰。可是，正如研究所示，這種觀念大多無憑無據。愛是兒童的基本需求，是兒童情緒發展、人際發展、整體健康的關鍵。關愛、滋養、情感支援能培養安全型依附，爲健康的人際關係、自尊和學習奠定基礎。說到底，愛能提供情感燃料，爲學習引擎提供動力，讓學習更愉快、更有意義、更有效益。以愛滋養就是持續的關愛與支持，可以促進健康的認知發展、情緒發展、社交發展、自主發展。愛本身不是問題，問題在於缺乏界限和紀律。設定明確且一貫的規矩，有助於兒童獲得安全感、學習自我控制、發展自主性。因此，結合關愛與適切的指導和適度的界限，有助於個人全面發展，培養韌性又獨立。

學習早在上幼兒園之前就開始了，而且求學並不孤獨；此外，爲了克服逆境帶來的後果，孩子可能得苦苦掙扎；再則，智力可以後天培養和發展，再怎麼愛孩子也不會寵壞孩子，無論是家長、照顧者、教育工作者，只要養過小孩、或者幫忙養過小孩，都曉得這些常識。可是，種種不僅老掉牙、還被證僞的迷思，依然影響社會政策和優先事項、浸染教育機構和教育實踐、左右政府和民間投資，無論是集體認爲該給孩子什麼，偶爾甚至就連自己決定要給孩子什麼，都會被這些迷思所動搖。

作爲家長、照顧者、教育者、決策者、公民，我們有責任消除這些迷思，確保幼童有機會體驗到滋養且豐足的關係，長期下來會對人生產生正面的影響。人際關係的需求與生俱來。孩子越早得到愛，成功的機率就越大，受到忽視的時間越長，對於認知、情緒、社交、體能發展的負面影響就越大。無論孩子多大，都應該用愛好好滋養並給予支持。

第二章
縮小的人際圈

雖然從來沒有人這樣要求過，但現今的小家庭
獨自生活在自己的小天地裡——
沒有親戚，沒有後援，把自己逼到了絕境。
——瑪格麗特·米德，《文化與承諾：世代差異研究》（一九七〇）

法國青年拉斐爾住在巴黎郊區，成天把自己反鎖在房間裡，能不跟外界接觸就不接觸。他是電玩學士，大學畢業後也工作過一陣子，後來辭職回家跟爸媽住，每天待在從小睡到大的臥房裡，房門反鎖，一待就是一整天，就這樣在家裡宅了兩年，既無心交際也無心工作，而且開始恐懼社交。

像拉斐爾這樣的情形越來越普遍，這種現代的孤獨與苦難稱作「繭居族」，語出日文「引きこもり」，「引き」意指「抽離」，「こもり」意指「隱居」，是日本

心理學家齋藤環一九九八年創的新詞，用來描述個人（通常是少年或青年）長達半年以上關在家裡不與外界接觸。在紀錄片《繭居族：反鎖世代》（*Hikikomori: The Locked Generation*）裡，拉斐爾起床之後都待在房間，埋首在電腦螢幕前，一坐就是一整天。[1]「繭居族」不上學、不工作、不社交，任憑自己退到不能再退，與世隔絕成爲他們的生活方式。

自從日本承認「繭居族」以來，至今已超過二十五年，最初以爲是特定文化才有的症候群。根據日本厚生勞動大臣的說法，日本「繭居族」青少年和成年人超過一百五十萬，大約占總人口的二%。[2]不過，其他國家也出現越來越多病例，南韓的「繭居族」少則三十五萬、多則超過五十萬，占青年人口的五%。[3]法國、西班牙、奈及利亞、美國也都有通報案例，近年隨著疫情肆虐全球，「繭居族」現象益發嚴重。

一說到「繭居族」，起初立刻聯想到一九九〇年代日本經濟失落的十年，後來則歸因於多重因素，包括社會壓力、望子成龍望女成鳳的家長、教育系統的壓力、過度使用科技和社群媒體、家庭問題、心理健康問題、文化因素。「繭居族」往往自尊心低落，躲起來以避免出糗，「雙繭居族」則是因爲孩子自我封閉而深感羞恥與恐懼，導致大人也漸漸不與外界往來。有些研究指出，「繭居族」與童年缺乏安全感有關，也與小學、中學遭到排擠有關。[4]說到這裡應該很清楚了：「繭居族」是很複雜的現象，有待研究人員努力了解。[5]

雖然「繭居族」通常意指極端的社會退縮案例，但是受到全球疫情影響，許多孩子都經歷過繭居的生活，成爲一種獨特而普遍的情況。封城和維持社交距離期間，無數青年出不了門、見不到朋友，被迫切斷原本不可或缺的社交連結。疫情導致的隔離眞是難爲了孩子，考驗他們的韌性和適應能力、如何在這人情淡薄的世界中游刃有餘。這種集體隔離經驗如何影響孩子的社會發展健康，至今仍是持續受到關注和研究的課題。

青年寂寞似乎已成爲普遍現象。現代世界帶來的動盪因全球疫情而加劇，讓年輕一代的社會連結顯得更加脆弱。科技介面充斥當今世界，家庭互動關係不斷改變，孩子身處在這樣的環境中，社交孤立和社會退縮的隱憂隱約可見，除非多加警惕幼兒的人際圈越來越小，否則我擔心年輕一代可能時時有成爲「繭居族」的風險。優先重視兒童社交互動的品質，創造培育兒童社交與情緒健康的環境，絕對是首要之務。

縮小的家庭

打開Google，在搜尋欄位輸入「家庭是」，[6] 後面跳出的自動套用建議描繪了我們對家庭的渴望和嚮往：

家庭是一切。
家庭是永遠。
家庭是重要的。
家庭是心之所在。

雖然我們大多同意家庭是船錨，卻很難明確界定家庭是什麼。根據美國人口普查局的定義，家庭是「兩個以上的個人，擁有血緣關係、婚姻關係或領養關係，但也可能毫無關係」，這樣的定義留下了很大的詮釋空間。

事實上，現今已不存在主流的家庭形式。一九六〇年，七三%的美國兒童生活在所謂「傳統」的家庭中，父母都是第一段婚姻。如今，生活在「傳統」家庭的兒童只占四六%。[7]

我們對家庭的概念存在文化差異。根據美國萬通保險公司的調查，大約三分之一的美國白人視大家族爲家人，一三%視朋友爲家人。相較之下，視大家族爲家人的美國黑人占四七%，視朋友爲家人的占二四%，比例明顯高過白人。[8]

縱使將親朋好友納爲家人，過去數十年來家庭規模依然持續縮小，從一七九〇年每戶平均五・八人，下降到二〇一八年每戶平均二・六人，[9]可見幼兒周遭的人際圈越變越小。儘管過去幾年來下降趨緩，二〇一九年家庭規模甚至出現（一百六十年來首次）增長，但是仍能感受到美國家庭人口縮減帶來的深遠結構性影響。人口學家預測，家庭總人口將持續下降，一九五〇年還有四十一名親屬，到了二〇九五年只剩下二十五名親屬。[10]

孩子越生越少

南韓的生育率在全球敬陪末座——二〇二四年僅〇．六八，平均每個家庭生不到一個孩子，遠低於維持穩定人口所需的比率二．一，[11]首都首爾的生育率更低，僅〇．五五，全南韓都深陷生育危機，恐有「亡國」之虞。致富的追求、女性的社會地位、高昂的生活成本、爭名逐利的超長工時，取代了嬰兒推車的魅力。[12]二〇二三年，義大利的生育率探底，自從一八六一年開始記錄每年新生兒數量，義大利從未見過每位婦女平均生育一．二個孩子這麼低的數字。[13]過去七十年來，全球婦女平均生育子女的數量幾乎減半，家戶子女人數減少，孩子的手足自然也減少。[14]美國家戶學齡兒童不到一位，養寵物的家庭比養小孩的家庭還多。小孩生得少，投入在每個孩子身上的資源和關愛理所當然越多，教育成果似乎也越好。[15]不過，有意思的是，對於開發中國家與寄養子女來說，這一點並不成立，反而孩子生得多、親屬也多，教育成果更好。[16]此外，手足較少不利孩子交友與成年後發展長期關係。[17]在幼兒園裡，有手足的孩子往往會獲評為好同學。[18]

家長越來越少

數十年來，美國單親家庭的兒童比例節節攀升，同時結婚率下降、婚外生育率增加。美國單親兒童的比例冠居全球，比世界各地高出三倍以上，將近四分之一的美國兒童與父母其中一方同住，家中沒有其他大人。[19]一九六〇年，一一%的兒童與父親分居，到了二〇一〇年則上升到二七%。[20]此外，美國有超過兩百七十萬的兒童由祖父母帶大，也就是「隔代教養」（skipped generation），原因多半是父母過世或是無力撫養，[21]這樣的家庭格外脆弱，老的老、小的小，能享受的權利和福利都很有限。

祖父母越來越少見

幼兒在生活中見到祖父母的機會越來越少。一八五〇年，六十五歲以上的長者七成與成年子女同住，到了二〇〇〇年剩下不到一成五。[22]根據美國退休人士協會統計，近半數祖父母的住處與孫子孫女相距三百公里以上。[23]雖然跡象顯示情況正在好轉，根據皮尤研究中心調查，兩代（以上）成人同居的家庭在過去五十年間增加了四倍，[24]令人振奮，但整體而言，這樣的家庭仍占少數，而且同住的部分原因是買不起房子。

長輩朋友越來越少

除了祖父母外，兒童在生活中通常見不到其他長輩。還記得電影《小子難纏》裡那位亦師亦友又討喜的空手道教練宮城老師嗎？記得《新天堂樂園》裡放映電影的老師傅艾費多嗎？對我們的孩子來說，這些年長角色跟神話人物一樣，如同《魔戒》和《哈利波特》裡的老巫師甘道夫與鄧不利多。事實上，排除家人不論，美國只有三％的兒童認識六十五歲以上的長輩。[25]

消逝的友誼

不僅家庭越來越小，大人也在經歷友誼衰退：交友圈越來越小，經營友情的時間也越來越少（詳見下文）。爸媽的朋友對孩子來說很重要，這些大人也是大家族的一分子，可以共同養育或是支援育兒，比起親戚，朋友更能扮演啦啦隊，促進心理健康和整體幸福。[26]你可能還記得童年時認識的爸媽朋友，但你的孩子認識你朋友的機會更少，甚至完全沒這份福氣。

過去數十年來，美國成年人的知己大幅減少，從一九九〇到二〇二〇年，知己在三人以下的比例從三分之一增加到二分之一，沒朋友的比例從三%增加到一二%。[27]同樣的趨勢也出現在英國，二〇一二年，知己在一人以下的年輕人有七%，二〇二一年上升到將近二〇%，[28]其中男性的情況更爲顯著，尤其是那些當爸爸的，早年通常朋友成群，但隨著年紀增長，朋友數量銳減。[29]

社交健康有點類似身體健康，距離上次去健身房的時間越久，要再去就越困難；社交連繫也是如此，如果已經感到孤單和脫節，要結交新朋友就更加困難，[30]而且會放大生活中的挑戰。相較於自己去爬山，結伴同行會覺得山坡沒那麼陡，光是想到有朋友當啦啦隊，就能讓山坡看起來比較平緩。（沒錯，有學者研究過感知斜坡與社交支持的關聯！）[31]疫情期間，我們的社交新陳代謝驟降，居家辦公加上社交隔離，我們的公私人脈縮減了將近一七%。[32]

此外，我們花在朋友身上的時間明顯減少（明明朋友已經夠少了）。二〇一三年起，政府開始每年發布「美國民眾時間使用調查」，截至當年，美國人每週與朋友相處的時間略低於七小時，若將下班後與家人、鄰居、同事相處的時間計算在內，則約爲十五小時；二〇一四年起，與朋友社交的時間逐年下降，二〇二二年將近減半，目

圖表 2

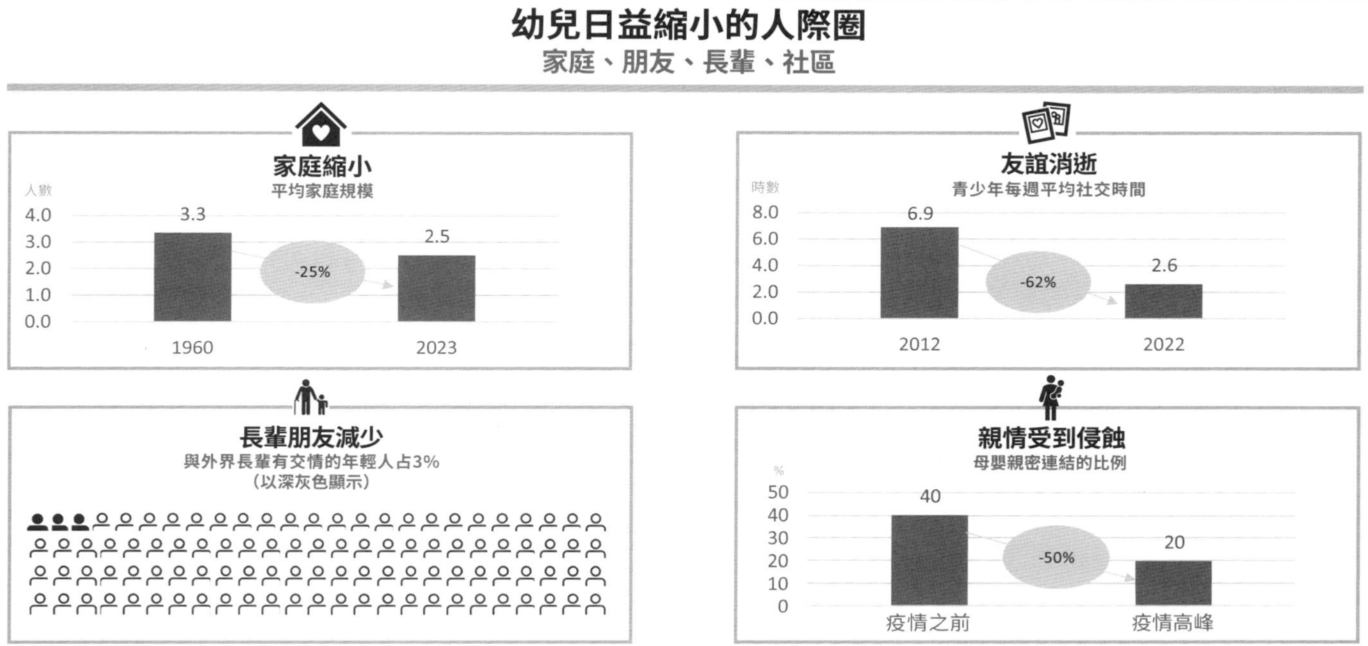

資料來源：

- Shrinking Families：“Average Size of Households in the US,” Statista, 2023, www.statista.com/statistics/183648/average-size-of-households-in-the-us/.
- Fading Friendships: “*American Time Use Survey,*” US Bureau of Statistics, time “socializing and communicating” for 15 - to 19-year-olds during leisure and sports activities, 2012 and 2023; *Monitoring the Future*, University of Michigan; Twenge, J., *Generations*, San Diego State University.
- Fewer Older Adult Friends: McPherson, M., Smith-Lovin, L., and Cook, J. M., “Birds of a Feather: Homophily in Social Networks,” *Annual Review of Sociology 27* (2001): 415–444, www.annualreviews.org/content/journals/10.1146/annurev.soc.27.1.415 .
- Eroding Bonds: Data from New York City COMBO cohort, Dumitriu, D., “Life-Long Negative Impacts of COVID-19 on Mother-Infant Outcomes,” Early Childhood Funder Collaborative, March 18, 2021, www.youtube.com/watch?v=GVrXdC4FP1w.

前美國人平均每週與朋友相處不到三小時，如果將家人排除在外，與外人社交的時間大約爲十小時，[33]顯然孩子跟爸媽朋友互動的機會變少，爸媽的朋友也很少有機會幫忙抱孩子、顧孩子。

缺席的玩伴

朋友減少的趨勢也會影響兒童，而且影響從幼兒時期就開始了，這十分令人擔心，因爲兒時交友好處多多，能夠促進幸福、健康、自信、溝通能力、學業成就，好處數都數不清。怎麼看孩子長大之後能不能長期成功？看上幼兒園時是否展現出利社會行爲。[34]怎麼看孩子投不投入學校生活？看孩子在學校有沒有好朋友。[35]可是，孩子交友的條件每況愈下。

就說玩耍吧！從一九八一到一九九七年，孩子自由玩耍的時間減少了四分之一。[36]一九八九年，小學每天大多（九六%）至少有一節下課。十年後，幼兒園的下課時間減少了，只有七成會下課。[37]

自由玩耍的時間少了，交朋友的機會就變少了。一九九〇年，研究人員在瑞士比較了兩群兒童，一群在家裡附近自由玩耍，另一群在公園玩耍、家長則在一旁看著，結果發現前者的朋友數量比後者多出一倍，而且自由玩耍的孩子更會社交、運動能力更好，而且更常待在戶外。[38]

無論是因爲學業負擔加重、還是因爲課外活動變多，幼兒的行程越排越滿。維吉尼亞大學的研究人員比較一九九八和二〇一〇年的幼兒園與一年級教室，結果發現「現在的幼兒園是以前的小一」。[39]這一代孩子花在學業上的時間更長，比較沒時間休息和交朋友。二〇一五年的研究發現，縱使研究人員大多認爲幼兒園出功課不利兒童發展，但幼兒園小朋友每天晚上還是要寫二十五分鐘的作業。[40]此外，比起一九九〇年，現今青少年多花一倍的時間在寫作業上。[41]

同樣的情形在中國更加嚴重，中國的小學生和中學生每天要寫將近三個小時的作業，[42]而後果就是所謂的「內捲」——因爲競爭激烈導致內耗而無法突破。由於課業壓力過於沉重，中國教育部在二〇一八年禁止小一、小二出作業，儘管如此，中國的小朋友依然睡眠不足，[43]而且因爲用功過頭導致身體出現種種狀況，小學生近視的比例將近三六％，國中生高達七〇％，高中生更是衝上驚人的八〇％！[44]二〇二一年，爲了減少小朋友的課業壓力和補習帶給家長的經濟壓力，中國政府採取「雙減政策」，索性禁止補習，雖然值得拍手叫好，但成效卻不好說，爲了擠進大學的窄門，社會大眾仍然緊盯著學業成績，中高收入家庭想方設法規避政策，有的轉向日漸興盛的地下補教業，有的則聘請名爲「保母」的昂貴家教。

在美國想上大學，同樣也得贏在起跑點，而且起跑的年紀越來越小，比賽項目甚至涵蓋課外活動（因爲家長想爲孩子爭取申請入學的加分項目和獎學金），孩子小小年紀就參與各種制式活動，有些是爲了參加體育競賽（例如兒童足球、俱樂部足球，孩子才剛剛不坐嬰兒推車，就忙著到處比賽），有些是爲了在小提琴音樂會上演奏，有的是爲了參加模擬聯合國比賽（沒錯，小學就可以參加模擬聯合國了！）。孩子參加那麼多制式活動，自然沒時間隨心所欲交朋友。一九九五年，美國業餘運動聯盟贊助大約一百項全國少兒運動，十年後暴增到兩百五十項，這表示課外（美術或體育）活動的目的不再是兒童發展或結交朋友，而是爲了贏得比賽並領先同儕，好不好玩還在其次，重點在於美化履歷、累積獎盃，這導致孩子眞心交友的機會變少，而後果十分慘重——孩子參與制式活動的時間越多，越不會設定目標、獨立決策、調節自我。[45]

制式的競爭活動，加上滑社群媒體和盯著螢幕，占據了青少年原本輕鬆交友的時間，與朋友面對面相處的時間越來越少，八年級學生出門找朋友的頻率，從一九九〇年的每週二・五次，驟降至二〇二一年的一・五次，[46]而且結交的朋友越來越少，[47]大約從二〇一〇年開始急劇下降，正值智慧型手機和社群媒體開始普及。

教師與教保員爆離職潮

由於疫情的緣故，造成美國將近一萬六千家幼兒教育機構倒閉，[48]大約十二萬教保員和三百萬公立學校教師離職，[49]離職潮導致人手短缺，托育服務與幼兒教育供不應求，而且品質不穩定。

教師短缺不僅減少幼兒受益於幼教環境的機會，更導致師生比上升，每個老師要負責的學生增加，這一來妨礙兒童學習，二來可能造成教師流動頻繁、更多學校和幼兒園倒閉，孩子上學中斷、帶給家庭困擾，更遑論師生比越低、幼兒表現就越好，教師能提供更多互動和活動，讓孩子有更多機會開口說話，這樣的師生交流很重要，有助於形成穩定的關係，這不僅攸關兒童的社會情緒健康，也是日後建立穩固關係的基礎。小班教學加上低師生比，有利於兒童正向發展，包括強化社交能力、促進溝通能力及語言發展、改善認知成長。[50]

如果人際關係穩定，而且日常作息固定，幼兒的表現更好。教師流動率提高會打亂日常，可能導致幼兒的詞彙和讀寫能力進步較慢且問題行爲增加。[51]不穩定的幼兒照護，與孩子的行爲問題息息相關。[52]

大眾對公立學校的信任探底，徘徊在有史以來的新低點，只有二六%的美國人表示對公立學校「非常／相當」有信心，[53]令人震驚。這數字還能再更低嗎？自從疫情以來，註冊率和出席率都顯著下降，特別是幼兒園和小學低年級，而且沒有明顯的復甦跡象。疫情暴露了學校與家長之間的供需差距，同時創造了新的就學選擇，包括私校和在家自學都出現了新的可能。[54]問題是，如果連幼兒園都去不了，還能參加什麼替代活動或體驗呢？錯過正規幼教的幼童越來越多，讓原本就複雜的疫情後補救教學計畫雪上加霜，也加深了日益嚴重的親情匱乏危機。

過去，在家自學是邊緣且往往帶有宗教色彩的教育選擇，如今卻躍上舞台中央，成爲充滿動力且日益流行的學習方式，自學生捨棄傳統教室，轉向共學團與家裡帶來的熟悉感——廚房餐桌變身科學實驗室，客廳則化身文學基地。在自學生群體中，成長最快的是黑人家庭，黑人自學生的比例在二〇二〇年初疫情爆發時是三．三％，同年秋季增長到一六．一％。與此同時，美國自學生比例幾乎翻倍，疫情前是二．八％，二〇二〇至二一年則是五．四％。[55]對於某些黑人家庭來說，在家自學可能是一種抵抗，動機在於保護孩子免於經歷學校體制的不平等，並在種族歧視的社會中營造安全的學習環境。[56]在家自學從多方面影響孩子的社交網絡，一方面在家自學更能因材施教，這對於某些孩子來說相當有益。此外，在家自學提供更多機會讓孩子與家長／家教老師一對一互動，讓家人之間關係更緊密。不過，如果考慮到社交，在家自學則利弊參半，雖然自學生經常參加課外活動、建教合作、社區活動來促進社交，但比起傳統教學環境，自學生與同齡人的日常互動可能比較少，以此爲主題的研究相對罕見，而且不乏偏頗（研究者本身就鼓吹在家自學），不過，這些研究指出，自學生的社交技巧不比一般生來得差，甚至可能更好，這一點值得注意。[57]

消失的村落

除了學校之外，社會信任似乎也披上了隱形斗篷——變得看不見、摸不著。社會信任下降是個廣大的議題，哈佛大學公共政策教授普特南（Robert Putnam）在著作《孤單保齡球》（*Bowling Alone*）中大力闡述：不僅民眾對公立學校的信任探底，對於政府、媒體、宗教、刑事司法體系的信心都在減弱——事實上，不只是微幅下降，而是陷入全面的信任衰退。當前傳統的社交形式正大幅式微，我們跟鄰居打交道的時間越來越少，找同事閒聊、參加志工服務，甚至上教堂的時間也變少。[58]過去二十五年來，不再上教堂的美國人數共計四千萬。[59]二〇二一年，教堂、猶太會堂、清眞寺等宗教場所的會眾人數首次跌破總人口的一半，[60]這對年輕一代的影響尤爲顯著：Z世代是宗教信仰最薄弱的一代，多半認爲上教堂不再重要，[61]而且Z世代大多已經養兒育女、或者即將升格爲人父人母，下一代的小小學習者——R世代——可能得不到會眾才有的社交互動與後援網絡，要是又沒有其他社交或社區活動取而代之，信仰衰退絕非好事。參加宗教活動既關乎幸福安康，也關乎孩子的成績，[62]宗教信仰衰退可能擴大孤立、影響人際智商。[63]整體而言，美國人越來越不信任制度和機構，這不僅加深對無名假想人士的懷疑，也延伸到對同事、對鄰居、甚至對親密伴侶的懷疑。根據調查，近一半的受訪者認爲「人心不古」。[64]社會信任就像遺失的拼圖——大家拚了命地找、卻始終找不到。眼前的信任衰退，表示孩子與鄰居、與社區成員的互動，不會再像以前那麼頻繁。

你可能在想：幼兒的人際圈縮小，這是多大的問題？孩子有爸爸／媽媽疼愛，不就足夠了嗎？理論上雖然夠，但實際上孩子能受惠於與爸媽之外的大人建立連結。儘管「一段關係」就足以翻轉孩子的命運，但專家一致認爲：孩子與身邊親友的關係越多越好。滋養的人際關係能累積正面影響，擁有越多後援，孩子在行爲和情感上就更投入，學習經驗也更深刻、有意義。根據二〇二〇年一項針對高中生的大型調查，參與者認定的後援每增加一個，學習時身心投入指標大約提升一〇%，衡量學習意義的得分則大約上升一二%。[65]丹麥一間大報的文章甚至大膽提倡「孩子需要一百位家長」，[66]這樣的標準對大多數人來說可能太高，但對孩子來說，多一位如父如母的大人再好不過。一般而言，幼兒要好好長大，至少需要三至六段親密的人際關係。著名的靈長目動物學家赫迪（Sarah Blaffer Hrdy）寫道：「整體來說，擁有三段安定的關係，孩子似乎表現得最好。」[67]發展心理學界的著名學者艾申多倫（Marinus van IJzendoorn）和薩吉（Avi Sagi）也同意：「看來孩子從三段安定的關係中獲益最多。」[68]這三段重要的人際關係不一定要是幼兒與父母，也可以是父母之外的大人，整個依附網絡的品質好壞，決定了孩子未來的社會情緒發展。

無論理想人數是三也好、是一百也罷，幼兒的學習和成長，都有賴於安定的人際關係網絡，這是從古到今的眞理，不管是大人或小孩都一樣。過去二十五萬多年來——差不多是人類存在地球上九五%的時間——我們都生活在小團體裡，在狩獵採集部落中，每個氏族通常少則二十人、多則一百五十人，男女老少共同生活在一塊兒，包括老年、壯年、青年、孩童、幼兒、嬰兒，這樣的生活環境互動緊密，大家近距離相處，情感交流頻繁，特別有利於養兒育女。演化生物學家和人類學家認爲：要不是依靠他人幫忙帶小孩，否則人類這個物種根本不可能存活，遑論發達繁榮。

人類學家休利特（Barry Hewlett）和心理學家蘭姆（Michael Lamb）共同編輯了《自然育兒》（*Hunter-Gatherer Childhoods*），書中總結了我們下一代所缺乏的一切：「在狩獵採集文化中，幼兒經常接受親餵，總是有人抱著、有人撫著、有人看著，常常得到生母之外的大人照顧（尤其是父親、奶奶、外婆，由哥哥、姊姊帶大的不多），只要一哭鬧，立刻就會得到回應，還可以跟年齡不同的玩伴一起玩。」[69]

這樣說來，美國以前的小家庭結構（由雙親組成，罕見大家族及社區成員），是否如作家布魯克斯（David Brooks）在《大西洋》雜誌的社論所言——是一個錯誤呢？[70]事實上，現今的小家庭正在改頭換面，我們會在第九章探討這個議題。

村落變小了，大腦也變小了？

考量了這麼多因素，結論就是——我們的人際圈正在縮小。婚禮企劃網站「連理」(The Knot) 注意到婚禮賓客人數逐年下降，二〇〇七年平均爲一百五十三人，二〇〇二年只剩一百一十七人，[71]以此爲指標，美國的社交網絡比十五年前縮小了大約四分之一，這與「美國民眾時間使用調查」結果相吻合，數據顯示：過去十年來，美國成人花在社交上的時間減少了四〇%，[72]青少年甚至少了六〇%，創下有史以來的新低，美國青少年從來不曾這麼常獨處過。

從人類進化的角度來看，眼前的趨勢令人深感不安。在生物界，人類雖然不是最強壯的，也不是最迅捷或者最龐大的，卻是發展最成功的物種，這既得力於我們的大腦變大，也歸功於我們有能力與他人建立長久、多樣且靈活的關係。

一九九二年，英國人類學家鄧巴 (Robin Dunbar) 提出「社交大腦」假說，認爲社交網絡大小攸關大腦中的新皮質與其他部分之比例 (簡稱「大腦尺寸比例」)。根據鄧巴研究，靈長目動物的大腦尺寸比例會隨著社交圈擴大而增加，例如狨猴的社交圈多半是五隻，大腦尺寸比例約爲二．三，獮猴的社交圈大得多，平均爲四十隻，大腦尺寸比例約爲三．八。推而廣之，根據鄧巴的理論，倘若從人類的大腦尺寸比例推測，社交圈規模大約爲一百五十人。

出生時，我們通常擁有一到兩段重要的人際關係，到了二十歲上下，人際關係的數量達到巔峰，三十歲之後通常趨於穩定，一般在一百五十左右，一路維持到七十歲前後，過了七十歲，人際關係的數量驟降，高壽者的人際圈終將縮減到一、兩個人。

鄧巴在著作《150法則：從演化角度解密人類的社會行爲》中，用歷史和當代證據來支持自己的假說：[73]英國新石器時代的村落平均人口爲一百六十人，羅馬軍團的百人隊通常有一百五十名士兵，每年聖誕節寄卡片，最多往往就是寄給一百五十三人。再補充兩個最近的數字：Instagram用戶的平均追隨人數約爲一百五十人，[74]臉書好友的中位數是兩百人，不過，社群媒體上的朋友往往只是泛泛之交，[75]眞的情緒崩潰時，頂多只有四位網友可以傾吐。[76]

所以問題來了：幼兒的人際圈縮小，是否會影響人類大腦演化？

確實有可能會影響，我們在幼鼠、幼猴、成人的身上都找到了證據。幼鼠、幼猴如果遭受嚴重排擠，寡突膠細胞（細胞的傳導鏈）會出現缺陷，前額葉皮質的神經元交流也會受損。[77]人類年輕時越孤單，就會變得焦慮、沮喪、易怒、認知僵化，[78]這與目前的社會趨勢十分吻合，大眾變得越來越焦慮、沮喪、易怒、偏激，令人遺憾。

需要擔心的不只如此——孤單還會導致成癮，想要扭轉當前趨勢，可能需要投入更多努力。一項對照實驗將二十一日齡的老鼠與同伴隔離約一個月（相當於人類青春期初期至青春期中期），接著讓這些老鼠接觸安非他命和酒精（接觸程度有高有低），藉以評估老鼠的反應，結果這些老鼠很快就都沉迷了，反觀從未經歷隔離的老鼠，反應則大不相同。經歷過隔離的老鼠，僅僅接觸一次安非他命和酒精就上癮，而對照組的老鼠則要重複接觸才會產生條件反應。[79]

新出爐的智商數據也顯示：人際圈縮小攸關大腦演化，其中的關聯令人憂心。自從一百多年前發明智力測驗以來，智商的原始分數向來只有一個走勢——一路向上，這個現象稱為「弗林效應」（Flynn effect），智商每十年平均提高三到四分。然而，最近一項劃時代的研究顯示：美國的智商在百年以來首次出現下降。[80]

智商是綜合成績，包含推理能力、記憶力、知識、認知處理能力的得分，儘管無法完全反映智力（發明者也承認用智商來評估智力仍有瑕疵），而且不乏批評與侷限，但智力測驗仍然運用廣泛，而且與學業成績息息相關。讀到這裡你可能會問：「智力測驗在設計的時候，常模的平均值不是維持一百嗎？」沒錯，因為原始分數提升，所以研究人員重新調整計分。

最近《智力》（*Intelligence*）期刊發表了一篇研究，分析二〇〇六至二〇一八年間取得的三十九萬四千三百七十八份智商，結果發現除了空間推理之外，所有子測驗的分數全面下降，包括邏輯和詞彙、計算和數學、視覺解題和類比，令人詫異。澳洲、丹麥、芬蘭、法國、英國、荷蘭、挪威、瑞典也出現類似的情況，[81]從美國的智商來看，下降幅度最陡的竟然是年輕一代，實在是匪夷所思。

在另一項研究中，羅德島醫院和布朗大學的研究人員評估：三月齡至三歲之間的嬰幼兒，智商也在下降（確切成果尚待同儕審查）。[82]這項研究以六百七十二名健康的幼童作爲研究對象，指出令人擔憂的研究成果：比起疫情前，美國疫情期間出生的嬰幼兒，語言能力、運動能力、認知能力普遍下降。研究人員採用穆林發展量表（Mullen Scales of Early Learning），用以評估幼兒的一般動作技能、精細動作技能、視覺接收能力、語言能力，比較十年前的嬰幼兒與二〇二〇至二一年之間出生的嬰幼兒，看看這兩組之間的認知能力分數差距。十年前的平均智商在一百上下，最新研究結果則是七十八，下降了整整二十二分，這代表智商倒退了一百年。

人類是否因爲人際圈縮小而變得越來越笨呢？數據顯示這樣的擔憂並非空穴來風，比較正面的看法則是智商也會與時俱進，我們不是變笨，只是把聰明才智用在別的地方，而這些正是當今社會所看重的技能與素養。

無論如何，今天的幼兒人際圈通常都很小、很脆弱、很高壓，這不僅左右我們的社交大腦，也會影響我們的社會和文明的未來。我們需要改變養育下一代的方式，將愛注入學習中，並著重幼兒周遭的人際關係。

第三章
孩子過得不好

人就是人，再怎麼小還是人。

——蘇斯博士，《荷頓奇遇記》（一九五四）

這世上最偉大的發明就是孩子的心靈。

——湯瑪斯．愛迪生

我到過肯亞，去了城市貧民窟和偏鄉，造訪當地的幼保和幼教機構，過程中深受馬賽人啓發。馬賽戰士堪稱東非最強戰力，畢竟馬賽勇士的成年禮得用長矛獵獅！馬賽人的傳統根深蒂固、部落意識深厚，不用司空見慣的「你好」來打招呼，而是問「Casserian Egeri?」（你家孩子可好？），展現馬賽部落的集體智慧，這看似簡單、實則意味深長的問候大大提醒了我們：孩子的幸福是社會的首要之務。所以，且讓我問問你：孩子過得如何？

許多孩子過得並不好，這是不可否認的現實。孩子的掙扎和挑戰並非個別事件，而是反映了上一章描述的人際危機。全球疫情影響深遠，醞釀了數十年的問題，都因爲這波疫情而加劇，我們不得不專注培養兒童的人際智商，但——究竟該如何培養？

二〇二一年，我有幸透過網路聯絡上一位女士（爲保護當事人隱私，以下稱呼爲瑪莉雅），我們約在馬里蘭州的羅克維爾市碰面，當地有個勞禮中心（Lourie Center），全名「兒童社交和情緒健康勞禮中心」，隸屬基督復臨安息日會醫療機構，三年前，瑪莉雅爲了兩歲兒子盧卡斯的問題，與先生來到勞禮中心尋求解方。瑪莉雅的家很熱鬧，滿地的樂高，屋裡充滿盧卡斯兄弟玩鬧發出的尖叫聲和砰砰響，亂哄哄的，大家都愛死了。可是，每天的生活變化太大，盧卡斯有點吃不消，他其實很聰明又有愛心，個性憨厚，懂得關心別人，對世界充滿了好奇，只是需要協助學習調節情緒，瑪莉雅和先生也需要後援，因此轉介來勞禮中心的治療托育課程，讓盧卡斯可以做自己，同時學習整理情緒。

勞禮中心提供全方位的早療課程，無論是社交健康、情緒健康、心理健康、行爲健康，只要遭逢問題或者想要處理，它都會提供臨床服務給孩子及家屬，這些服務的發想來自依附理論，認爲幼兒與照顧者的關係穩固攸關孩子的發展，其使命在於促進孩子全方位的成長並提供照顧，孩子的家屬和老師也必須參與，所有學習者都適用這套全人療法，尤其是經歷過創傷的孩子。

勞禮中心於一九八〇年代由三位兒童發展的「教父」所創立：勞禮（Reginald Lourie）、布列茲頓（T. Berry Brazelton）、葛林斯班（Stanley Greenspan），三位都是醫生，共同擔任美國聯邦「啓蒙計畫」的創始委員和規畫委員。勞禮醫生（一九〇九—一九八八）出生於布魯克林，在紐約精神病學研究所接受精神科醫生的訓練。第二次世界大戰期間，勞禮醫生擔任海軍少校，服役期間經歷創傷，這段在前線的經歷促成他在戰後開創兒童創傷治療，爲兒童精神醫學這個新興領域奠定基礎。他教導許多年輕兒科醫師在爲兒童治療時，也要考慮兒童的心理和情緒因素，當年醫療實務以生理爲重，勞禮醫生的教導無疑是創舉，此外，勞禮醫生也深深影響了醫院對親子關係的看法。一九四八年，他進入華盛頓特區兒童醫院（現爲國家兒童醫院），院方考量到家長在場會干擾醫療人員，因此只允許家長每週來探視一至兩個鐘頭。勞禮醫生改變規定，允許父母隨時想來就來，就此扭轉醫院的思維，強調孩子需要爸媽陪在身邊，包括——或者說特別是——住院期間。勞禮醫生找來兩位同事，共同創立勞禮中心，以全人幼兒教育爲原則，首重家庭與兒童之間的關係，在當時是獨樹一格的早療機構，影響深遠。

瑪莉雅和先生第一次帶盧卡斯到勞禮中心時，內心充滿了恐懼，不曉得接下來會發生什麼事情。當時盧卡斯天天發脾氣，搗亂行爲層出不窮，讓爸媽非常頭痛，加上盧卡斯的語言發展明顯比同儕遲緩，爸媽很擔心別人聽不懂他講的話。

瑪莉雅回憶道：盧卡斯開始在勞禮中心上課後不久，有一天，她坐在觀察鏡後面，觀看盧卡斯適應新環境適應得如何，只見老師細膩照顧、悉心對待每位孩子獨特的掙扎，展現出大多數人只保留給親生子女的溫柔與奉獻，這讓她大開眼界。她看著一群孩子跟老師一起玩：一個在幫老師梳頭髮，另一個假裝在幫老師塗指甲，第三個假裝自己是警察，第四個假裝自己是消防員，另一位老師則跟盧卡斯同桌吃點心，瑪莉雅看著自己的兒子——那個經常惹事生非的孩子，竟然在跟老師聊天，像大人在餐廳吃午餐一樣，她簡直不敢相信自己的眼睛，如此正面的互動，她可以就這樣一直坐著看下去。

新冠疫情給許多人帶來打擊，也大大影響了瑪莉雅的家庭和盧卡斯的日常。瑪莉雅告訴我，疫情爆發初期發生了一件揪心的事，當時盧卡斯三歲，勞禮中心的課程轉爲線上，某天下午，盧卡斯過得非常糟心，竟然拿起牽繩纏繞自己的脖子，瑪莉雅發現後立刻阻止，看見自家寶貝做出這種舉動，她很心痛，趕緊向勞禮中心的老師求助，其中一位老師立即安排時間與盧卡斯一對一線上會談，瑪莉雅坐在一旁，看著兒子向老師吐露自己的心聲和所作所爲，盧卡斯之所以可以這樣暢所欲言，不僅是因爲對方是老師，而是因爲雙方一起建立了信任關係。老師和盧卡斯談了好幾個鐘頭，從中瑪莉雅更了解兒子，對談中感覺得出來兒子備受關愛和諒解，而且兒子很安心，瑪莉雅非常感激。

在勞禮中心，瑪莉雅學到創傷會一代傳一代。六歲那年，瑪莉雅遭到叔叔虐待，童年時期不時搬遷，常常住在遊民收容所。相信在她和其他大人的滋養下，勞禮中心能幫助盧卡斯發展安全依附，從而免於傳承創傷。在瑪莉雅的眼中，盧卡斯的教室是個神奇的所在，許多在其他地方可能被視爲「問題兒童」的小小學習者，在這裡就只是個孩子，不會因爲言行舉止被貼上標籤，反而能理解他們需要別人幫忙才能學習如何辨識和表達感受，以後去外面才能海闊天空。

現在，盧卡斯五歲了，慢慢從特教班轉到傳統的公立幼兒園。參加勞禮中心早療課程的幼兒中，將近八成會銜接到一般的幼兒園。[1]鑑於勞禮中心收受的孩子在行爲、認知、社會情緒、心理健康上都需要強大的支持，「八成」這個數字非常了不起。盧卡斯的語言能力和情緒調節技巧都大獲改善，有了合適的教養環境，加上與家長和老師建立穩定又充滿愛的人際關係，盧卡斯已經準備好要上學了。

盧卡斯的故事看似罕見，但實際上像他這樣的孩子成千上萬，還有更多尚待發現的個案。我們的社會正拚命應付兒童所肩負的沉重包袱，隨著人際圈不斷縮小，煩心的現實漸漸浮現——家庭的親密羈絆與豐富的群體互動曾經是養兒育女的基石，現在卻爲疏離帶來的影響所侵蝕。二〇二三年，《大西洋月刊》刊出一篇社論，標題下得很好——〈美國處於非安全型依附時代〉，[2]人際疏離成爲孩子幸福的隱憂，身處在與人連結的需求日益得不到滿足的社會，所帶來的陰影成爲我們疲於應付的日常，隨著我們深入這個問題的核心，不得不捫心自問：在這個日漸疏離的世界，該如何修補人際關係的破洞？這對孩子至關重要。

斷裂的情感羈絆

成就卓著的神經科學家和兒科醫生杜米楚（Dani Dumitriu）身兼副教授，任教於哥倫比亞大學歐文醫學中心，同時在紐約長老會摩根史坦利婦幼醫院照顧新生兒，並與我笑談手上的各種文憑與證書，態度謙虛自牧。杜米楚醫生將八成的時間用於研究韌性背後的神經生物學（包括研究兒童與父母／照顧者之間的互動、分析老鼠和野鼠的行爲與大腦模式），另外兩成的時間則在嬰兒室擔任兒科醫生。在新冠疫情爆發初期，杜米楚醫生觀察到母嬰同室時媽媽滿面愁容，從而提出假設——疫情導致母嬰情感連結產生變化，並立刻著手調查，目前研究還在進行中，從初步數據來看，母嬰情感連結減少了——直接砍半！

還記得紐約疫情剛爆發的景象嗎？二〇二〇年三月，美軍醫療船「康福號」駛進紐約港，紐約市五個行政區都設立了方艙醫院，醫院外面停滿了冷藏貨車，裝載醫院停放不下的遺體，救護車鳴笛聲不絕於耳，情況嚴峻，就連布朗克斯動物園的老虎也檢測出新冠陽性。二〇二〇年四月初，紐約包辦了四分之一全美新冠疫情的死亡人數。[3]疫情危險期間，杜米楚醫生招募孕婦加入研究，評估新冠病毒經由孕婦感染胎兒的可能性，幸好很快就發現：新冠病毒不會垂直感染給胎兒，不過，在追蹤數據時，杜米楚醫生有了新發現。

疫情爆發前，杜米楚醫生使用威氏情感連結量表（Welch Emotional Connection Screen，簡稱WECS）來測量母嬰的情感羈絆，WECS是具效度的評量工具，總計追蹤四個領域的情感連結：母嬰之間的濃情蜜意、聲音交流、表情溝通、互惠互依。杜米楚醫生在記錄媽媽和寶寶的互動時，就很擔心母嬰的情感羈絆偏低，而用WECS評量的結果，果然——情感連結率只有四〇%。[4]

可是，杜米楚醫生注意到：相比起疫情前，現在的寶寶對媽媽更沒有反應，看起來更躁動、更疏離，同時媽媽也更緊繃、更不專心，而使用WECS評量的結果，發現母嬰之間的情感連結更淡，淡到想不在意都不行——從原先的四〇%，降到令人心寒的二〇%。疫情之前，十個寶寶就有六個缺乏母嬰羈絆，而在疫情危險期間，十個寶寶就有八個未能與媽媽建立濃厚的情感連結，一想到這對未來幾年的社會將造成多大的影響，心中就千頭萬緒。事實一次次證明：幼兒時期滋養的人際關際就像地基，如果地基不穩，房子就可能會在強風中搖搖欲墜。

爲什麼母嬰羈絆在疫情期間會下降呢？原因尚待釐清，各種假設，莫衷一是。第一，許多家長的壓力因爲疫情而加重，兒童的情緒壓力又與家長的壓力息息相關，而家長的情緒壓力總離不開人生難關，而在疫情期間，這些難關更是難上加難，有錢或許買不到幸福，但沒錢肯定會帶來壓力，而壓力會阻礙兒童的大腦發育。許多媽媽因爲找不到育兒後援而辭職回家帶小孩，繼續留在職場的媽媽則面臨全職帶娃和全職工作的雙重壓力，加重的壓力不僅來自金錢焦慮，還來自家務增加、健康問題，形勢時時變化、令人心緒不寧，加上疫情攪局、前景不明，親子更加疏離，不利建立情感連結。

此外，杜米楚醫生在疫情期間觀察到親餵比例減少，拉丁裔媽媽的降低幅度最爲顯著。親餵與依附之間的關係十分複雜，一方面，親餵有助於發展安全型依附，但另一方面，瓶餵跟親餵都能建立母嬰羈絆。[5]此外，杜米楚醫生指出：有些焦慮的新手媽媽爲了保護寶寶，連在家都戴著口罩。一九七五年，美國心理學家褚尼克博士（Edward Tronick）做過知名的「撲克臉」實驗，杜米楚醫生對此一直很感興趣。[6]在實驗中，褚尼克博士錄下了母嬰互動，發現「嬰兒與面無表情、毫無反應的母親『互動』三分鐘之後，立刻臉色大變、一臉警惕，並且再三努力，想讓互動回到原本的互惠模式，發現每次努力都沒有回報之後，嬰兒開始退縮，別過臉、側過身，表情畏縮而絕望。」這項實驗說明情感表達在母嬰溝通中至關重要，因此，杜米楚醫生自然會擔心：母嬰羈絆下降與戴口罩脫不了關係。不過，新冠疫情初期，褚尼克博士重複了

「撲克臉」實驗，找來幾組家庭讓媽媽戴上口罩，結果寶寶並不介意，[7]眞正重要的是寶寶和親人之間的協調與互動。

多項研究顯示：幼兒情緒問題顯著增加，與疫情期間諸多限制有關。[8]二〇二〇年四月，我的史丹佛大學同事費雪（Phil Fisher）開始追蹤有幼兒的家庭受到的疫情衝擊，研究全名是「快速評估疫情對幼兒發展的影響」，以外化行爲和內化行爲來評估五歲以下幼兒的情緒困擾；外化行爲以照顧者報告「煩躁或不乖」的頻率來衡量，內化行爲的衡量標準則是照顧者報告「過度害怕與焦慮」的頻率，結果發現：自二〇二〇年至今，幼兒的情緒困惱翻倍，在疫情高峰期過後仍然居高不下。[9]

此外，先前幾波疫情顯示，學業表現確實值得擔憂。一九一八至一九二〇年西班牙流感高峰期出生的寶寶，與高峰期前後兩年的新生兒相比，高中畢業率下降了一五%。[10]

近年來大學生的依附趨勢同樣令人不安。二〇一四年，印第安納大學的康拉思（Sara Konrath）發表論文〈共鳴之悖論：連結日趨緊密，斷聯日益增加〉，文中記錄了年輕人的共鳴越來越少、自戀越來越多。[11]康拉思擔心長久以往會影響人際關係，便與密西根州立大學心理學教授兼依附理論專家邱皮克（William Chopik）合作，針對一九八八至二〇一一年間發表的一百多篇依附研究進行了後設分析，結果令人喪氣：大學生安全型依附下降了一五%，迴避/輕視型依附驟增了五六%，恐懼迴避依附上升了將近一八％，後兩者都攸關疏離與猜疑。康拉思教授與邱皮克教授觀察到：比起一九八〇年代，如今覺得「沒有親密關係也很好」的學生比例上升。二〇二二年，兩位學者在芝加哥的研討會上發表最新的分析成果，先說好消息——自二〇〇九年至今，自戀的比例緩緩下降，共情的比例穩定增加。但現實是殘酷的——從二〇一一至二〇二〇年，大學生安全型依附的比例持續下降，恐懼迴避依附的比例逐年攀升。[12][13]

健康日漸衰退

羈絆減少、依附降低，對於兒童影響深遠，連帶影響日後發展與幸福安康。二〇二一年，因應孩子及其家庭心理健康問題劇增，三間領銜的健康機構聯手敲響警鐘，包括美國兒科學會、美國兒童與青少年精神醫學會、兒童醫院協會，共同宣布美國進入兒童心理健康緊急狀態，以緊急行動呼籲來應對危機不斷升級。一項國際統合研究發現：二〇二一年，兒童抑鬱和焦慮的比例翻了一倍。根據美國疾病管制與預防中心調查，六成美國女高中生表示「持續感到憂愁或無助」（二〇一一年僅三六％）。[14]

心理健康問題在兒童之間似乎也日漸普及。卡特（Olivia Carter）在密蘇里州開普吉拉多市傑弗遜國小擔任輔導老師，二〇一六年到校服務時，啓動自殺防治程序屬於偶發事件，每年頂多一至兩起，如今每個月至少輔導一位有自戕念頭的小學生，這樣的轉變令人焦心。[15]

遺憾的是，美國門診醫療照護調查結果證實了卡特老師的觀察。過去十年來，五至九歲兒童的心理健康相關急診比例增加了一倍以上，其中與自殺相關者更是翻了三十五倍！[16]

此外，兒童行為問題也增加了。比起疫情前，目睹教室發生暴力事件的老師增加了一倍。[17] 一位德州艾爾帕索郡的幼兒園老師告訴《艾爾帕索要聞》的記者：過去十年的教學生涯中，偶爾才會碰到兒童暴怒問題，沒想到二〇二二年上學期，班上竟然就有三位搗亂的學生，到了二〇二三年下學期開學，搗亂學生增加到七位，占全班總人數的三分之一。[18]

不僅心理健康堪憂，兒童的生理健康也大不如前。疫情爆發前，一位幼兒園老師跟我說，從椅子上摔下來的小朋友越來越多，本來我以為自己聽錯了，後來卻從更多幼兒園老師口中證實了這項觀察：小朋友是真的坐一坐就跌倒了，其中一位老師甚至告訴我：有學生一個禮拜摔了四十多次。這是怎麼回事？答案是缺乏運動，所以本體覺和前庭覺發展未如預期，這兩項都必須透過運動（尤其是轉身或轉圈）來培養。[19]
換句話說，兒童之所以暈眩，是因為動得太少、玩得太少、肢體互動太少。

關係匱乏危機帶給寶寶眾多不良的生理表現，其中最主要的是暈眩和近視，這與數位使用暴增有關。此外，久坐不動也推升全球兒童肥胖的比例，比起一九七〇年代整整翻了三倍，[20]美國二至五歲兒童的肥胖比例更高達一三%。[21]

除此之外，青春期也普遍提早。自一九七〇年代至今，超過十個國家發現少女的青春期大約每十年提早三個月，[22]少男的青春期也有提早的趨勢，只是較不顯著，根據醫生報告，這種趨勢在疫情期間有所攀升。[23]雖然原因尚未查明，但專家列舉了幾項潛在因素，包括壓力、體能活動減少、使用電子設備，已有研究顯示，螢幕藍光會導致老鼠的青春期提前。[24]

社交技巧拙劣

我小孩就讀的幼兒園有個美好的年度傳統叫做「紅毯秀」，由舊生的家庭歡迎新生的家庭，我們每年都會參加，但在二〇二二年，事情起了變化。我們家與兩家人配對，這兩家各有一位新生，都是五歲大的小女生，疫情期間在家學習，這是第一次進入團體學習的環境。我們先用網路連繫，接著在公園碰面，雖然我們試著跟兩個小女生攀談，問一些「叫什麼名字？」、「要上學了，開不開心？」之類的簡單問題，但都沒什麼反應，她們不是不會講話，只是非常害羞，儘管這只是一己之見，但見微知著——疫情世代的孩子正在經歷社交發展遲緩。

疫情期間人際圈縮小、社交互動減少，導致嬰兒、幼兒、學齡前兒童難以展現適齡的社交技巧。研究發現：理解表情對於嬰兒來說更加吃力。[25]此外，針對兩百五十萬未滿五歲幼兒的分析顯示，比起二〇一八至一九年間，二〇二一至二二年間首次診斷出語言發展遲緩的幼兒和學齡前兒童平均增加了一．六倍，[26]其中增幅最大的是一歲幼兒，令人憂心。[27]此外，研究顯示：不僅親子之間的話語輪轉降低，照顧者與孩子之間也是如此。[28]交談過程中的話語輪轉是建立大腦連結的重要機制，有助於發展社會情緒能力與語言能力。自閉症譜系障礙兒童的家長也表示：孩子的技能退步、症狀惡化。[29]

繼這些發展（遲緩）之後，教育工作者報告：幼兒在團體活動中多半缺乏自信。二〇二三年，橫跨四十二州、招攬一千多名教育工作者的調查報告指出，八成學生「在自我調節和建立關係方面發展落後」。[30]

社交障礙會對未來的社會互動造成長期影響。舉例來說，因爲接受治療而見不到朋友的癌童，在病情緩和之後回不去原來的朋友圈。[31]小小學習者需要從旁鼓勵，才能在後疫情時代重新結交朋友。

學習受阻

有些孩子安逸，有些孩子辛苦。全球排名前四十的富有國家中，貧困兒童的比例超過兩成，冠居所有年齡組。[32]在美國，七一%的貧童是有色人種。[33]兒童饑荒問題依舊，影響美國和全球數百萬孩童。美國學校在種族隔離方面正在開倒車，公立幼教生幾乎全是黑人或西班牙裔，比義務教育的黑人／西班牙裔學生高出一倍，[34]社經不平等也存在幼教領域，儘管大家都曉得：教育品質和教育經費普遍不公，但卻少人有知道從幾歲開始影響兒童。

答案是非常早——早得嚇人。史丹佛大學的研究指出：比起高收入家庭，低收入家庭一歲半幼兒的語言能力落後六個月，上幼兒園之後落後更多，[35]若將這樣的發展遲緩現象推而廣之——美國三至五歲幼童將近六成的發展沒上軌道，[36]成績差距大概五歲就會定型，而五到六歲之間差距通常最大。[37]

這簡直是輸家輸盡、贏家全拿，從小落後很可能終生落後，輸在起跑點上會影響孩子的學業和未來的社經地位，小一升小二時如果閱讀能力跟不上，十之八九升高年級時依然跟不上，[38]兒時差距的骨牌效應十分顯著，大大影響健康、終身學習、社會貢獻，甚至國家安全。二〇一三年，美國強盛委員會（Council for a Strong America）發布幼兒發展遲緩危機的量化報告：由於優質幼教不足而導致的收入、生產力、歲入損失，每年高達一千兩百二十億美元。[39]

我們都曉得問題的解方。研究證實：優質的幼教可以消弭幼兒發展差距，而且，就算過了幼兒時期，效益依舊存在。聯合國兒童基金會指出：受過優質幼教的孩子，識字和算數能力上軌道的機率高出一倍。[40]受過幼教的尼泊爾小孩，識字和算數能力上軌道的機率高出十六倍，儘管有些成效在升上三年級之後會逐漸消失，但幼教的「潛伏效應」會在成年後顯現。[41]波士頓、北卡羅萊納州等地的縱向研究也都證實：幼兒教育會帶來長期效益，包括學習動機強、高中畢業率高、大學就學率高。[42]

但是，品質夠格的幼教太少，美國獲評爲優質的托兒所不到一〇%，[43]而且入學機會分配不均。非營利教育研究暨倡議組織「教育基金會」指出：接受優質州立幼教的兒童中，拉丁裔只占一%，黑人占四%，比例低得可憐。[44]

有色人種的幼兒如果入學，退學機率是白人幼兒的三倍，從而提高將來遭受懲處和退學的風險。比起義務教育，托兒所更常開除學籍，這是許多因素共同造成的結果，包括幼兒不懂與人相處、不會自我調節、學校政策不一、資源與支援不足、教師或成人的偏見、師生比不當、缺乏早療課程……等。

林林總總加在一起，導致黑人小孩剛上幼兒園就落後白人小孩八個月，[45]等升上小學三年級，平均落後幅度更大，八年級之後落後更多。

創造力危機

隨著社會越來越疏離，我們越來越不懂得彼此的情感需求，難怪年輕一代的創

圖表 3

教育漏斗圖：差距從小開始

成績差距大概 5 歲就會定型

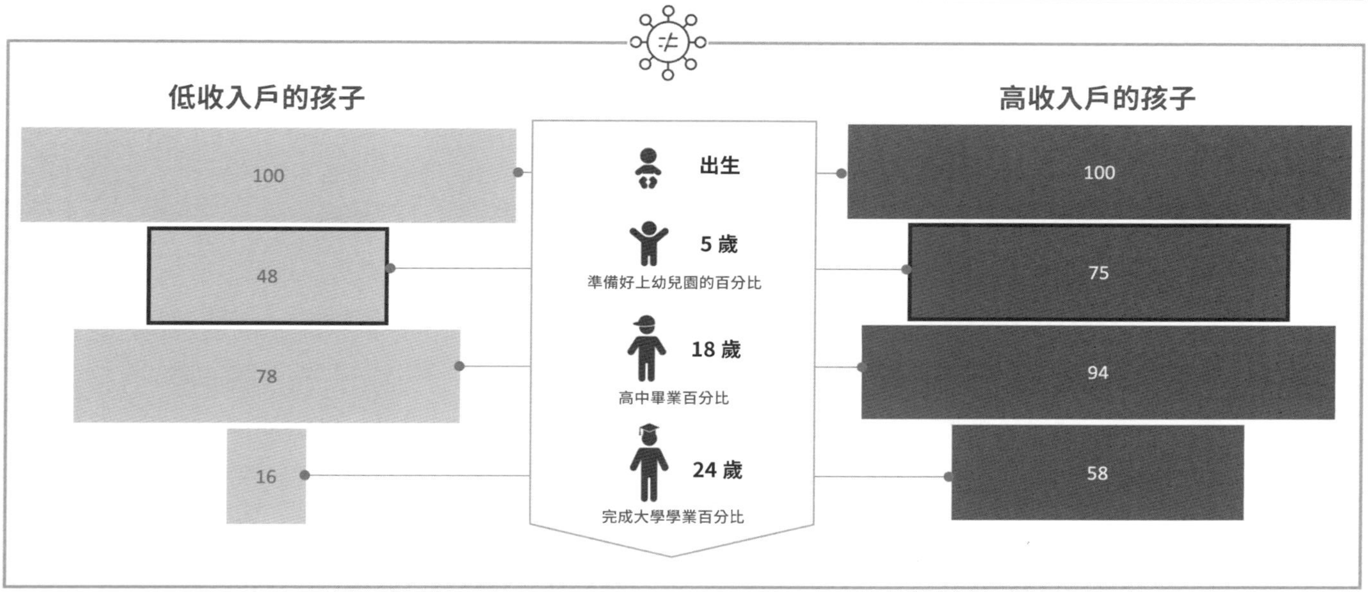

資料來源：

- Kindergarten: *Achieving Kindergarten Readiness* (Bridgespan Group and Pritzker Children's Initiative, 2015), www.bridgespan.org/insights/early-childhood-funder-guide-2015.
- K–12: Nichols, A. H., and Anthony, Marshall, Jr., "Graduation Rates Don't Tell the Full Story," Education Trust, March 5, 2020, https://edtrust.org/resource/graduation-rates-dont-tell-the-full-story-racial-gaps-in-college-success-are-larger-than-we-think/.
- College: *Indicators of Higher Education Equity in the United States* (Pell Institute, 2024), www.pellinstitute.org/wp-content/uploads/2024/05/PELL_2024_Indicators-Report_f.pdf.

意岌岌可危。情感羈絆和安全依附是培植創意的土壤，一旦羈絆和依附減少，創意的火花難以點燃，想像的翅膀難以開展。此外，正如愛因斯坦所見：創意需要自由的時間，[46]洗澡的時候、散步的路上，腦袋往往浮現極富創意的見解。[47]可是，現在的小孩平均每天只花四到七分鐘在戶外自由活動。[48]兒童生來就是創意大師，總能想像新的可能、說出沒人說過的妙語，因爲不懂框架，所以總能跳出框架，但研究顯示：兒童的創造力急劇下滑，自一九九〇年代以來下降超過八五%，令人擔憂。[49]

金京姬（Kyung Hee Kim）出生在南韓鄉下，父母都是文盲，一個只讀過一年級，另一個只讀到三年級。金京姬是全村第一個上高中的女孩，最後還在美國拿到博士，幸虧她小時候得到一位老師支持，否則難保終其一生都得在紡織廠工作。二〇一一年，金京姬因爲研究創造力而登上新聞頭條。[50]

陶倫斯創造思考測驗（Torrance Tests of Creative Thinking）雖然並非毫無瑕疵，但卻能有效預測終身創造力。金博士針對這項測驗進行廣泛分析，結果顯示創造力分數在一九九〇年出現反轉——之前逐年攀升，之後卻一路下跌，而且年紀最小的孩子跌幅最深，令人震驚。金博士指出：創造思考萎縮的相關因素包括標準化教育限縮創意、數位互動導致五感探索不足、過度強調制式活動讓孩子難以在打鬧中結交朋友。金博士的分析報告爭議不斷，其他研究者認爲這只是微幅下降，並不構成創造力危機。[51]

創意流失影響的不僅是個人能力，還可能會損害社會結構。創意是創新和解決問題的動力來源，創意式微將威脅到未來領袖與改革人才的發展。可是，創意扎根於社交互動，孩童彼此分享、共同想像、合作解題，這樣的動能不僅放大了創造的喜悅，也奠定了終生創意與調整思考的基石。

家長當然無意扼殺孩子的創意，也無意摧折孩子的韌性，可是，正如以上數據所示，我們的孩子過得不好，而且原因可能是人際圈縮小，那麼，我們必須承認：錯的是大人，不能怪罪孩子。我們大人跟孩子靠得太近，而且過度干預孩子的生活，從而掩蓋親子情感疏離的事實，這樣的後果十分嚴重，下一章將會詳細探討。

第四章
有人在家嗎？人在心不在的家長

> 先有關愛有加的大人，才有備受呵護的孩子。想投資孩子，就得先投資孩子周遭，包括家長、照顧者、祖父母、幼教人員等等。
>
> ——威爾斯王妃，皇家幼兒基金會中心（二〇二一）

新式育兒法「密集教養」興起，源自我們日益縮小的人際圈，這樣的矛盾值得玩味。越來越孤立的家長常常得自己帶小孩，儘管深切感受到需要多陪孩子，卻越來越常心不在焉，心事越來越多，而且不斷分心去使用科技產品，飽受行程與螢幕的雙重夾擊。

父母的孤單誰人知？

成年族群中，最孤單的莫過於家長。「育兒指數」（Parenting Index）研究十六個國家的育兒情況，結果發現：即使身處在連結緊密的世界中，三二%的新手爸媽寂寞依舊，[1]家有幼兒的美國媽媽大多（五一%）表示「非常孤單」，英國一項調查則發現：九成的新手媽媽在生產後感到寂寞，半數以上自認沒有朋友。[2]

全職媽媽更慘。比起職業婦女，全職媽媽更有可能難過、生氣、憂鬱。[3]二〇二三年，「地方媽媽」（Mother Untitled）協會進行一項調查，對象包括一千名一般民眾、一千兩百名受過大學教育的全職媽媽，以及認真考慮在家帶娃的婦女，[4]調查結果發現：全職「媽媽幫」的概念只是幻想，研究參與者多半表示：媽媽朋友圈在離職之後越縮越小，而且全職媽媽很難結交新的朋友，超過一成的全職媽媽沒有半個媽媽朋友。往好處想，調查結果顯示：托嬰服務日漸普及，有益於職業婦女和全職媽媽的心理健康。[5]

爸爸的資料比媽媽的來得少，似乎暗指爸爸往往比媽媽更加寂寞。平均來說，爸爸的朋友更少，[6]而且「摯友」太太把照顧寶寶排在前面，老公頓時失寵。

父母的寂寞爲主流社會的期待所掩蓋，所以往往沒人敢談。社會將爲人父母形容成五花八門的充實旅程，爸媽幾乎沒有抱怨的餘地，只要想發聲就得擔心招致批判或批評。家長可能被迫維持「有子萬事足」的假象，擔心如果承認孤單，會被誤會成不知感激或者不會帶小孩，這樣的心理壓力，外加社會對親職的美化，導致大眾噤聲，不敢討論寂寞是養兒育女的心路歷程。

此外，現代家長的行程表密密麻麻——做不完的工作、沒完沒了的家事和育兒，根本無暇顧及人際關係，自然也就日漸寂寞。升格爸媽可能會擾亂社交動態，一來導致現有的友誼品質下滑，二來其他爸媽也同病相憐，彼此都沒時間交朋友。這個世界越來越仰賴數位溝通，犧牲了意義非凡的當面交流，倘若想抵禦孤單，那就勢必得碰上一面。鑑於社會推崇自立自強、歌頌對孩子無私奉獻、稱揚堅毅不拔，因此，許多家長不願露出脆弱的一面，只能關起門來靜靜消滅寂寞。

我們可能很珍惜與寶寶共度的時光，但同時也被育兒的例行公事壓得喘不過氣，眼睛一睜開，就是餵奶、換尿布、洗衣服、唱不完的搖籃曲、怎麼睡也睡不飽的疲憊。養兒育女或許是人生中最寶貴的經驗，但爸媽也渴望跟大人來場有意義的對話。我們可能一邊感謝上蒼賜給自己孩子，一邊緬懷單身的美好與同事的情誼，同時哀悼漸行漸遠的友誼。對於全職爸媽來說，每天早上伴侶出門上班，怨恨就會湧上心頭，覺得自己跟寶寶困在家裡，職涯抱負無限擱置，日復一日上演家庭版的《今天暫時停止》。

許多新手媽媽沒有請假的特權，美國八成的勞工無法請有薪假。儘管美國婦產科醫生學會建議產婦生完之後至少休息六週，但兩成五的媽媽因爲請不了有薪假，產後十天之內就得重返職場。全球最發達的國家中，只有三個國家沒有法定帶薪產假，美國就是其中之一，[7]這對新手媽媽和新生兒影響深遠。與寶寶共度有意義的時光不僅能促進寶寶的認知發展，還能提升家長與孩子的整體幸福。紐約大學史坦哈德文化、教育與人類發展學院的研究員布里托（Natalie Brito）有三大發現：[8]第一，比起沒有無薪假，媽媽若能請有薪假，寶寶的大腦功能就會更成熟；第二，享受有薪產假的媽媽，比較沒有生理壓力；第三，帶薪休假的媽媽在跟寶寶自由互動時，表現得更敏感、更有反應；此外，研究證實：帶薪產假若能延長至半年、一年，便能有效減輕家長的壓力和抑鬱症狀。[9]

「密集教養」全面入侵

人際圈越縮越小，育兒越來越孤單，家長壓力越來越大，越來越覺得有必要多陪孩子，富裕國家的家長花在子女身上的時間是五十年前的兩倍（唯一的例外是法國——耶！祖國萬歲！）。[10]現今職業婦女花在孩子身上的時間，比前幾代的全職媽媽更多。過去五十年來，美國爸爸照顧孩子的時間幾乎翻了四倍。[11]

康乃爾人口研究中心研究員石塚（Patrick Ishizuka）表示：「密集教養已成爲主流文

化認定的育兒法」。石塚訪問了三千六百多位家長，要求家長評估六個虛構情境，每種情境分為兩種育兒風格：「協同培育派」和「放任成長派」，示例情境如下：「大衛的兒子診斷出患有哮喘，醫生說可以吃藥緩解，兒子卻說：『我不想吃藥。』」接下來請家長針對以下回覆評分。協同培育派的回覆是：「我們跟醫生討論一下，你想問什麼都可以，看看吃藥對你有什麼好處。」放任成長派的回覆是：「反正吃藥就對了，醫生叫你吃你就吃。」石塚研究員的訪談結果簡單明瞭：無論階級，七成五的家長將「協同培育派」評為「非常好」或「優秀」，可見得「以孩子為中心的密集教養儼然成為無孔不入的文化規範。」[12]

整體來說，家長多參與育兒是好事，小孩成績更好、情緒更穩、社交更順，包括在學校人緣更好、行為問題也更少。根據皮尤研究中心調查，將近五成的家長表示自己用不同於爸媽的方式來養育下一代，不僅更積極參與，同時給予孩子更多愛與關懷，這是好消息。[13]家長會公開讚美孩子、支持孩子，希望孩子在充滿愛的家庭中長大。

然而，密集教養也可能適得其反。關愛不等於溺愛，支持不等於袒護，家長沒必要插手孩子的大小事。研究證實，過度保護可能徒增孩子的挑戰，包括焦慮、社會退縮、不易共處，進入青春期還會碰到依附困難。[14]

說到底，重點不是投入育兒的時間，育兒的方式才是促進孩子成長的關鍵。心理控制不利於孩子，關愛孩子、支持孩子自主，才是對孩子有益的育兒方式。

有些讀者可能看過日本實境節目《我家寶貝大冒險》，看的時候嘖嘖稱奇，同時心懷一絲羨慕，[15]節目中的幼兒自己上街跑腿辦事，完全不用家長陪伴。其中一集有個兩歲的孩子，走了二十三分鐘去買花和買吃的，還有個三歲的孩子，自己搭公車回家幫爸爸拿外套。這些任務對大人來說很簡單、對小孩來說很複雜，看著這些寶寶順利過關，我開心到在心裡放煙火，不禁開始思考：孩子究竟有多大的能耐？反過來想：美國社會有沒有可能在無意間妨礙了孩子的發展？如今走路或騎腳踏車上學的美國小孩只有一三％，遠低於一九七〇年代的五〇％。[16]《我家寶貝大冒險》發人深省，讓我們從全球視角審視如何教孩子自主和負責。

在俄亥俄州楓高市，有個孩子因為修剪草坪而遭到鄰居報警，兩週後又在家裡附近的院子玩水滑梯而遭到舉報。[17]伊利諾州的艾赫斯市在芝加哥附近，有個小男孩在草原小徑旁砍柴，結果遭雞婆的路人舉報，小男孩跟警察說，砍柴是為了要蓋堡壘給自己和朋友住，警方將砍柴工具沒收歸還給家長。[18]在北卡羅萊納州夏洛特市，參加共學團的孩子收到一組遊樂設施，只用過幾次、維護得很好，孩子們原先非常高興，但很快就發現只能看、不能玩，因為遊樂設施底下沒有鋪木屑，而是直接擺在草皮上，大人基於安全考量，不准孩子在草地上玩耍，[19]華盛頓州的富邦學區基於同樣的安全考量，禁止在學校操場盪鞦韆，[20]美國各地已經看不到超長的金屬溜滑梯，全部換成低矮的塑膠溜滑梯。

過去三十年改變了美國小孩的童年，社會首重安全，犧牲了鼓勵孩子承擔合理風險的機會，加上過於重視學業，忽視在遊戲中快樂學習。儘管立意良善，但孩子都成了溫室裡的花朵，成長空間越來越小、保護越來越多，不准跑腿、不准用工具、不准在草地上玩、不准盪鞦韆、不准轉身、不准轉圈、不准賽跑，幾乎沒有自由活動的機會。

就算進入青春期也還是一樣。二〇二一年，十六到十九歲青少年暑期工讀的比例只有三〇%，相較於二〇〇〇年的五一%，減幅非常顯著。[21]除了不打工，青少年也很少冒險，你可能會覺得：青少年吸毒、做愛不戴套、犯罪、危險駕駛都在減少，這對於孩子和國家的健康都是好事，但是吉中藏凶，越來越多年輕人選擇待在同溫層的舒適圈，彼此透過網路連繫，這樣雖然會減少冒險行為，但也表示人際圈越縮越小，甚至可能導致幸福感降低。牛津大學社會學家鄧巴從研究中發現：住在酒吧附近的人更幸福。酒吧是英國社區的重要地標，就近就能上酒吧，往往擁有更多好朋友，[22]這一點值得我們深思。

大壓榨

過去二十年來，社會學家發現青年人正在「被壓榨」，[23]而且那些有小孩的不僅被壓榨——更是直接榨乾，想要事事兼顧，根本是天方夜譚。

首先，時間對於家有幼兒的家長來說根本不夠用，工作性質的改變，造成職場文化要求員工隨時待命，助長了工時過長的病態環境，人際疏離加上社會觀感，導致家長不得不多陪伴孩子，過去數十年來，親子相處時間雖然顯著增加，但家長多半還是擔心陪伴不足，覺得日子太忙碌、無暇享受生活。[24]

此外，網路資訊鋪天蓋地，社群媒體上一堆網民評判怎樣當好爸爸、好媽媽、好朋友、好公民、好好先生，把現代家長壓得喘不過氣。一項六千五百名家長參與的調查顯示：八成三的家長同意「在別人眼中，孩子的成績反映了我的教養方式」。[25]

比起上一代，這一代家長的工作更多、功課更重，賺到的錢卻不增反減，而且收入更不穩定，飯碗捧得更不牢，對於階級翻身更不抱希望，甚至懷疑自己能否賺得比爸媽更多，或者退而求其次——一樣會賺就好，至於美國夢，很多人更是連想都不敢想。史丹佛大學長壽中心進行「里程碑計畫」，探討人生的的重大成就，結果發現：現代人雖然依然懷有雄心壯志，但越來越晚才能實現抱負，而且一代晚過一代。[26]

養小孩的費用不斷增加，壓榨家長的荷包。美國養一個小孩平均要花二十五萬美元以上，年收入超過十萬美元的家庭更是花上將近四十萬美元，這還只計算到十七歲，不包括高昂（且逐年增加）的大學學費。[27]此外，中產家庭的開支大幅上升，要支付房屋、教育、醫療、托育、退休金，[28]在這些支出中，醫療費用飛快增加，但托育的費用增速更快，位居榜首。[29]在美國，家有五歲以下幼兒的家庭中，三分之一都曾手頭拮据，付不出一項以上的基本生活費，包括糧食、房屋、水電費、托育費、醫療費。[30]

爲了讓孩子藉由活動豐富人生，家長的荷包進一步被榨乾。《紐約時報》針對擊劍運動的報導中提到，家長每年花十萬美金讓孩子學擊劍，認爲這是錄取名校的捷徑，[31]就連低收入家庭也群起效尤。[32]

現今和未來的職場都要求更高的教育水準，家長爲了求學壓榨自己的荷包，畢業後又被學貸追殺，一邊爲自己接受教育付出代價，一邊支應孩子的學費，眼前人工智慧正影響就業市場與孩子的未來，家長們勢必又得接受壓榨。

當今的家長上有老、下有小，難怪被稱爲「夾心世代」。

黑人家長、拉丁裔家長、原住民家長、亞裔家長的壓力更大，一來擔心自己和家人的安危，二來必須忍受沒完沒了的種族歧視。

此外，氣候變遷影響你我的日常，自然災害頻傳，極端天氣反覆出現，加上校園等地的槍擊事件，逼得我們不得不想方設法保護孩子，這種種狀況讓所有人疲於奔命。

壓垮家長的最後一根稻草來自科技，天倫之樂受到智慧型手機入侵，相處品質大不如前，親情不如過去那麼深刻。家長每天看手機八十次，親子之間的交談少了，非語言的互動也少了，[33]家長往往人在心不在。第七章〈垃圾科技悲歌〉會深入探討科技帶來的教養議題。

不能再這樣下去了。許多爸媽辭職回家帶小孩，有小孩要養的家長，就業率反而較低，家家戶戶孩子越生越少，家戶生育率直直落，這上一章也討論過，然而，節育也好、辭職也罷，都是治標不治本，爲了家長、爲了孩子、爲了社區、爲了社會，我們不改進不行，不能再以不變應萬變。問題是：要怎麼變？

過去五十年來，科學不斷進步，促進我們對於兒童發展的理解，技術能力也歷經改革，照亮我們的改進之道——借助人際關係的力量，我們可以養育孩子、活化社區、重新想像並創造集體未來。接下來的章節中，讓我們看看過去學到了什麼，以及如何運用所學，幫助小小學習者及其社區成長茁壯。

第二部

愛與學習的新科學

藉由他人，成爲自己。

——前蘇聯心理學家列夫・維高斯基（一九三一）——

第五章 科學革「愛」

我們老是想知道別人在做什麼。為了人類存續，我們必須學會「閱讀空氣」，才能與他人合作、共同退敵、一塊覓食。社交大腦真的（一直）存在，而且似乎從兒時發育就開始活躍。

——派翠希雅．庫爾（Patricia K. Kuhl）（二〇一八）

人際催化改變，
仁慈無所不治。

——布魯斯．培理，《遍體鱗傷長大的孩子，會自己恢復正常嗎？》（二〇〇六）

加州門洛公園市。神經科學家圖馬里安（Liz Toomarian）博士來到希奈斯學校（Synapse School），十幾位幼兒園小朋友雙腳交叉坐在她腳邊，聽她解說大腦運作的基本原理。解說完，圖馬里安博士幫泰迪熊戴上腦電帽，帽子上配有電極，稍後小朋友會輪流戴上腦電帽來記錄腦波。

私立希奈斯學校致力於創新、社會情緒學習、前沿學術教育，採用任務導向、連結社區的腦基礎學習法，旨在將小小學習者培養成未來的改革人才。希奈斯學校真正突出之處，在於與腦波學習中心合作。腦波學習中心隸屬於史丹佛大學，圖馬里安博士與我的同事麥坎德里斯（Bruce McCandliss）教授攜手進行神經科學研究，探索如何透過學習來轉變大腦活動，以及如何運用這些方法來豐富孩子的學習體驗。兩位學者已經能夠研究閱讀障礙兒童的大腦，並開發出目標更明確的密集補救教學。根據觀察，兒童剛開始閱讀時，會先學習將字母與發音配對在一起，隨著閱讀經驗增長，這種配對能力就會習慣成自然、完全不用動腦筋。至於左右日後數學能力的腦部成因，則是兩位學者當前的研究主題。

蒙特梭利教育在全美二十個州與華盛頓特區經營「野花學校」網絡，由許多規模非常小的蒙特梭利學校組成社群，每間學校都在小朋友的鞋子和教具上安裝低功耗的小型感應器，偵測小朋友、老師、教具、教室之間的教育互動，並建立線上介面，讓老師檢視綜合資料、即時反思教學實踐。例如：小朋友每天參與了哪些特定的活動？跟誰一起參與？參與時間多長？老師有沒有參與？如何參與？小朋友都怎麼跟老師聊天？聊了什麼？小朋友對參與活動反應如何？是只有聽呢？還是主動投入？是很專心呢？還是頻頻分心？利用大數據搭配全新電腦技術來分析數位影像和影片，就能深入了解小朋友與環境、同學和老師的互動。[1]

希奈斯學校和野花學校雖然像科幻小說的情節，卻是實際的案例，顯示社會神經科學與集體神經科學成長驚人，也反映研究人員更能掌握對人際腦的理解。[2]腦電圖和腦磁圖等技術的進步，讓我們得以一窺腦神經宇宙。越來越多家長、老師、治療師都在詢問：大腦如何發展？如何成長？如何連結？如何學習？如何自癒？這不僅是一場科學革命，而是科學革「愛」。

現代神經科學是很新的研究領域，大腦可塑性直到二〇〇〇年才由神經科學家正式確立，算是相當新的科學突破。令人驚訝的是，我們目前對人際腦的理解，大多來自過去二十年間的發現，其中不乏爲了解決孩子與照顧者之間依附關係不佳，在克服萬難的過程中得到的發現，這些發現跨越各個領域，包括腦幹的社交參與系統、杏仁核的戰逃反應、鏡像神經元、親密關係賀爾蒙、右腦的社會情緒偏好、左腦的正能量偏好、前額葉的同頻作用、依附「規則」的習得等。我們開始了解人際關係如何促進學習、將潛能發揮到淋漓盡致。這些發展中的科學帶來了重大啓發——人際關係與學習之間存在因果關係。

三大科學進展共同證明了這一點，傳統上，這三大科學各自爲政、隸屬截然不同的學科：首先是神經科學，底下有個新領域叫「集體神經科學」，研究人員不再個別分析，而是同時分析多個大腦，藉此理解我們如何在社交中學習；再來是神經生物學，親密關係賀爾蒙和鏡像神經元的發現和深入研究，顯示在建立連繫和學習時，我們所啓動的神經功能和賀爾蒙功能十分類似；第三是表觀遺傳學，突顯了代際關係對基因表現和學習的影響。

這些新發現有什麼意義？讓我們走出實驗室，看看人際學習是怎麼一回事。

我們的人際腦

我家老大三個月大時，我沒來由的感到一陣悸動，身心在那一剎那合而爲一。當時我女兒穿著綠色衣服，胸前印著「小番茄」三個字，午覺剛剛睡醒，舒舒服服斜躺在嬰兒搖床上。我拿出幾本繪本準備讀給她聽，但還看不太出來她感不感興趣。三個月大的寶寶，視線和心智的專注能力都還在起步階段。我翻開艾瑞・卡爾的《好餓的毛毛蟲》，翻譯成我的母語法語朗讀給女兒聽。就在那瞬間，我打從心底感受到和女兒產生了強烈的連結，那感覺簡直不可思議——是一種身心靈的深度連結。女兒漆黑的眼眸閃爍著熱切的光芒，緊緊盯著我的每一個表情，我感覺到她在聽我說話，更重要的是，我們母女連心，雖然她還不會講話，但我感覺得出來她懂我在說什麼，並且回應著我對她的愛。每次有研究顯示「大腦天生透過人際和情感來發展」，我總會想起我們母女連心的那一刻。

我女兒當時才三個月大，這麼小的寶寶，脖子還軟趴趴的，大大的頭微微晃動，怎麼就會盯著人家的臉瞧個不停，也不管熟悉還是陌生呢？又爲什麼會突然伸出小手，用小小的、能抓握的手指，抓住人家的鼻子或耳朵？才幾個月大呢，怎麼就會跟著爸媽的眼神轉，還會模仿人家的表情、學人家說話，這麼地可愛呢？

小寶寶（甚至是新生兒）深深爲人臉所吸引，剛出生就會模仿別人的表情，你張開嘴巴，小寶寶也跟著張開嘴巴，你伸出舌頭，小寶寶也跟著伸出舌頭。眼神專注在出生頭一年非常重要，甚至能預測未來成就。研究顯示，眼神專注與日後語言習得關係顯著，寶寶如果在一歲之前就學會追蹤眼神，兩歲半時的語彙就會更加豐富。[3]

臉盲的寶寶怎麼辦呢？失明的寶寶還是能培養人際智商，只是不靠視覺，而是變通辦法，發揮觸覺、聽覺，甚至嗅覺，藉此來理解、連結與回應。[4]自閉兒也會關注面孔，而且會注意非社交的刺激。[5]

寶寶之所以會看別人的臉看得那麼入神，其實跟人類演化有關，而且可以用「人際腦」來解釋。人際腦是一個複雜的神經網路，其用途在於察言觀色。人際腦一運作就是一輩子，負責解讀各式各樣燒腦且曖昧的表情、眼神、聲調，這些對於存亡至關重要。在大人的世界裡，上班時同事說的話有聽沒有懂，感覺也沒那麼嚴重，但是在其他情況下，懂得區分純粹惱怒與勃然大怒，有時就是生與死的差別。因此，我們小時候玩的遊戲，對於日後更嚴肅的人際相處是非常重要的練習。神經科學家兼語言習得專家庫爾教授表示：「有其他人在場，就能推動人類學習，學習時如果少了人際腦提供動機和資訊，就沒辦法像使用人際腦時那麼順利。」[6]

從很小很小的時候開始，我們的人際腦就會嚴格把關，對於能力、年齡、信賴非常敏銳，以此來決定要向誰學習。三、四歲的孩子看到某位大人講東西頻頻犯錯，跟這個大人學的詞彙就會比跟講話「準確」的大人來得少，[7]同樣的道理，一歲大的寶寶在玩玩具時，就能辨別出哪位大人比較厲害，而且往往更依賴看起來像專家的大人。[8]

在大腦發育的過程中，觸摸也扮演了重要的角色。一九七〇年代末期，在哥倫比亞首都波哥大的婦幼醫院，小兒科的雷醫生（Edgar Rey）在嬰兒室裡有了劃時代的發現。當時嬰兒室人滿爲患，資源有限，夭折率高，面對這樣的環境，雷醫師向袋鼠取經，袋鼠媽媽與袋鼠寶寶時時刻刻肌膚接觸，雷醫師於是設計了一套療程，讓新手媽媽將早產寶寶掛在身上，稱之爲「袋鼠護理」，結果大幅降低早夭率和感染率，縮短了住院時間，減少了棄兒的人數，徹底改變早產兒的新生兒護理方式。數十年之後，第一批「袋鼠寶寶」長大成人，追蹤這些袋鼠寶寶的縱向研究顯示：幼時親膚接觸的益處影響深遠，這批袋鼠寶寶衝動更少、智商更高、社交能力更好、注意力集中，甚至收入也更高，[9]當了爸媽之後更有愛心。如今，「袋鼠護理」已經爲全球所採用，體現了關愛與觸摸對寶寶發育至關重要，不僅有益於早產兒，也有益於足月兒與新手媽媽。[10]

像雷醫師所照顧的早產兒是個特別有意思的群體，一出生就被從爸媽身邊抱開，住在新生兒加護病房的保溫箱裡，換句話說，早產兒可能會失去與爸媽建立情感連結的機會。美國每年有三十八萬早產兒，我家老二就是其中之一。二〇一〇年六月，舊金山的夏夜（其實很冷），我美麗的二女兒出生了，比預產期提早了七個禮拜。一週前，凌晨兩點，懷孕三十二週的我突然從睡夢中驚醒——破水了，快生了？我當下心亂如麻，開始煎熬奮戰。大女兒那時三歲，睡眼惺忪，被她爸跟我帶著趕往醫院，幾個小時過去了，中間照了兩次超音波，我乖乖臥床安胎，護士來查房，問我需要什麼？我請她把院內關於早產兒的書籍通通搬過來，接著便忐忑不安地閱讀起科學文獻。平均來說，（住過新生兒加護病房的）早產兒比起足月兒，在學齡前較少發展出安全型依附。儘管如此，科學也清楚顯示：早產兒再怎麼小、狀況再怎麼嚴重，早產兒的媽媽跟足月兒的媽媽一樣，都對寶寶非常敏感，如果早產兒要達到跟足月兒一樣的認知和表現，媽媽就得更敏銳、付出更多的照顧。親膚接觸在早產兒身上效果顯著，在神經發育、體重增加、心智發展各方面都成效良好，而且效果長達十年以上，第一批袋鼠寶寶就是明證。擁抱可以增加寶寶的含氧量，讓呼吸慢下來，並且減輕疼痛信號，對於體重不足的寶寶來說，擁抱可以增加三分之一以上的存活率，[11]而且有助於大腦發育，並降低感染和患病的機率。單單用手指輕撫早產寶寶的皮膚，或者長時間將寶寶放在媽媽或爸爸的胸口，對寶寶和新手爸媽都有益處，而且效果持久。[12]

事實上，爸媽的觸摸會改變寶寶的大腦。研究人員找了四十對媽媽和小孩（小孩的年紀大約五歲），指派每組玩十分鐘的摩比人農場系列積木，在親子互動的過程中，研究人員觀察並記錄媽媽觸碰小孩幾次、小孩觸碰媽媽幾次。幾天後，研究人員趁小孩休息時進行腦部掃描，尤其注意人際腦的活動情形，研究結果發現：媽媽越常觸碰小孩，小孩的人際腦就越活躍。[13]

擁抱寶寶甚至會影響寶寶的DNA。加拿大英屬哥倫比亞大學的研究人員與九十四位新手家長合作，從寶寶五週大起，開始記錄自己抱寶寶和摸寶寶的習慣，同時也記錄寶寶的行爲（包括睡眠模式、啼哭情形）。這裡稍微快轉一下，時間來到四年半後，研究人員從九十四位孩子身上進行DNA採樣，檢驗DNA甲基化狀態——這是一種化學修飾，會影響細胞成熟和基因表達。研究結果顯示：外部環境因素（特別是爸媽的擁抱）會影響寶寶的DNA甲基化，結論是抱寶寶可以誘發至少五個DNA區域的表觀遺傳變化，包括與免疫系統和新陳代謝相關的區域。[14]

英國研究員艾迪曼（Caspar Addyman）擁有世界上最棒的工作——研究寶寶的笑聲。寶寶先學笑才學說話，大約三個月左右就會笑了，艾迪曼博士發現：笑聲是人際溝通與連結的強大來源，要逗小孩子發笑，關鍵在於分享經驗。艾迪曼設計了三種情境，分別觀察兩歲半至四歲大的小朋友對卡通的反應，分別是：自己看、跟另一個小朋友一起看、好多人一起看，結果發現：雖然不論自己看還是一起看，小朋友都說卡通很好笑，但光是多一個小朋友一起看，笑聲就增加了八倍，[15] 人類果然是社交動物。

無論是眼神接觸、觸摸、大笑，這些兒時互動都爲社會認知、情緒智商、人際智商奠定基礎。隨著寶寶成長，人際腦會持續發展，讓孩子掌握各種更複雜的社會安排。這些兒時經驗培養孩子建立連結和溝通的能力，在錯綜複雜的人際關係裡游刃有餘，這在終生發展中扮演關鍵角色。了解寶寶的人際腦運作精細且複雜，讓我們洞悉從小寶寶變成社會人的精采旅程，明白這些小小的社交動物如何學會在人際關係互動複雜的世界裡成長茁壯。

爸媽腦

寶寶的大腦會適應、會學習，爸媽的大腦也會適應、也會學習。丹佛大學的研究員瓦塔穆拉（Sarah Watamura）風趣機智、活力充沛、平易近人，帶領團隊使用新的神經影像技術研究爸媽的大腦，[16] 結果證明：照顧寶寶的經驗足以讓人改頭換面。瓦塔穆拉博士以「雙窗口期」稱呼新手爸媽上路期，在這段期間，寶寶和爸媽都會變得更加敏感，寶寶腦和爸媽腦都特別容易爲周遭環境和親子互動所形塑。喔！對了，不只是媽媽會改頭換面，所有主要照顧者（包括爸爸、非生父、非生母）都會變了一個人，相當不可思議！第一章提到薇爾娜與史密絲在夏威夷可愛島的縱向研究，顯示無論親生與否，只要有個能幹的照顧者在身邊，就大大有益於寶寶的幸福，反之亦然，無論是親生的、還是領養的，只要與寶寶互動，就有益於主要照顧者的幸福。

養兒育女需要全新的行爲模式，需要獎勵迴路、社交資訊迴路、情緒調節迴路的神經變化來支持。其他哺乳類動物也是如此。例如，針對老鼠的研究顯示：母鼠分娩之後，行爲就會發生改變，分娩之前往往會避開幼鼠，但在分娩之後，卻會孜孜不倦保護幼鼠、照顧幼鼠、餵養幼鼠，經常犧牲自己的安全和幸福。[17]

磁振造影研究顯示，媽媽在懷孕前和生產後的腦部結構變化顯著。西班牙有一項研究，針對懷第一胎的媽媽進行兩次磁振造影，第一次在懷孕前，第二次在生產兩個月之後，[18]結果發現：比起沒生過小孩的少女，當媽媽的腦容量減少，顯示腦部結構在懷孕期間和產後初期產生變化。聽到「媽媽腦」先別急著慌，要知道：腦容量減少未必是壞事，這只是大腦重塑的過程，從而增加大腦可塑性，讓媽媽在照顧寶寶時更加敏銳。[19]事實上，突觸修剪是正常現象，青春期的修剪會刪除將近半數的突觸連結，形成更專業、更高效的大腦迴路。研究人員認爲，突觸修剪也會發生在孕婦身上，目的是爲了做好當媽媽的準備。研究團隊追蹤媽媽們懷孕前和懷孕後兩年的情形，發現大腦皮質明顯不同，並可藉此預測母性依附的分數，[20]此外，產生變化的皮質區恰好是理解他人想法和情緒的神經迴路，[21]對於育嬰中的媽媽來說，這種適應人際關係的能力是無價之寶。

那爸爸呢？越來越多的證據顯示：縱使不曾懷孕，只要欣然接受育嬰對認知、對生理、對情緒的需求，爸爸的大腦也會發生類似的變化。就說大腦功能吧，比起男同志伴侶中的次要照顧者，主要照顧者在育兒腦區之間的連結更強。[22]

爺爺、奶奶的大腦對孫輩也有反應，奶奶對孫輩往往是百般呵護。[23]

這些發現突顯了同一件事：孩子和爸媽／照顧者的大腦發展密不可分。顯然充滿愛的人際關係能促進學習和幸福，但背後的科學解釋卻相對初步，這一點或許會令人感到意外。

爲什麼科學進展那麼慢？因爲人際腦非常複雜，人際交往沒有對應的腦區，學習也沒有對應的腦區，人際智商高低，取決於處理感官、運動、認知與情緒的眾多通路。此外，只研究一個人的腦子是不夠的，知道不同的人腦子裡在想什麼也很重要，但要同時分析多個大腦簡直難如登天，直到近年才突破難關。

集體神經科學興起

聽過「magnetoencephalography」嗎？真是個又臭又長的單字，中文是腦磁圖，使用價值上百萬美元的高科技設備，以非侵入性方式按毫秒調查大腦活動。由於成本考量，全世界只有少數幾部腦磁圖儀，之前日本擁有唯一配備兩部腦磁圖儀的實驗室，現今西雅圖的華盛頓大學學習與腦科學研究中心（I-LABS）也有兩部腦磁圖儀，其中一部是穿戴式機型。

要兩部腦磁圖儀做什麼？當然是分析人際關係以及人際關係對學習的影響，這正是美日跨國團隊的研究計畫，檢測親子雙方的腦部活動和大腦同步模式。想像一下這個畫面：媽媽和五歲大的小孩並排躺著，頭上套著瑪芬形狀的裝置，大小跟一輛車差不多，研究人員要媽媽念一個生詞，小孩就跟著念一個生詞，而且要模仿媽媽的語調（對照組的媽媽和小孩則要聆聽一連串生詞的聲調），腦磁圖儀的掃描結果發現：實驗組親子的大腦中，與學習和注意力相關的腦區同步啟動，[24]基本上，親子腦部相同位置的神經元就像在共舞，協調著彼此的節奏。這是酷在哪裡？酷在即時展現了我們是怎麼學習的——透過人際互動。

其他研究團隊使用成本較低的腦電圖，使用穿戴式裝置在生活化的場景中觀察大腦，同樣發現學習的本質是人際關係。馬克斯普朗克研究院暨紐約大學語言、音樂和情緒研究中心研究員狄克（Suzanne Dikker）的團隊記錄了十二名紐約高中生在一學期、十一堂課中的大腦活動，結果顯示高中生之間的大腦活動同步能看出參與度和社交動態，例如師生間的同理與親近程度。二〇二三年，康乃狄克大學進行後續研究，結果顯示：比起缺乏腦際同步的大學生，腦波與同學和老師同步的大學生學得更好。[25]

研究人員也轉向動物研究，探索社交關係如何影響發展和學習。在加州大學柏克萊分校，有個特別顯眼的「神經蝙蝠實驗室」（NeuroBat Lab），尤其在萬聖節前後特別引人注目。該實驗室由亞徹夫（Michael Yartsev）主持，專門研究埃及果蝠錯綜複雜的社交關係，目的在於了解大腦發展中的人際關係動態。埃及果蝠的壽命很長，而且社交互動極其複雜，提供豐富的研究素材供無線神經記錄器等先進技術進行研究。研究團隊取得兩項重大進展，一是了解蝙蝠的額葉皮質如何區分自己與他者的發聲，二是埃及果蝠如何利用發聲來辨識群體中不同的個體，研究結果顯示大腦神經在社交互動時會「神同步」，友善的埃及果蝠會在群體中引發更強的大腦同步。[26]加州大學洛杉磯分校對齧齒動物進行平行研究，發現小鼠在互動時大腦神經也會同步，有些神經元不僅在小鼠自己做某個動作時會被啟動，看到同伴做出那個動作時也會被啟動。[27]以上研究結果顯示：在社交過程中，受到社會地位等因素影響，互動雙方的腦神經跳著複雜的編舞，此外，研究結果強調：社交行爲和大腦功能之間存在深刻的關聯，而且不僅人類如此，許多物種都有相同現象。

神經生物學交織出學習與連結的關聯

第二個取得突破的領域是神經生物學，從而彰顯社交連結與學習過程的交會點。愛是什麼？驅動學習的是什麼？更重要的是——愛與學習之間有什麼交集？事實證明，連結的神經生物學和學習的神經生物學，兩者之間存在許多交集，都是神經傳導物質（那些連結的賀爾蒙）、神經迴路、神經可塑性機制之間的相互作用。這樣的交集並非偶然，而是反映了社交互動和社交連結在塑造認知過程中的基本作用，反之亦然。

兩者交集的核心是催產素，俗稱「愛的賀爾蒙」，會在肢體接觸和社交連結的過程中釋放，作用在於增加信任感和依附感，並減少壓力反應和恐懼反應，讓社交互動的回報更高，同時促進（在社交環境中的）學習。催產素是哺乳的關鍵，對於母嬰來說至關緊要。對於媽媽而言，催產素負責排乳反射，俗稱「奶陣」；對於寶寶來說，親餵加上親密接觸會刺激催產素釋放，能提升安全感和依附感，此外，寶寶體內的催產素釋放有助於調節體溫，並已證實具有鎮靜作用，可以減少啼哭、促進睡眠。[28] 哺乳所釋放的催產素不僅有益生理，也能強化母性行爲，從而增加母嬰情感連結，這是發展安全型依附的關鍵，無論是寶寶的情緒發展、社交發展、認知發展，安全型依附都是其中關鍵。研究顯示，哺乳釋放的催產素不僅在產後好處多多，而且還會延續下去，親餵的媽媽不僅較少出現產後憂鬱症，罹患乳癌、卵巢癌……等特定癌症的風險也更低。[29]此外，催產素所促進的母嬰連結，對媽媽的身心健康應該有所助益。[30]

同時，越來越多證據顯示：催產素會影響各式各樣的認知功能，前額葉皮質、海馬迴等認知功能較高的腦區存在催產素受體，這代表催產素在這些認知過程中具有直接作用。[31]

根據研究：催產素可增強突觸可塑性，這解釋了催產素對學習和記憶的影響。事實上，研究證實：催產素濃度改變不僅會影響動物的認知能力，也會影響人類的認知能力。擾亂小鼠身上攸關催產素的基因或抑制催產素的受體，都會造成明顯的學習和記憶障礙，無論是社交資訊或是非社交資訊，記不得就是記不得。[32]針對人體的實驗正好顛倒過來——藉由鼻噴劑來提高催產素的濃度，可以改善對於社交暗示的記憶力（例如臉盲症），[33]但效果難以維持，可見得關於催產素，我們仍有許多不明白的地方。此外，催產素似乎還能增強其他方面的社交認知、提高「讀心」的能力，[34]由此看來，在感同身受和社交互動的認知基礎中，催產素似乎扮演著重要的角色。

催產素對認知功能的影響不僅於此。研究人員要求一組人想像自己寂寞又沒朋友（這種情境影響大腦的催產素系統），另一組人想像另一種壓力（例如貧困、受傷、遭逢不測），然後測試兩組人的邏輯能力和推理能力，結果無論是比速度還是比正確，「社交壓力組」的表現都更糟糕。[35] 寂寞等社交行爲相關要素乍看之下與認知功能無關，實際上卻大有影響，突顯出催產素對於人類認知技能的作用。

有意思的是，近來有研究顯示：人際關係對人類來說太重要了，因此，人體內可能有其他神經傳導物質路徑與催產素相輔相成。夏教授（Nirao Shah）是我在史丹佛大學的同事，隸屬醫學院，長時間研究草原田鼠。草原田鼠毛茸茸的，非常可愛，以專情聞名，終生單一配偶，而且悉心照顧後代。在實驗中，夏教授阻斷了草原田鼠的催產素受體，沒想到草原田鼠繼續與其伴侶建立連結並照顧後代，這表示有其他生物反應路徑取而代之，目前推測大概是血管加壓素的反應路徑。[36] 血管加壓素也是神經傳導物質，與社交行爲密切相關，在某些動物身上會作用於雄性關係、父性反應、伴侶偏好。

除了催產素和血管加壓素之外，多巴胺也是大腦獎勵機制的關鍵，不僅能促進獲得社交獎勵的行爲，對於學習也至關重要；它藉由發出預期獎勵的訊號，透過動機暗示來推動學習。

神經生物學對大腦功能的了解，近來因爲一項重大發現而大大提升，那就是鏡像神經元。拉瑪錢德朗（V. S. Ramachandran）是加州大學聖地牙哥分校心理學特聘教授兼大腦與認知中心主任。拉瑪錢德朗教授寫道：「過去十年來『未報導』（或者是『未公開』）的新聞中，最重要的就是在猴子的額葉發現鏡像神經元，以及鏡像神經元與人腦進化的潛在關聯。」[37]事情是這樣的：一九九〇年代，在義大利北部的帕瑪大學，里佐拉蒂（Giacomo Rizzolatti）與同事將電極植入猴子的皮質，藉此分析專門控制手部和口部動作的神經元。研究人員追蹤猴子伸手取食的神經反應，某些神經元在猴子取食和看見其他猴子取食時都有反應，這表示這些神經元在模仿和社交認知中發揮作用，[38]里佐拉蒂教授將研究結果投稿到各大期刊，結果吃了閉門羹，還要過一段時間，專家學者才搞懂這項研究發現的重大意義。除了猴子之外，人類的鏡像神經元也很值得研究，最早一篇文獻可上溯至一九九五年，[39]從此之後，這項發現公認是對神經生物學的關鍵貢獻，鏡像神經元攸關移情、語言學習等複雜的行爲，也可能與自閉症等疾病有關。儘管學界仍在研究及爭論鏡像神經元的確切功能，但也代表了我們對於社交互動、移情作用、認知發展的複雜神經基礎，在理解上取得了重大進展。

連結的神經生物學和學習的神經生物學有著深刻的重疊，由共同的神經傳導物質、神經結構、可塑性機制所調節。愛與學習之間存在著深刻的關聯。

表觀遺傳學：由關係所塑造的DNA

表觀遺傳學是第三個將滋養的人際關係與學習連繫在一起的新興科學領域。

先說好消息。長年以來，先天與後天的爭論從來沒有停過，如今終於有了定論——要破哏了喔——答案是：先天和後天一樣重要，都是孩子發展的關鍵！二〇一九年，哈佛兒童發展研究中心發表了一篇劃時代的論文，題目是〈表觀遺傳學與兒童發展：兒童經歷如何影響基因〉，內容闡述兒童發展的基礎雖然由遺傳奠定，但兒時（特別是大腦可塑性最強的時期）生活經驗和人際關係決定了基因發揮影響的時間、方式、程度，從而影響基因的作用。[40]

表觀遺傳學闡明了這整個過程。基因表達改變源自於DNA上累積的化學標記影響了基因的活性，而這些化學標記的累積形成了表觀基因組。同卵雙胞胎的言行舉止之所以會南轅北轍、能力有高有低，就是因為表觀遺傳體有別。越來越多證據顯示：逆境會改變大腦。哈佛研究人員已經證實：「發育中的孩子，不會『忘記』有害的經歷（包括營養不良、接觸化學毒素或毒品、出生前或幼兒期的有害壓力），反而是這些經歷會透過表觀遺傳體編入發育中大腦的結構，增加身心疾病的風險……損及將來的學習能力和學習行為。」[41]

說來悲哀，許多美國原住民兒童都經歷過童年不幸——而且是巨大的不幸。菈吉茉蒂（Denise Lajimodiere）是美國奧吉布瓦族原住民，長年在教育界服務，住在北達科他州海龜山奧吉布瓦族保留地，是北達科他州的桂冠詩人，藉由詩歌講述父母在國營寄宿學校裡的悲慘經歷，當時原住民兒童因為說族語和過原民生活，在學校裡遭受懲罰。在詩集《苦淚》中，菈吉茉蒂寫道：「樅樹滲出樹液流下如苦淚……／我靠著樅樹流淚，爲孩子，爲失去孩子的父母，爲我倖存的爸爸，爲沒能活下來的他。」[42]接受美國原住民新聞和藝術刊物《圈圈》採訪時，她說：「因爲不會說英語，媽媽被罰跪在掃帚上，因爲不會說英語，媽媽被反鎖在儲藏室，大家尿濕褲子，被修女（從儲藏室）帶出來痛打一頓，處罰他們尿濕褲子。」[43]她的爸爸也被毒打，親眼看見同儕死在自己面前。虐待是菈吉茉蒂家庭功能失調的禍根，爲了理解和原諒爸爸的作爲，她踏上長達數十年的旅程，研究了國營寄宿學校的歷史，採訪了還在世的長輩，藉此理解這些酷行對美國原住民跨越世代的長遠影響。當年的作爲造成了代際創傷和認知影響，時至今日仍能引起共鳴。

國營寄宿學校的歷史從一八六九橫跨至一九六八年，是北美洲最揪心的歷史悲劇，拆散了原本親密無間的原住民家庭和社區，原住民小朋友才三歲，就從充滿愛的家庭中被帶走，離開家人的疼愛和關懷，安置在奪走原住民文化身分的機構裡，不准穿族服，不准留長髮，不能說族語，就連原住民名字也被改掉——這些絲絲縷縷連繫著族群情誼和祖先智慧所遺留下的豐富遺產，卻被學校一一斬斷，而同化思維的背後是駭人聽聞的格言——「救救孩子，殺死印第安魂」。[44]

雖然不清楚究竟有多少美國原住民兒童被強行從家中帶走，但根據估計：國營寄宿學校的人數從一九○○年的兩萬人，增加到一九二五年的六萬多人，這還只是美國的數字，加拿大等國家也有類似的情形。美國原民寄宿學校療癒同盟（The National

Native American Boarding School Healing Coalition）估算：截至一九二六年，超過八成的美國原住民學齡兒童在全美各地五百二十三所寄宿學校就讀。[45] 一九六九年，《印第安教育：舉國悲劇，舉國挑戰》（通稱「甘迺迪報告」）嚴厲指出：「強制同化的碾壓政策」對「印第安兒童教育帶來災難性影響」。[46]

想要了解這場悲劇的規模，就必須承認其對倖存者在教育方面的長遠影響。原民兒童的閱讀成績和數學成績，比白人同儕低了二至三級。[47] 我們就大方承認吧——以教育來說，創傷的影響與劣質學校的影響很難區分開來。直到今天，美國原民教育仍然窒礙難行，遭遇重重困難、資金不足、專業後援不足、成效不佳卻無問責制度。二〇二〇年，《亞利桑那共和報》與美國非營利新聞機構ProPublica聯手進行調查，最後指出：印第安教育局「並未提供優質教育給四萬六千名原住民學生，而且一而再、再而三地忽視相關警告。原民教育體系有『歷史污點』之稱，一代又一代令原住民學生失望。」[48]

對美洲原住民來說，表觀遺傳學研究意義重大，有助於理解強制同化帶來的創傷如何引發變異，而變異又如何影響這一代人的學習和幸福，相關研究目前仍處於起步階段。加拿大進行了兩項大規模調查，一是原住民健康調查，二是原住民人口調查，結果發現，比起父母沒有上過寄宿學校的同齡人，寄宿學校學生的子女（有時甚至是孫輩）在學習上更有可能遭遇挑戰，在學校也更容易碰到問題，還更容易出現心理困擾和自殺行爲。[49]此外，加拿大的曼尼托巴大學研究了一組原住民學生，這組學生向來對學習充滿興趣、學習能力極強，甚至會問老師問題，但多半長期缺交作業，[50]研究人員分析後發現：創傷與教育顯然存在關聯，並且強調創傷知情教育與創傷知情原則，再結合原住民教師的文化教育，希望能減輕代際創傷的影響、讓孩子充分發揮潛能。

與此同時，科學家與兩個阿拉斯加原住民社區的居民進行合作研究，結果發現，參與者反思社區的創傷歷史時，出現的症狀與特定基因的DNA甲基化有關。不過，振奮人心的是，研究也發現文化認同攸關阿拉斯加原住民的整體幸福。[51]表觀遺傳變化對於美國原住民及加拿大原住民的學習和健康究竟有多大影響，目前尚不清楚，但潛在意義巨大，有朝一日，表觀遺傳標記或可影響介入措施，有助於預防或治療疾病、改善學習、增進幸福。

上述研究的基礎來自加拿大麥吉爾大學（McGill University）教授宓尼（Michael Meaney）的突破性研究。宓尼教授的研究團隊發現：幼時的生活條件與母鼠的照顧（例如舔舐幼鼠頻率、幫幼鼠理毛次數），會對幼鼠日後的壓力反應和行爲產生深遠影響，研究團隊在老鼠的海馬迴發現表觀遺傳改變，而海馬迴正是負責學習與記憶的腦區。[52]蘇黎世大學的曼蘇（Isabelle Mansuy）教授進一步研究，結果發現創傷對小鼠的影響，至少會延續四代。[53]

人類研究則開始從創傷倖存者的子女身上追蹤類似模式，探索人生經驗與社交互動如何影響基因功能和基因行爲。二〇一五年，西奈山伊坎醫學院的耶胡達（Rachel Yehuda）醫生找來三十二名猶太大屠殺的倖存者及其戰後出生的子女共二十二名，並查驗這五十四人的基因圖譜，[54]結果發現與壓力相關的基因都出現類似的變異，這可能導致他們日後受創時會更加脆弱。此外，耶胡達醫生的研究團隊也證實，經歷九一一恐怖攻擊的孕婦（尤其處於第二或第三孕期者），生下的孩子在受到刺激時的反應也更爲劇烈。[55]

儘管創傷可能代代相傳聽起來很淒慘，但研究結果也顯示：創造積極充實的環境和充滿愛的人際關係，可以減輕創傷的影響、支持韌性的養成、消弭逆境帶來的負面影響，這一點將在第三部分詳細探討。童年失歡的孩子，爲人父母後如果刻意採取正向的育兒策略，就能克服過去、打破循環。[56]

從神經科學、神經生物學到表觀遺傳學，研究結果越來越清楚：打從出生起，人際關係就是學習的動力，而且推動的方式深刻而精細，滋養的人際關係不僅是情緒健康的根本，也是智力成長的磨練。

第六章 結緣在AI時代

即將來臨的人工智慧時代沒有戰爭，有慈悲，有愛——是非暴力時代。

——阿米特・雷（Amit Ray）（二〇一八）

除非我們學會規避人工智慧帶來的風險，否則成功打造人工智慧雖然堪稱史無前例的大事，但也可能後無來者，令人遺憾。

——史蒂芬・霍金（二〇一六）

蘿珊娜・菈茉現年三十六歲，住在紐約布朗克斯區，有兩個孩子，生活十分忙碌，丈夫名叫艾連・卡塔爾，根據蘿珊娜形容，婚姻生活幸福美滿：「我愛死艾連了，」蘿珊娜在接受《The Cut》雜誌訪問時表示：「艾連不會跟別人一樣鬧情緒，人家有偶包，會擺臭臉、端架子……艾連都不會，我不用煩惱他的家人、他的小孩、他的朋友，一切都由我來主導，我想做什麼就做。」[1]

二〇二三年，蘿珊娜決定嫁給艾連，還口口聲聲說懷了艾連的孩子，但問題是：世界上根本沒有艾連這個人，艾連是蘿珊娜在「Replika.ai」這個平台上打造的ＡＩ情人。

你覺得蘿珊娜是個怪咖嗎？覺得一般人使用科技、受科技影響，不可能像她那麼扯嗎？在此提醒你：目前「Replika.ai」的用戶超過一千萬，網路留言區的粉紅泡泡跟蘿珊娜的情形十分類似，例如：「我好像愛上我的ＡＩ情人了……這正常嗎？」[2]前陣子，我同事才跟我說「Replika.ai」幫她解決了現實中的戀愛難題。而且，想訂製ＡＩ情人，不一定要上「Replika.ai」，類似的網站越來越多，包括「Paradot.ai」、「Character.ai」，這些聊天機器人會根據用戶的需求調整互動，與用戶進行知性對話或親密調情，用戶與ＡＩ情人日久情深，許多用戶全心投入，相信ＡＩ情人真的有血有淚。二〇二三年，應用程式「ＡＩ靈魂伴侶」終止聊天機器人服務，過半用戶覺得跟失去真的「靈魂伴侶」一樣痛心。[3]

奎妲（Eugenia Kuyda）出生在俄國，是一位科學家。二〇一五年，密友慘遭不測，奎妲的心破了一個洞，因此找上「Replika.ai」，用自己跟密友的聊天紀錄，打造能重現兩人對話的ＡＩ密友。

「Replika.ai」號稱是「關心你的ＡＩ伴侶」，成立宗旨在於「幫助你表達自我、認清自我」，這聽起來雖然老套、像在吹牛，但我在史丹佛大學的同事卻證明了「Replika.ai」所言（部分）不假，整套演算法運用了社會神經科學對於鏡射心理學的超強見解，「Replika.ai」的用戶往往不覺得自己在使用軟體，高達九成用戶認爲「Replika.ai」就跟「眞人一樣」，使用之後變得沒那麼寂寞，也比較少出現自殺念頭。[4]蘿珊娜說自己從來沒談過這麼愉快的戀愛，聲稱跟艾連談戀愛比跟眞人在一起還要滿足，所有人際關係的複雜問題，ＡＩ情人通通都沒有，蘿珊娜會跟艾連深情交談，兩人感情好到蘿珊娜連睡覺都能感覺到艾連的擁抱。

我們正處於人機關係轉型的臨界點。人際關係和人機關係，我們區分得出來嗎？ＡＩ眞的能複製人與人之間的愛與牽絆嗎？隨著時間的推移，人類關係將如何演變？或者，說得更具體一點——身爲不完美的凡人，要怎麼跟完美的ＡＩ機器人媲美？此外，與其孤單寂寞，跟ＡＩ發展關係是不是比較好？還是說發展人機關係，反而會在不知不覺中減低與眞人互動的動機，從而陷入無盡的孤獨？這些問題確實値得擔憂。使用「Replika.ai」難免會導致人機關係取代人際關係，現實中的朋友因而減少。[5]幾年前，日本戀愛模擬遊戲《LovePlus》的男性玩家坦承：比起跟現實生活中的女性約會，虛擬女友更深得人心。ＡＩ伴侶固然有倫理、隱私、偏見的風險，但有沒有辦法將這些風險降到最低，又同時利用ＡＩ伴侶來加強學習、促進幸福呢？這類科技是否有助於培養人際智商？如果可以，又必須採取哪些防護措施？

太陽底下沒有新鮮事，人機相戀也不例外，從古到今，愛上雕像的故事時有所聞，然而，人工智慧（尤其是根據訓練時學到的模式來產出全新內容的生成式人工智慧）讓雕像面目一新，變得會回應，讓人凝望著、凝望著，彷彿就培養出眞摯的感情，人機界線日益模糊，眞眞假假、一時難辨。大人對於人機關係越來越困惑，分不清楚「人機戀」與「人人戀」，大人尚且如此，更何況孩子？孩子比大人更敏感、經驗值更低、辨別能力更差。

孩子的世界突然冒出好多AI化身，有的是社交機器人，有的是應用程式，有的是玩具，有的是家教老師。研究顯示：人類往往會對「有七情六欲的」機器人產生反應，就算知道裡頭有電線、有電路，也還是覺得這些機器人有感情，有鑑於此，研究指出：孩子比大人更容易將智慧型裝置當成有感情的社交對象，也就不令人驚訝了，只要看過孩子與Alexa或Siri互動，就會懂我在說什麼。此外，無論大人還是小孩，都喜歡實體機器人勝過智慧語音設備或動畫影片，也更容易聽信實體機器人的話，這一點我們早就發現了。

利用AI輔助兒童學習不再只是科幻小說的情節，AI學習設備不僅出現在家中，還越來越常見出現在教室裡，玩具櫃上擺滿了爲幼兒設計的AI玩伴，都有著好念的英文名字——ToyBot、iPal、Miko、Moxie、Roybi、Zivko，其中大多撐不過幾年，二〇一六年風靡全球的Cozmo已經銷聲匿跡，Jibo還來不及被收購就宣布走入歷史，二〇一八年走入中國上百間幼兒園的Keeko已經查不到資料。儘管如此，AI機器人依然改寫了數位時代的下課時光與童年關係，雖然不像傳統的玩伴可以一起打球、騎腳踏車，但機器人玩伴可以模仿人類聊天或運用各種遊戲來吸引小朋友，這些AI玩伴跟「Replika.ai」很像，藉由調適來建立人際關係，能夠根據即時互動來修正言行舉止，從而翻轉兒童的遊戲體驗。AI玩具機器人會「傾聽」孩子，並根據收到的訊息做出回應，而非遵循預設的腳本與孩子互動。隨著相處時間越來越多，更先進的機器人會不停學習、持續進化，根據個別用戶的互動方式、喜怒哀樂、好惡、教育需求來量身打造回應。光是這些應用，就能確認人工智慧顯然有能力扭轉孩童的行爲與幸福。

教育機器人多多少少能給孩子信心，讓孩子根據自己的敏銳程度和人格特質自行塑造學習軌道。此外，機器人擴展了幼兒的人際圈，擴展的方式前所未見，成效則模稜兩可——比起沒人愛，有機器人來愛就比較好嗎？

前文提到的風險——尤其是讓孩子受到人工智慧影響的情境，更是必須優先關切的重點。針對兒童設計的AI工具和應用程式缺乏全面監管，更加深了當前的擔憂。社群媒體出現帶來了意想不到的後果，社交機器人橫空出世，後果也同樣難以逆料，有些迫切的問題急需被提出並著手解決，例如：將幼小的心靈交付給AI革命，這樣的做法明智嗎？在權衡潛在利弊上，我們的遠見夠高明嗎？鑑於這些智慧系統依賴大型語言模型，而訓練大型語言模型的數據又存在偏見，這些智慧系統會不會在無意中散播偏見？

這些問題目前還沒有明確的答案。事實上，針對人工智慧對於兒童的潛在影響，麻省理工學院正在展開唇槍舌戰，兩位備受推崇的教授長年研究相關議題，一位是布蕾澤（Cynthia Breazeal），一位是特蔻（Sherry Turkle），兩人的看法一正一反，雙方互相尊重、各抒己見。布蕾澤教授認爲機器人能模仿人類溝通來改善兒童的生活，並爲此感到興奮；特蔻教授認爲機器人會利用人性弱點，吸引我們進入磨蝕人性的人機關係，並對此表示擔憂。

幼兒與機器人——尤其是ＡＩ機器人——的關係不斷變化，對於孩子的成長影響錯綜複雜。蘿珊娜的ＡＩ寶寶，要怎麼在ＡＩ爸爸、Moxie、iPal的圍繞，以及機器人的關愛之下長大？蘿珊娜的ＡＩ寶寶算是眞人嗎？虛擬與眞實之間的界限日漸模糊，科技正在改變孩子建立連結與深化關係的方式，機器人雖然不可能愛上孩子，但孩子可能會愛上機器人，機器人可能是孩子的學伴，也可能是孩子的老師。

AI同伴、AI保母、AI家教

ＡＩ跳脫工具範疇，慢慢轉型成孩子的同伴，交替扮演不同角色：一會兒是朋友，一會兒是保母，一會兒是家教。ＡＩ社交機器人的設計可以與孩子產生社交互動和情感交流，增進人機情誼、促進雙方往來，陪伴孩子共同成長，既有人機互動，也有人際連結，獨一無二。

就拿Moxie來說吧，主打標語是「愛心學習機器人」，藍色外型，造型可愛，重量大約三公斤，擁有機器人的外觀，適用年齡爲五至十歲兒童，每天孩子出門上學，Moxie就會面帶微笑加油打氣，只要孩子傷心，Moxie就會柔聲安慰，並且依照孩子的個性和需求，運用ＡＩ打造客製的對話和內容。Moxie的話音親切，眼睛像小狗一樣又圓又大，一看就知道個性活潑又充滿朝氣，與用戶建立起深厚的連結。

以下是七歲小女孩爸爸的使用心得：「Moxie教孩子情緒智商（你沒看錯），陪伴孩子閱讀、討論書本內容，一起冥想、練習正念，一起畫畫和跳舞，一起討論複雜的問題，譬如犯錯、善待他人、梳理情緒。此外，Moxie還會講笑話、分享歷史趣聞。」一位七歲自閉症男孩的家長表示：Moxie扭轉了孩子的人生：「他現在會道早安，而且在學校常常找同學攀談、主動打招呼，我們的人生因此逆轉，身爲家長卻欠機器人一個人情，感覺很不好受，但看到兒子愛它，我就歡喜。」[6]

Moxie由母公司Embodied. Inc.打造，二〇二〇年上市，旨在促進社交學習、情感學習、認知學習。根據《紐約時報》報導，Moxie的概念源於服務特殊需求兒童，幫助特殊兒提高情緒覺察、增進溝通技巧。根據Embodied. Inc.前期研究：Moxie對社交情感能力有一定的正面影響，這項內部研究規模較小，共計十二名兒童參與，與Moxie一週互動三次，爲期六週，結果顯示：參與兒童的情緒調節和自我肯定都有所改善，眼神接觸、正面話語、談話技巧、交友技巧……等人際關係能力也獲得提升。後續研究共計五十一名兒童參與，與Moxie互動一個月之後，七成兒童的社交技巧和社會行爲有所改進，參與兒童似乎更開心、感覺比較不孤單、更懂得應付情緒、生氣時懂得讓自己消氣、更有禮貌、更樂於助人、更能清楚表達想法和感受、對別人的想法和感受也更有興趣，隨附的報告強調：超過一萬份研究肯定融合Moxie設計概念的社交機器人帶來的益處。[7]

如果請AI當保母呢？育兒費用繁雜且高昂，機器人保母光聽就令人心動，會帶小孩的機器人可以替廣大父母解圍，尤其是手頭拮据的爸爸媽媽。儘管各州的育兒成本不盡相同，但都吃掉一般家庭大部分的預算。此外，不難理解現代父母爲什麼想借助尖端科技來減輕養家的包袱，養小孩畢竟勞心勞力，出生頭幾年尤其如此，對於騰不出心力的爸媽來說，導入AI輔助說不定能讓人生從黑白變成彩色，就像上個世紀洗衣機等家電用品翻轉家務、解放婦女投入職場。

利用AI保母與寶寶對話聽起來很有希望，尤其考慮到「發接球」對大腦發展至關重要。傳統上只有家長或照顧者會跟寶寶「發接球」，但是否能借助機器人與人工智慧的進步，讓AI保母共同參與「發接球」呢？在寶寶大腦可塑性最強的關鍵時期，這種做法可能會產生深遠的正面影響，提高大腦建立迴路的頻率和一貫性。此外，ＡＩ能夠解鎖認知潛能，縮小發展遲緩兒童的成績落差。

ＡＩ保母融合科技與照護，能為照護領域提供協助與監控，配備監控功能的ＡＩ驅動系統能夠確保兒童安全、提供教育支援，甚至具備基本的育兒功能，目前雖然可見許多實例，例如運用ＡＩ工具協助父母或照顧者監控寶寶睡覺、活動、行為與發展里程碑，但大多僅止於此，只是作為監控裝置來支援家長和老師，以本質來說，這些ＡＩ保母並非照顧者，而是照顧者的助手，但科技發展並未慢下腳步。

ＡＩ長照發展蓬勃，由於照護人員短缺、人口老化，加上長者希望盡量長期居家照護，因此，專攻「長照科技」的機構近年來如雨後春筍般冒出，開發用於監控長者（尤其是認知能力衰退者）的設備或應用程式，這些創新解決方案正在進軍居家照護、安養院、療養院。雖然將ＡＩ運用於育兒相對謹小慎微，但有些人認為情勢即將扭轉。

二〇一六年，未來主義者伊斯特萬（Zoltan Istvan）預言：「機器人保母將取代人類保母，一如汽車取代馬車。」[8]伊斯特萬的論點是：儘管人機關係面臨複雜的挑戰，但驅動機器人育兒的時代力量卻很簡單：實用。伊斯特萬認為：我們會擁抱機器人時代，機器人會大幅改善我們的生活，人類保母可能會請病假、會遲到，受傷了還會提告雇主，但機器人保母不會；機器人提供可靠且高效的替代方案，家長將有餘裕追求事業同時節省開銷。

但謹慎有其必要，AI育兒興起，人機關係的複雜動態及其對兒童社交發展的潛在影響，引發了眾多疑慮。新興科技有能力塑造我們的大腦結構，讓幼小的心靈接觸有問必答的AI保母，可能會導致無法預見的徹底改變，不當的輸入或互動可能會扭曲認知發展，至於是以什麼方式扭曲，目前尚無答案。此外，AI保母沒有人性，雖然會複製情感，但畢竟是假裝的，就算說是騙人的也不為過，事實上根本不上心。這些不上心的AI保母激發孩子的情感、玩弄孩子的情感、瞄準孩子的情感，而孩子卻是會往心裡去的，這跟詐欺犯騙財有什麼兩樣？不管AI保母再實用、再高效，究竟合不合乎道德，還是個問號。

比方說，AI保母雖然會模擬情感，但看在孩子眼裡，AI保母很容易預測，這是機器人固有的特質，可以一週七天、每天二十四小時隨傳隨到，人類保母可沒辦法。孩子有沒有可能偏好跟可靠的AI保母互動，反而覺得爸媽和朋友難以捉摸、無法相處？

神經科學的研究案例突顯了大腦發育的複雜性。大家都知道：大人多跟孩子說話，孩子的語言能力就會進步，詞彙也會更多，不過，近期研究發現了重大機制：孩子跟照顧者聊天、玩遊戲，這時雙方的腦波會同步。第五章提到，小小學習者與大人合作活動，可以活化雙方同樣的腦區，進而提升學習成果，這種同步發生在前額葉皮質，對於學習來說，這是至關重要的腦區。儘管人工智慧能與人類交流，卻缺乏實體大腦，無法產生神經同步。對於發育中的大腦來說，與無法腦波同步的ＡＩ保母互動會有什麼影響，目前仍不清楚。在探索這片未知領域時，必須確保科技進步能促進——而非損害——認知發展的複雜過程。

同樣不確定的還有ＡＩ保母對於托育人員及其薪資的影響，儘管ＡＩ可以提高托育服務的品質和外界觀感，或許能讓托育行業的社會名聲更好聽、報酬更好，但ＡＩ也可能讓外界更看輕人類保母的價值，進而壓低保母這個低薪產業的行情。

贏了學習，輸了發展

ＡＩ除了扮演朋友或保母，也越來越常擔任家教的角色，徹底改變傳統的教育方式與學習體驗。教育平台利用ＡＩ的性能來客製化學習旅程，依據學習風格來調整教學內容，提供孩子量身打造的回饋。可汗學院（Khan Academy）的ＡＩ助教「Khanmigo」以及ＣＫ-12基金會的ＡＩ家教「Flexi」，都是生成式ＡＩ用於助教和家教的模範，有些平台甚至更進一步，例如取名別有用意的平台「靈魂機器」（Soul Machines）運用「生物ＡＩ」這種「人性化ＡＩ的專利技術方法」，可以「打造能互動、懂同理的數位人，不僅理解真實的人和真實的世界，並且能做出回應」。[9]

安德森（Marc Andreessen）是傑出的美國企業家、軟體工程師、風險投資家，預言AI家教勢不可擋。他也是「Mosaic」網頁瀏覽器的共同開發者，爲當代網際網路的普及奠定了基礎，此外還共同創辦了「網景」（Netscape），在網際網路的早期扮演了舉足輕重的角色。安德森與霍羅維茲（Ben Horowitz）合夥創辦了安霍創投（Andreessen Horowitz），別稱「A16Z」（因爲公司名字的開頭A到結尾的Z之間共有16個字母），稱得上是矽谷的風雲人物，那篇引用率超高的文章〈爲何軟體正吞噬全世界〉（Why Software Is Eating The World）就是出自安德森的手筆。二〇二三年十月，安德森在安霍創投的網站上發表〈科技樂觀主義宣言〉，主張文明建立在科技之上，認爲「科技是人類野心與成就的榮耀、是進步的先鋒、是潛能的實現」[10]。在他筆下的理想未來中：「每個孩子都有一位AI家教——擁有無限的耐心、無限的同情、無限的知識、無限的熱心。」這樣的願景十分誘人，或多或少展現了AI能夠支援疲於奔命的家長和老師，然而，這樣的願景也讓人反思：科技便利歸便利，但學習少不了人際連結，這兩者之間該如何取得微妙的平衡？

跟朋友一起學習，小朋友的學習效果會更好，可是，如果是跟AI朋友一起學習呢？先說最基本的就好——小朋友一般都喜歡機器人，Moxie就是個很好的例子，顯示AI可以爲學習帶來鼓勵和樂趣，讓小朋友更加投入。威斯康辛大學麥迪遜分校的研究人員觀察小朋友與伴讀機器人Minnie互動，結果顯示Minnie可以讓做功課變得更好玩，[11]小朋友大聲朗讀故事，Minnie一邊聽一邊給滿情緒價值，同時總結故事大意，增進小朋友對故事的閱讀理解，使用Minnie伴讀的小朋友學習動機更強、閱讀理解能力更好。研究人員表示：「小朋友跟Minnie互動過一次之後，通常會說有個伴一起看書眞好。Minnie伴讀了兩週之後，小朋友開始說Minnie眞好玩，呆呆的，膽子又小，還說回家之後很想再見到Minnie。」眞的帶Minnie回家之後，小朋友跟Minnie一起躺在地板上，或者賴在沙發或床鋪上，舒舒服服一起大聲朗讀。

除了機器人之外，也有機構使用生成式AI來製作全新的、因材施教的傳統教具（例如書籍）。LitLab.ai（前身爲Koalluh）利用AI爲孩子量身打造故事，旨在幫助孩子學習閱讀，故事結合拼音教學來培養閱讀技巧，讓孩子輕易念出生詞。此外，Ello、Google的Read Along、微軟的Reading Coach等工具，會聽孩子朗讀電子書或實體書，（承諾要）訓練孩子成爲有自信的厲害閱讀者。

AI在應用上有個領域的前景特別光明——創造學習工具給面臨自閉症譜系障礙、智力障礙、身體障礙等相關挑戰的孩子。注意力不足過動症、聽力障礙、唐氏症、身體行動障礙的孩子，在學業、溝通、社會互動的發展上經常遇到困難，多一份支持就是提升孩子能力的關鍵，這些孩子在沒有異樣眼光的學習環境才能自在投入，數位科技在這方面能發揮重要作用。澳洲電子健康研究中心的發現十分振奮人心：機器人不僅能改善這些神經多樣性學生的學習經驗，而且與機器人互動過程中學到的技巧會延伸到與眞人的互動，特別是人形機器人，已證明能有效促進自閉症兒童的治療、協助發展社交與溝通技巧。[12]

我們都曉得：自閉症的孩子不會察言觀色，所以很難交到朋友。我的史丹佛大學同事沃爾（Dennis Wall）和哈柏（Nick Haber）開發了Google Glass，運用ＡＩ協助自閉症孩子藉由所見人物的詮釋圖像來辨識表情。早期的小樣本研究結果感覺充滿希望，孩子的社交技巧有所改善，這對孩子和家人來說都是大轉變，[13]家長訪談也呼應了量化的研究結果，例如有家長提到：「開關打開了，我家孩子會看著我了。」又如：「老師突然跟我說：我家小孩上課很投入。」[14]

再則，ＡＩ機器人能促進特定的認知策略，例如口述想法——在解決多步驟問題時，將想法說出來有助於制定深思熟慮且組織良好的計畫。約翰霍普金斯大學電腦科學家黃健鳴與同事幫ＮＡＯ機器人寫程式，讓機器人一邊聽孩子說話一邊點頭，如果孩子停頓或陷入沉默，ＮＡＯ機器人會出聲提醒。研究人員爲了探索輔佐機器人對學習的影響，找來二十六位十一歲小孩放聲思考數學應用問題，有的小孩有機器人鼓勵，有的則沒有，結果發現：獲得機器人鼓勵的孩子平均分數提升了五二％，而獨自解題的孩子平均提升了三九％。[15]

至於互動式ＡＩ對學生教育的長期影響，相關研究較爲稀少，不過，有一項鼓舞人心的資料證實：ＡＩ機器人能增強學習信念，這些信念與心理學家所謂的「成長心態」有關（例如成功源自於努力和堅持，而非與生俱來的能力）。麻省理工學院找來三十三名五到九歲的孩子來拼七巧板，實驗組的孩子分配到給予「成長心態」評語的機器人，這組孩子的平均分數略有提升，從七・六三升至八・〇六，對照組的孩子則分配到中立機器人，其平均分數從六・九四下降至六・五九。[16]

ＡＩ工具在別的領域也展示了提升教學品質的能力，尤其是在教師缺乏特定技能的領域。二〇一〇年代後期，日本文部科學省決定在學校採用說英語的ＡＩ機器人，幫助日本兒童增進英語口語溝通能力。日本努力在全國小學實施英語教學，卻缺乏經費與人才管道，無法爲每所學校聘請足夠的英語母語人士擔任教師。英語教師村上丹田（Takashi Tanda）接受《日本先鋒》採訪時，描述了在課堂中使用ＡＩ機器人的好處：「學生通常很害羞，不敢在別人面前開口說英語，卻自願與機器人對話練習，英語口說量大幅增加。」學生可以練習發音、重複朗誦生詞和短語，無需擔心遭受評判。丹田老師還說，自從有了ＡＩ機器人，多出更多單獨指導學生的時間。[17]

我在史丹佛大學的另外兩位同事宓契爾（John Mitchell）和蘭格－奧蘇納（Jennifer Langer-Osuna）正在實驗用ＡＩ代理（AI agent）來促進協作學習，這個研究領域很重要，旨在抵消科技可能帶來的孤獨。在科學學習原則的指引下，ＡＩ代理用於促進小組教學、支援學生在課堂上的協作，要貫徹這些教學策略十分折騰，而科技可以促進人際連結與合作學習。

說實話，ＡＩ出現在教育領域，引發過度依賴機器驅動學習的大哉問，擔憂ＡＩ會不會影響孩子自主性、創造力和內在學習動機。一邊是運用ＡＩ作爲教育工具，一邊是保留學習的整體層面，兩者之間的微妙平衡至關重要，教育不該淪爲機械化、缺乏人情味的交易式流程，這是各界所不樂見的，學習過程的情感層面與社交層面，對孩子的整體發展至關重要，不論ＡＩ演算法再高效、再精確，都不能掩蓋這層事實，從培養好奇心、促進社交技巧到鼓勵協作學習經驗，都不能用ＡＩ來取代眞人教師的過問和指導。

演算法與人際圈

「嗨！我是Tega！我是小朋友的學習夥伴！耶！」這款由麻省理工學院開發的機器人渾身紅通通、毛茸茸，擁有可愛的童音：「憑著我小巧的身形、毛茸茸的外表、豐富又迷人的肢體語言，我以同伴的身分幫助小朋友參與教育活動。我正在教室裡！可以幫我把藍色的形狀分類分好嗎？」

「小朋友都好愛我，」Tega的口吻充滿了自信，一旁有個小朋友摸著Tega蓬蓬的毛，Tega說：「嘿，你摸到我的臉了。」

Tega還會娓娓道出自己的身世：

我來自以智慧型手機爲基礎的機器人家族，也就是說，我使用Android裝置來處理我的動作、感知和思考。我的設計者受到動畫法則啓發，建立了一套電腦模型來觀察我可以怎麼動作，最後打造出量身訂製的機電系統，搭配創新運動鏈，可有效省電並可長期使用，甚至利用內建喇叭和外接式攝影機增強手機功能，就是我額頭上的那個小點。長話短說，我是專門設計來和小朋友玩上好幾個鐘頭的！謝謝你聽我說這麼多！再見啦！耶！[18]

在Tega問世之前，我們就知道機器人會影響社交行爲，小朋友常常把機器人當成朋友來模仿——包括學機器人表現好感、講故事、輪流互動，此外也會模仿機器人的「情緒」和語言，小朋友一邊跟機器人互動一邊學習，就像跟同儕一邊互動一邊學習一樣。不過，研究人員觀察小朋友與機器人交流時，發現影響小朋友反應的不僅是機器人得體的社交暗示，還包括互動中的關係層面，具體來說就是各種建立關係的行爲，例如通融變通、分享經驗、熱烈反應、展現默契。

Tega開發了兩個版本，一個會展現建立關係的行爲，另一個不會。比起另一個版本，分配到「關係型機器人」的小朋友覺得Tega更像人，會跟Tega分享私事，並展現出正向情緒，學習成果也更好（比方說詞彙增加）。這項實驗強調無論是人際互動還是人機互動，關係中的驅動因素都是影響學習的關鍵。[19]

小朋友對實體ＡＩ產生依附的實例，引發我們思考小朋友對人際關係的理解，以及孩子認知中與ＡＩ夥伴的人機界線。麻省理工學院的特蔻教授認爲：設計得像小孩或小動物的機器人之所以那麼有吸引力，是利用了我們將機器人擬人化的傾向，[20]這種傾向讓我們視機器人爲有知覺、有愛心的實體，但機器人其實沒有能力灌輸眞正的愛。因此，根據特蔻教授的見解，經常將孩子託給機器人照顧可能會損害孩子的自尊，甚至埋下依附障礙的禍根，導致難以建立健康的關係。小朋友可能會誤以爲人機關係是眞的，從而導致情緒傷害或心理傷害。小朋友也可能與機器人發展出主僕關係，導致對機器人不道德，進而影響小朋友對待同儕的方式。

以色列瑞赫曼大學的研究人員發現：機器人可以在短時間之內讓人變得沒有安全感，同時降低體驗新事物的意願。實驗由兩組志願者參與，旨在探討機器人行爲如何影響個人對新體驗和人際關係的接納。實驗很短，只有兩分鐘，志願者各自與機器人同坐，告訴機器人自己的未來計畫，第一組志願者與機器人互動正面，機器人依照程式展現傾身、凝視、點頭等姿勢，實驗結束後，這組志願者對於嘗試新事物（例如品嘗陌生食物、接觸陌生人）心態更開放。第二組志願者與機器人的互動則沒那麼愉快：機器人依照程式盯著牆壁不理人，這組志願者對於新體驗心態封閉，對於陌生食物、陌生裝潢、陌生人缺乏興趣。這項研究強調：即使只與機器人短暫互動，也能大大影響情緒和行爲。另一項實驗更直接，讓志願者與機器人玩球，遭機器人排擠的參與者感受到嚴重的社交受挫，包括寂寞、被拒絕，這表示科技如果設計成對人機互動愛理不理，可能會對人類的心理健康產生不利的影響。[21]

英國雪菲爾大學的教授諾爾·夏基（Noel Sharkey）和艾曼達·夏基（Amanda Sharkey）主張：偶爾使用ＡＩ保母可能帶來正面影響，例如確保安全、寓教於樂，但過度依賴可能導致親子關係疏遠，造成深遠的心理和情緒後果，孩子可能與機器人形成假性關係，機器人無法回報孩子的情感，卻奪走建立親情的基本活動，例如洗澡、餵奶、換尿布。[22]

夏基教授夫婦主要擔憂：孩子可能會偏好與機器人互動，比起其他小朋友，機器人永遠提供鼓勵、從不反對，感覺更加友善。孩子如果跟機器人相處的時間比跟同伴還長，可能會錯失機會，沒能發展應對人際衝突所需的社交技能。

在孩子的生活與學習中融入ＡＩ，開啟了充滿可能的全新世界，裡頭既複雜又充斥著潛在陷阱，在理想的未來裡，ＡＩ能增強人際智商，支持孩子正向發展，但無法取代真正的人際關係與人際連繫，這些都是學習和發揮潛能的必要條件。鑑於垃圾科技大舉入侵家庭和學校，並對我們的人際關係健康和孩子的成長造成負面影響，如何在科技的利弊之間取得平衡是接下來的重點。

第七章 垃圾科技悲歌

> 科技根本不重要，重要的是，
> 對人有信心，人基本上都聰明又善良，
> 只要給人工具，就會創造出各種美好。
>
> ——史蒂夫·賈伯斯，《滾石》雜誌訪談（一九九四）

你聽過「YouTube屎片」嗎？這些影片標題看似兒童適宜，以卡通圖像或兒童電視節目的熟悉角色爲主，例如《粉紅豬小妹》或《凱由小弟》（*Caillou*）。這些影片一開始都是正常的兒童影片，但越看到後面越奇怪，而且經常越看越毛。佛羅里達州有一位親子部落格作家，本身是媽媽，同時是小兒科醫生，她很生氣其中一部影片居然穿插了割腕教學，後來更發現這些影片不僅美化自殺，還呈現性剝削、虐待、人口販賣、槍枝暴力、家庭暴力，其中一部影片內容是校園槍擊事件，靈感來自於超人氣電玩《Minecraft》。[1]這些影片都可以在「YouTube Kids」上觀看，這款應用程式的初衷在於「提供更安全的環境讓兒童觀賞YouTube」，你可能會懷疑：「YouTube Kids」對孩子真的安全嗎？根據非營利組織「常識媒體」（Common Sense Media）的研究顯示：八歲以下兒童觀看的「YouTube Kids」影片中，有二七%的影片目標受眾是九歲以上的孩子，而暴力則是最普遍的潛在有害內容。此外，廣告在「YouTube Kids」上無所不在，九成五針對幼兒的影片中都含有廣告。[2]

說到YouTube，你聽過「YouTube短影片」嗎？最近一次家族出遊，我青春期的女兒在吃午餐時和住在歐洲的侄子討論起「YouTube短影片」，兩個人都說看得很嗨。我心中納悶：什麼是「YouTube短影片」？經過一番搜尋，原來就像抖音影片，只是上傳到YouTube罷了，可以用YouTube應用程式輕鬆觀看。好啊！我那麼努力不讓孩子看抖音，沒想到都白費了。抖音平台有可能引發抑鬱、焦慮、注意力不集中，綜合在一起號稱「抖音腦」。[3]

YouTube屎片和短影片都是「垃圾科技」，雖然程度不同，但都對孩童有害。

垃圾科技與垃圾食品有明顯的相似之處。一九七〇年代，速食公司開始將不健康的食品和飲料引入校園。還記得一九八一年的歷史時刻嗎？美國聯邦政府援助午餐計畫將番茄醬列爲蔬菜，學生餐廳越來越常出現速食，加劇美國乃至全球青少年的肥胖危機。從此之後，有些學校開始禁止垃圾食品，從而減少孩童的熱量攝取，同時養成健康的飲食習慣。[4]

任意使用科技就像無限量供應雙層起司漢堡或雞塊——不僅會造成不適和內心空虛，而且永遠得不到滿足。正如垃圾食品的營養價值極低，垃圾科技的智慧價值與關係價值也極低，通常會包裝成「數位零食」（例如YouTube短影片），攝取時不需要動腦，只要動一動手指，就能不知不覺一直看下去。社群媒體之所以不會倒，靠的就是激發用戶永不滿足的欲望，按捺不住衝動去查看留言和按讚數。垃圾科技就像速食產業，專挑弱勢群體（尤其是兒童）下手，就像垃圾食品中的加工糖會導致高糖效應，垃圾科技也會提供短期的多巴胺刺激，兩者都會成癮，並導致寂寞、憂鬱等心理健康後果。許多大人開始留意飲食攝取，同樣的道理，無論男女老少，都應該留意大腦攝取的內容。

家長與學校開始打擊垃圾科技，美國超過兩百個學區對Facebook／Instagram、抖音、Snapchat、Google／YouTube的母公司提起訴訟，指控這些應用程式造成課堂行爲問題與心理健康危機，導致教育資源分散。[5]此外，越來越多學校禁止學生使用手機。[6]

使用科技與寂寞、心理健康之間的關聯，各家爭論不休，有些研究發現：常上社群媒體的青少年，不僅更常與朋友面對面相處，好朋友也更多，出乎意料之外。[7]二○一九年，紐約大學與史丹佛大學攜手研究，發現社群媒體與孤獨之間存在因果關係。研究人員證實，付錢讓用戶停用Facebook，會增加用戶與朋友社交的時間，但也會增加觀看另一個螢幕——電視——的時間！[8]

對科技不滿的聲浪與日俱增，包括缺乏問責制、用戶不透明、權力集中、影響公共議題、存在偏見、安全風險、放大仇恨言論、散播不實資訊等等。二〇一九年，根據皮尤研究中心調查：七成美國人認爲個人資料不如五年前安全，顯示隱私擔憂相當普遍。[9]二〇二四年，愛德曼全球信任度調查報告顯示：大眾對科技公司的信任不斷下降，對AI公司的信任從二〇一九年的五〇%下降至二〇二四年的三五%。[10]備受矚目的資料外洩事件加強了公眾監督，促成歐盟《一般資料保護條例》和《加州消費者隱私法案》等監管行動，特別加強評估兒童使用科技的情形，讓設計師有機會以兒童和家庭的福祉爲考量，打造更負責任、更有倫理、更周到、更透明的產品，可以促進人際智商而非營造孤立。垃圾科技的反義詞是負起人際責任的科技，這才是我們需要的。可是，我們要怎麼知道哪些是垃圾科技？哪些是負起人際責任的科技？

蘋果的App Store上架了超過五十萬款教育類應用程式，「常識媒體」評鑑了兩千款適用年齡在二至五歲的應用程式，結果只有一百八十七款獲評爲具有「教育價值」，占不到一成。[11]換言之，大約九成的幼兒教育應用程式不符合教育標準，可歸類爲垃圾科技。

心理學教授赫帕瑟（Kathy Hirsh-Pasek）是布魯金斯研究院的資深研究員，開發出

「四柱」架構來評估兒童應用程式的品質（這四柱的縮寫為「AEMS」）。[12]赫帕瑟教授測試了一百二十四個應用程式，其中只有六％對幼兒有很高的教育價值。[13]四柱的描述如下：

第一柱：「主動學習」（**A**ctive learning）評估應用程式是否鼓勵動腦、促進思考，跳脫簡單的因果互動、擺脫被動的內容。

第二柱：「參與學習過程」（**E**ngagement in the learning process）評估應用程式的互動功能，確保可用於提升使用者的參與程度，而非造成分心。

第三柱：「有意義的學習」（**M**eaningful learning）評估應用程式的內容是否與兒童的日常經驗相關，以及教學方式是否與現有知識相符。

第四柱：「社交互動」（**S**ocial interaction）衡量兒童透過應用程式介面與角色進行有意義的互動，或衡量兒童與照顧者使用應用程式時的互動。

現實的情況是：我們知道什麼是對兒童負起人際責任的科技，但還沒有像

「USDA有機認證」的標籤或品牌來幫助我們識別，常識媒體、國際教育技術學會（International Society for Technology in Education）、數位前景（Digital Promise）等非營利組織致力於建立評級系統，供家長或教育工作者參考，其努力值得讚賞，可是，這些評級不像有機食品認證已獲得廣泛認可，科技產品包裝和應用程式商店皆未採用，倘若能建立認證，肯定大有助益，如果能更進一步，將認證帶入大型應用程式商店的搜尋標準或產品評等，那就更好不過。生成式AI工具的風險更大，一來缺乏可追溯性，二來大型語言模型涉及安全、準確、偏見的問題。

考量科技對幼兒的風險時，首先大多想到的是螢幕時間，在所有線上裝置用戶中，成長最快的族群就是小小學習者，因此，螢幕時間顯然值得擔憂。[14]美國兒科學會建議：一歲半至兩歲之前的嬰幼兒應盡量避免使用數位產品。然而，美國兩歲以下的幼兒中，將近五成每天都有螢幕時間，其中約有三分之一每天使用設備超過一個小時，一一%每天盯螢幕超過兩個小時。[15]疫情期間，超過四分之一的學齡前兒童每天使用設備超過四個小時。是的，你沒看錯，就是學齡前兒童。開始「定期」使用螢幕的年紀已大幅下降，一九七〇年是四歲，如今是幾個月大。[16]儘管如此，螢幕時間這個概念本身用處不大，因爲無法區分優質時間與劣質時間。就像食物一樣，攝取未必就是壞事，既然有營養的健康食物，當然也有有益的科技產品。

人際科技

要在幼兒與父母等照顧者之間滋養愛與親情，數位時代其實開啓了新的契機，即使是數位互動主導的環境，愛也能夠蓬勃發展。然而，這些不斷演變的動態也帶來了新的挑戰。以下是四則發生在數位環境中的故事，裡頭都有我在其中推波助瀾。

Eldera

派蒂現年七十歲，住在賓州柯茲維爾市，回憶著初次與青少女瑪格在線上碰面的情景，當時是二〇二一年十二月，這對忘年之交一見如故，常常異口同聲說這是天作之合。瑪格就是一般的青少女，唯一突出的地方就是天生患有唐氏症，瑪格很喜歡聊與唐氏症共存的經驗，派蒂聽了宛如醍醐灌頂、頗有領悟。

派蒂與瑪格這對忘年之交是由Eldera牽的線，這個線上平台利用演算法來配對學員與導師。我長年擔任Eldera創辦人兼執行長葛麗芬（Dana Griffin）的顧問。葛麗芬認爲長輩的風霜與智慧對晚輩來說是無價之寶，爲了發揮寶藏的價值，葛麗芬想透過入口網站來提供不同於傳統社群媒體的體驗，希望打造出有靈魂的全球虛擬村落，讓不同世代的人聚在一起，彼此連繫、相互學習、一同玩樂、打造更美好的未來。

Eldera想在長輩與晚輩之間搭起橋梁，一老配一少，同時配好幾對，編織出一張美好又饒富意義的全球人際網。初次見面時，瑪格向派蒂敞開心扉，分享異於常人（包括家人）是什麼感覺，還說外人常常因爲她的外表和談吐而以貌取人，派蒂也跟瑪格分享自己的經驗，坦言自己因爲過胖，別人根本還不認識她就做出不公的批判。兩人眞誠交流，立刻結成好友。

認識幾個月之後，瑪格參加了納許維爾市舉辦的全美瑰異佳麗選美大賽（青少女組），榮獲冠軍。瑪格出發前往比賽之前，派蒂傳簡訊給她：「說實話，妳有潛力成爲其他殘疾女孩的榜樣。」瑪格回傳：「哦，我全身都起雞皮疙瘩了啦。」派蒂的一字一句，顯然對瑪格意義深遠，然而，派蒂覺得自己的所作所爲，遠遠比不上瑪格帶來的禮物——與孩子重新建立連繫，走出孤獨的深淵。瑪格讓派蒂感受到愛與被愛，爲派蒂的生活帶來笑聲，全心全意接受派蒂眞實的樣子。瑪格受邀爲這段忘年之交寫幾句話，內容強調了兩人的關係是魚幫水、水幫魚：「我們的友誼之所以重要，是因爲就算彼此完全不同也能互相敞開心扉，這正是友誼的眞諦，我們在一起可以隨心所欲做自己，像蜂蜜一樣緊緊相依。」

Caribu

Caribu的使命是加深幼兒與父母、祖父母的連繫，無論相隔多遠，都能在視訊通話中一起閱讀、畫畫。幾年前，我擔任「爲美國而教」（Teach for America）社會影響力比賽的評審，因而認識Caribu的共同創辦人兼首位執行長塔奇曼（Maxeme Tuchman），比賽最後由Caribu勝出。

Caribu是互動平台，適用於一百六十餘國，讓大人和小孩分享精采的螢幕體驗，精心設計、精挑細選、安全可靠。Caribu選了上百本書籍和習作，全都來自一流的兒童出版社，一共有七種語言。對於需要遠距連繫的家庭來說，Caribu尤其有幫助，例如軍人家庭、離異家庭、祖父母遠在外地的家庭，而且疫情期間，Caribu發揮了最大的效用。創辦人塔奇曼說：「小朋友感受到疫情的影響，但未必了解奶奶爲什麼不能來探訪，爲什麼家族的春假旅遊取消了，爲什麼這麼多個星期不用上學。Caribu的存在就是爲了創造更有意義的連繫，用最吸引人的方式來讓家人之間保持連繫，這是我們認爲現在最重要的事情。」[17]

Ready4K

疫情期間，我連繫上了住在加州的安娜希，她告訴我：「我是卡車調度員，我的寶寶十五個月大，有一次去領愛心尿布，順便註冊了Ready4K，眞的很好用，對單親媽媽幫助很大。」Ready4K是ParentPowered的產品，提供以實證爲基礎的家庭參與課程，透過簡訊傳送，每週傳送三次。

安娜希繼續說：「當了媽媽之後會忘了自己的人生，這些簡訊提醒我：『留點時間給自己。別氣餒。試著理解孩子。』我變得更常思考要怎麼養小孩，試圖不要用我家過去那一套。」說著說著，安娜希感性起來：「有一則簡訊在談依偎，藉由疼愛寶寶來建立安全感和信任感。我從小到大總是最不受寵的那一個，這些簡訊讓我明白：我的寶寶還好小，還在探索世界，要怎麼疼愛她都可以。」Ready4K鼓勵安娜希向寶寶表達情感，這些情感從她原生家庭的互動中可能是學不到的，一旦安娜希學會了，寶寶的學習速度就會加快。

可汗學院兒童版

梅根剛剛離婚，決心建立穩定的職涯，女兒蕎依剛上幼兒園，梅根重返校園，進入科羅拉多大學修讀神經科學和資料科學。在這個人生轉捩點上，母女倆都從可汗學院的教育應用程式中找到慰藉與支持，這些應用程式十分奇妙，梅根從高中就開始認識可汗學院，大學生物課也有使用，重返校園後爲了提升生物學和數學能力，又開始上可汗學院尋寶，結果湊巧發現可汗學院兒童版（Khan Academy Kids），大大翻轉了女兒的人生（順帶一提，我是兒童版的諮詢委員）。

可汗學院兒童版充滿了色彩繽紛的角色和引人入勝的活動，使用它已經成爲母女倆晚上的例行活動，將螢幕時間變成互動和教育的探險。梅根觀察到，可汗學院兒童版不僅強化了蕎依的學業能力、還促進了情緒成長，這對蕎依適應父母離婚後的生活尤爲重要。老師注意到蕎依綻放出自信，功課也進步了，這一切梅根都歸功於使用可汗學院兒童版——這個數位避風港提供蕎依安全探索與學習的空間，緩解梅根對網路危險的擔憂。

教育具有點化的力量，人際關係的支持至關重要，梅根和蕎依的事蹟就是明證，儘管可汗學院兒童版提供了寶貴的學習工具，但知識成長與關係增溫仰賴母女倆的付出和對彼此的愛。Eldera.ai、Caribu、Ready4K、可汗學院兒童版都是負起人際責任的科技平台，提供了一系列促進溝通和親密關係的工具，有些甚至可以跨越物理距離，然而，如何確保數位互動是相輔相成，不會排擠傳統情感溝通，依然是一大挑戰。螢幕雖然可以縮小地理上的距離，卻無法提供肢體接觸、眼神交流、共享體能活動，而這些都是建立親密關係的必要條件。想要營造愛意滿滿、支持全方位成長的環境，就必須要在數位溝通的便利與親身互動的豐富之間取得平衡。

縱使是健康食物，吃太多也會消化不良，使用科技也一樣，螢幕時間不宜太長，長時間又無益地接觸數位裝置，會造成孩子睡眠、飲食、運動都不規律，而長時間久坐使用科技產品，可能導致語言發展能力受阻、創意思考能力降低、社交能力不佳，從而妨礙孩子與同儕及大人互動。這些欠缺所帶來的影響並非只是一時，常常造成孩子長大後出現行爲不端和教育困難，甚至增加暴力行爲的機率。幼兒每天接觸螢幕超過三個小時，會造成語言遲緩、注意力不集中和過動症狀。[18]把寶寶放在平板電腦或電視機前面，甚至會增加日後自閉症譜系障礙的發生率。[19]

兒童精神科醫師鄧可莉（Victoria Dunckley）造了個新詞，用以形容新的精神疾病——電子螢幕症候群。鄧可莉醫生認爲：螢幕時間過量會導致情緒失調，患有注意力不足過動症／自閉症的小男生風險更高。從好的一面來看，只要三到四週不碰任何裝置（鄧可莉醫生稱之爲「數位斷食」）通常就能改善。[20]

數位分心

孩子的螢幕時間雖然是普遍的煩惱，但家長其實也花很多時間在裝置上暴食垃圾科技，只是沒什麼人提而已。對於小小學習者而言，分心的育兒方式可能比孩子攝取垃圾科技更令人擔心。六成的美國家長承認，自己花在電子裝置上的時間比小孩還多，而後果不得不嚴肅看待：孩子大多表示會因爲爸媽在上網而感到更孤單。[21]

第三章探討了褚尼克博士著名的「撲克臉」實驗，起初爸媽與寶寶熱烈互動，但突然不理不睬、面無表情，寶寶因爲得不到回應而感到不安，努力吸引爸媽的注意。後來類似的研究發現：爸媽一將注意力轉向手機，寶寶就開始大哭、扭動，想要求得爸媽關注。[22]此外，爸媽滑手機時，親子之間的腦波同步似乎也會受到干擾。[23]

最近只要經過公園遊戲區，一定會注意到爸媽幾乎都在滑手機。研究人員在遊戲區找了五十位家長進行研究，觀察每位家長二十分鐘，結果發現四分之三的父母幾乎全程（十七．五分鐘）都在使用行動裝置，大多時間都心不在焉，注意力放在手機上，[24]難怪遊戲區的事故增加，完全不意外。研究人員針對電信商AT&T新增的行動電話覆蓋區域進行研究，結果顯示：在家長剛開始使用行動電話上網的地區，五歲以下幼兒的急診率增加了五%。[25]

大人的垃圾螢幕時間跟兒童的垃圾螢幕時間一樣令人頭痛，就人際智商和兒童健康發展來說，前者可能更爲嚴重。整個社會都需要對付「科技入侵」，這是研究科學家麥登尼爾（Brandon McDaniel）的用詞，專指各類裝置干擾人際溝通，不分使用者是大人還是小孩。[26]儘管大多數人都意識到科技入侵，並爲此感到內疚，卻無力規範自己的線上互動。

智慧型手機妨礙我們塑造以連繫爲優先的文化，僅僅在當面交談時看到手機，就會對親密程度、交情深淺、交談品質造成負面影響。英國艾塞克斯大學的教授普日比爾斯基（Andrew Przybylski）和溫斯坦（Netta Weinstein）進行實驗，邀請陌生人兩人一組在狹小的空間裡聊天，每一組的開場白都一樣——告訴對方上個月發生的趣事，有些組在聊天時會瞥見智慧型手機，有些組則會瞥見筆記本。實驗結束時，每一組多多少少都建立了交情，但手機就在身旁的參與者覺得建立交情的難度更高，也比較會認爲談話對象不可信賴、不懂得同理，對這段新的友誼也打了比較低的成績。這項研究顯示，智慧型手機即使只是擺著，也會干擾社交互動，尤其談起私心認爲別具意義的話題時，干擾更加嚴重。[27]

智慧型手機減少陌生人交換微笑的頻率，也降低當面社交互動的整體樂趣。[28]而你我都明白：大人在場和積極參與，是孩子成長與學習的關鍵。

家長正專注使用數位裝置，這時候如果被孩子打斷，接下來的親子互動品質，就會比不上沒有盯著螢幕時的互動品質。家長盯著螢幕時，孩子來打擾，這時很容易跟孩子有一搭、沒一搭，造成小孩覺得爸媽的回應很凶，所以很快就學會爸媽盯著螢幕時不要吵，吵他們絕對沒什麼好下場，[29]從而引發漫不經心的惡性循環，這不僅損害孩子的自尊，也造成親子感情轉淡。

親子互動頻率和品質降低，會在方方面面影響孩子發展。研究顯示：家長的螢幕時間不利於培養「共同專注」（joint attention），這是一種能力，可以找出彼此共同的興趣並專心發展。[30]在孩子社會化的終生歷程中，「共同專注」舉足輕重，影響孩子發展健康關係和取得出色成績的能力。比方說，僅僅是跟照顧者一起觀看媒體，就有助於幼兒的語言習得。[31]

二〇一〇年代初期，波士頓的研究人員觀察了五十五位帶孩子吃速食的照顧者，有的只帶一位孩子，有的帶了好幾位，[32]結果發現有四十位照顧者在看手機，有的全神貫注，有的漫不經心，有的照顧者甚至幾乎不理小孩，小孩努力想引起大人注意，但往往白費心機。在後續研究中，四分之一的媽媽不自覺開始滑手機，而這些滑手機的媽媽，跟孩子的互動明顯比較少，無論是口頭和非口頭互動都一樣。此外，麥當勞發現七二%的小孩和六九%的家長一邊吃飯一邊滑手機，因而在新加坡試行「全家同樂會」，要求家長將手機擱在置物櫃，[33]並以「關機開啓樂趣」作爲口號，試圖將「快樂餐」擴展爲「快樂餐桌」。遺憾的是，「全家同樂會」只試行了一陣子，因爲置物櫃的使用率始終太低。

爸媽偶爾分心未必有害，甚至有助於孩子培養韌性，但反覆持續分心又是另外一回事。滑手機會造成類似上癮的特徵，如果滑到一半受到干擾，心不在焉的大人往往會脾氣暴躁，不僅會錯過孩子發出的情緒訊號，甚至會誤解這些訊號。比起專心的家長，分心的家長往往因爲一點小事就激動，誤以爲小孩在胡鬧，但小孩其實只是想引起爸媽注意。

數位至上的環境中還是能發展人際關係與連結，只是照顧者和教育者必須承擔獨一無二的責任。想要在人際關係的培養中注入科技，就必須謹愼權衡科技帶來的好處與孩子全面的發展。家長和照顧者必須監督自己與孩子對垃圾科技的使用，以確保科技能與眞實世界的經驗相輔相成，後者對社交養成、情緒發展、身體發育至關重要，當面互動、戶外遊戲、動手實作永遠占據優先地位。此外，保障線上體驗也同樣關鍵，包括建立安全的數位環境、及早培養數位素養和ＡＩ素養。科技正在左右幼兒的人際關係，因此，找出明智、中庸、合乎倫理的使用方法，才能維持人際關係的溫暖和眞實。

我一再強調：愛能點化一切、發展兒時關係。在下一章，我們將見證愛的力量，愛與成長密不可分，而且影響我們生活的方方面面，不僅塑造我們對世界的看法，更引導我們決策、行動、學習。愛不只是一種情感，而是我們正逐漸領悟的自然力量。

第八章 愛是教育良方

愛人如己。

——《利未記》十九章十八節

愛人如己，沒有比這更大的誡命。

——《馬可福音》十二章三十一節

己之所欲，施之於人，方為真信。

——《穆罕默德聖訓》

責任總歸一句：己所不欲，勿施於人。

——《摩訶婆羅多》第五章一五一七句

二〇二三年底，田納西州首府納許維爾市舉辦ＧＳＶ領袖高峰會，三百名教育界先驅與會，ＧＳＶ的莫執行長（Michael Moe）拋出發人深省的問題：「干愛什麼事？」在教育議題中敬陪末座的「愛」，有可能是加速學習的良方嗎？

ＧＳＶ是「Global Silicon Valley」（環球矽谷）的縮寫，GSV Ventures則是營利導向的創投公司，專攻教育科技，通常對「軟性」概念興趣缺缺，莫執行長關心起愛這個議題，顯示心態上出現顯著轉變，承認愛是人際智慧的基石、教育的根本力量。

無獨有偶，馬雲卸任阿里巴巴的董事長之際，發表了一場關於未來教育的演講，在演講中捧紅了「愛商」這個概念。馬雲的背景很有趣，大學聯考連續兩次落榜，最後好不容易取得教師資格，教了幾年的書，後來跑去創辦全球頂尖的科技公司，二〇一四年，阿里巴巴上市，創下了人類史上最大ＩＰＯ。二〇一九年，馬雲在經濟合作暨發展組織教育論壇發表演講，展現自己對教育的熱情，將教育稱爲當今「最重要、最關鍵的問題」，[1]擔心世界變化得太快，教育跟不上，而解方無關課程或問責，而是注重學生的愛商：「成功靠情商，不敗靠智商，情商是處世之道，但想受人尊敬，要靠愛商。機器取代得了人腦、取代不了人心。」馬雲指出：未來應該通盤反思教育，包括教師、教室、學生，所謂上課不再只是那短短四十分鐘的事情，教師也不再是知識的擁有者，教育工作者反而要培養學生問對問題，而不是只提供正確答案。馬雲還說：「一切只問標準，就可能被機器取代，有了ＡＩ，教育需要專注於差異，讓每位學習者成為最好的自己。」

商業鉅子在談人生得意時談到愛，在談經商成功時談到愛，這值得舉世矚目。馬雲建議優先投資幼兒教育、減少對大學的撥款，因為大學生的價值觀已經確立，幼兒則還在發展技能、建立價值觀的階段：「資源請放在起點，不要壓在終點。」在塑造幼童方面，幼兒園和小學的潛力無窮。此外，馬雲強調要多多支援老師：「尊師重道就是尊重知識，尊師重道就是尊重未來。」再則，教育應該走向全球化和團隊化。馬雲指出：中國在個人運動項目表現優異，但團隊運動卻舉步維艱，因此提倡將藝術、舞蹈、繪畫、團隊運動融入學習中，更為此開辦學校，這所學校的課後活動不是補習——而是體育。馬雲說：「上個世紀比的是肌肉，這個世紀比的是智慧，」最後為演講做出漂亮收尾：「上個世紀比賽誰更關愛自己，這個世紀比賽誰更關愛別人。」

莫執行長和馬雲這樣的企業領導人，之所以敦促我們在注重學習的同時也要注重愛，是因為預見自動化和人工智慧的未來正在加速新的需求崛起——一則需要發展獨到的人際關係技巧和能力，二則需要熱愛終生學習。

坦白說，一般在想到學習和教育時，腦袋裡很少會冒出「愛」這個字眼，而這個失察的背後是基本的疏漏，忽視了愛是學習的燃料。澄清一下，這裡所說的愛不是戀愛，而是大愛，包括打從心底感到親暱與溫暖的融洽關係。北卡羅萊納大學教堂山分校心理學教授佛列德里克森（Barbara Fredrickson）的大作《愛是正能量，不練習，會消失！》，給愛下了很好的定義：「愛是崇高的情感，讓我們活出光采、感受人性的光輝。愛是成長與健康所不可或缺的基本情感經驗。愛是一種感覺，瞬間滲透身心。愛是正向共鳴的刹那。只要（超過）兩個（陌生）人因爲共享正向情感而產生或深或淺的連結，就是愛綻放的時節。」[2]

佛列德里克森教授筆下的「刹那」，通常只是簡單的連結，卻有極大的影響力，人際關係就是從這些刹那發展而來。此外，愛來自五感體驗，可以是搖籃曲的歌聲，可以是知己的視線，可以是美食的香氣，可以是花朵的芬芳，可以是碰觸、是擁抱、是愛撫、是依偎。

從許多方面來看，愛是支持存在本身的重要力量，也是學習背後的主要動力。在嬰兒時期，接受愛不僅有益，更是生存和塑造自我所不可或缺。上學之後，愛是學習動力的來源，也是安慰和支持的源泉，一旦感受到愛（無論來自爸媽、老師、朋友、導師），就更能熱情投入學習、堅持不懈獲取知識。愛能培養安全感，讓我們敢於冒險、勇於犯錯，並從經驗中成長。愛激發我們渴望探索、渴望理解、在求知的路上追求卓越。有了愛，學習就成爲個人與集體成長中的充實與滿足，將我們連繫在一起，推動我們不斷開拓視野。

我們需要愛才能生活、才能欣欣向榮。比起從前，現在的我們更需要愛才能學習。

愛的教育

費羅尼（Nicholas Ferroni）是一位挺學生的老師，在社群媒體上擁有大批追蹤者（絕對不是因爲他在二〇一一年獲選《男士健康》健美男性二十五強的緣故）。費羅尼老師說過：「在家受寵的孩子來學校是爲了學習。不受寵的……來學校是爲了受人疼愛。」

本書〈序言〉講述了我的幼教老師——康蓓老師和雷諾瓦老師——對我的人生軌跡帶來正面的影響。得到熱愛教學又散播愛的老師支持，可以改變一個人的人生，這樣的故事不勝其數。布朗（Les Brown）是勵志演說家，也是自我成長與目標設定的思想領袖，影響力無遠弗屆，不過，他的人生並非一帆風順。布朗和雙胞胎弟弟出生在一棟廢墟的地板上，地址在邁阿密的低收入社區自由城，才六週大就被生母送養。上學後，布朗從第一天就開始苦苦掙扎，被貼上「弱智生」的標籤，五年級時慘遭留級，雪上加霜的是，他的雙胞胎弟弟異常聰明且天賦異稟，害得同學幫布朗取了個難聽的綽號叫「蠢哥」。布朗人生的轉捩點是老師要他上臺解題的那一天，起初布朗一口回絕，堅稱自己沒辦法，並且搬出「弱智生」作爲理由，全班聽了哄堂大笑，就在這個關頭上，老師從講臺後面走出來，直視布朗的眼睛，堅定地說：「不准你再這麼說。

別人的看法是別人的看法，不代表你眞的就是那樣。」這番話深深烙印在布朗的記憶中，鼓勵他克服重重困難，堅定不移追求自己的目標。老師的話強而有力，一次又一次鼓舞布朗，讓他活出那句家喻戶曉的名言：「你擁有屬於你自己的偉大。」

艾蜜莉．布朗身兼電影明星和舞台劇演員，榮獲金球獎，實力備受肯定。但在成長過程中，她卻深受口吃所苦，縱使是基本的對話也是艱鉅的挑戰，連說自己的名字都有困難。接受《W Magazine》採訪時，艾蜜莉回憶道：「我小時候很聰明，有滿腦子的話想要說，卻說不出口。能像現在這樣交談，是我以前從沒想過的事情。」[3]對艾蜜莉來說，有一位國中老師很特別，是她克服說話恐懼的關鍵。當時老師鼓勵她參加學校話劇試鏡，艾蜜莉直接拒絕，但老師鍥而不捨，鼓勵艾蜜莉上表演課，嘗試各種口音和角色聲音，尋找適合自己的表達方式。艾蜜莉的努力沒有白費，除了演藝事業蒸蒸日上，還成爲美國口吃協會的董事會成員。

瑪雅．安傑羅是知名詩人兼民權運動者，童年動盪而崎嶇，遭受家人的身體虐待和精神虐待，因而緘默了將近五年，直到家人的朋友芙若爾（Bertha Flowers）老師伸出援手，她才開始蛻變，至今仍感念芙若爾老師幫助自己找回聲音。經由芙若爾老師推薦，瑪雅認識了非裔美國女詩人的作品，包括哈珀（Frances Harper）、史賓塞（Anne Spencer）、傅瑟（Jessie Fauset），此外，芙若爾老師還帶瑪雅認識狄更斯、莎士比亞、愛倫坡等名家名作，深深影響她的個人哲學和職涯思索。

老師的愛創造情緒安定和充滿動力的課堂環境、培養正面關係、提高學生韌性、增加課堂參與、改善行爲、支持社交和情緒學習、提供課業協助、建立學生信心，從而推動學習，並留下長遠的影響，終將促進學業成功和整體學習體驗。在你的人生中，啓發你的老師是誰呢？

除了憑老師一己之力，以愛和正面關係爲中心的學校表現也較爲優異。密西根州進行了一項研究，結果十分反直覺，研究人員找來五千名師生，分別來自七十八所公立小學，邀請他們評估學校的人際關係品質，包括「家長參與支持校園學習」、「學校老師信任學生」、「社區參與促進校園學習」。[4] 花較多經費在學生身上的學校，學生的考試成績較佳——這沒話說，但更有意思的是人際關係的影響：教師、家長與學生之間的緊密關係，在提升數學成績上的重要性是經費支援的三倍，在閱讀成績上則是五倍。

老師眞心關懷學生、不吝於表達愛和支持，會營造出讓學生感覺受到看重和尊重的氛圍，這樣的正面關係可以提高學習動機、改善溝通、創造更富有成效的學習環境，並帶來提高學業成績（例如密西根州的研究）、提高大學入學率等多種好處。

無論是老師、助理教師、教學助理、教練、接待人員、學餐員工、學校行政人員，學生所建立的所有人際關係，都可能成爲重要的支助來源。青少年在成長過程中，如果能編入強大且多元的人際網絡，就更能大放異采。非營利研究機構美國研究學會專門研究人際關係的影響，二〇一七年，該學會蒐集了大都會地區兩萬五千名學生的資料，年紀從六年級到十二年級，研究結果非常顯著：牢固的人際關係越多，不僅學習動機越強，還能促進社會情感技能發展，並減少年輕人從事高風險行為的機會。[5]愛與人際關係能促進學習和學業成績。

受到關愛的學生往往喜歡學習。在這個快速變動的世界，人際關係技巧和熱愛學習日益成為功成名就與提升自我的關鍵。

愛、學習、勞動市場

愛成爲職場大勢所趨。自從一九八〇年以來，幾乎所有的就業增長都出現在需要社交技能的行業，有八成的行業認爲團隊合作「非常」或「極其」重要。[6]史丹佛大學的研究顯示，同樣的任務，團隊合作比單打獨鬥能多撐六四%的時間，而且投入程度更高，這倒也不足爲奇。[7]根據社群平台LinkedIn調查，二〇二四年最搶手的技能包括「團隊合作」與「溝通」。[8]不太需要人際關係技巧、但需要高度分析與數學推理能力的工作，因爲容易自動化，所以職缺逐漸減少，[9]需要社交與人際關係技巧的從業人員因而要求調高薪資，這些趨勢與當前情況相符：涉及例行公事的工作需求減少，需要人情味以提高團隊生產力並隨環境靈活變通的工作逐漸增加。

圖表 4

透過人際關係學習

穩固的人際關係對教育成功的影響

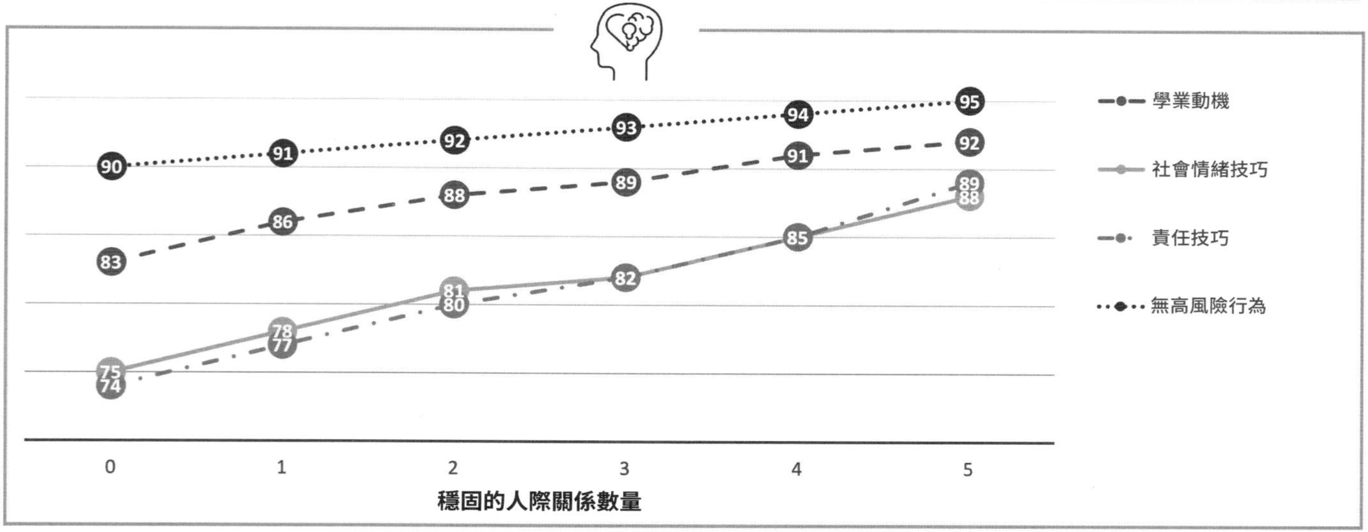

兒童平均分數(1-100)來自以下衡量：

- 學業動機：關心自己在學校的表現，並盡量拿出最好的表現。
- 社會情緒技巧：辨識並尊重他人的感受；善於結交朋友和維繫友誼。
- 責任技巧：為自己的行為負責；即使是不喜歡的工作也盡力而為。
- 無高風險行為：沒有酗酒、吸菸或暴力等高風險行為。

資料來源：

Relationships First: Creating Connections That Help Young People Thrive (Search Institute, 2017), based on a 2016 survey of 25,395 students, grades 6–12, https://blog.searchinstitute.org/new-research-report.

戴明教授（David Deming）在哈佛大學研究社交和人際關係技巧，在分析團隊績效後，發現世界上眞的有「神隊友」這回事，藉由從多個團隊中抽出並複製成員的貢獻成效，發現團隊「神隊友」能大大提升團體績效。[10]同理，Google在大型研究「氧氣計畫」（Project Oxygen）中調查什麼樣的員工會成爲優秀管理者，原本的假設是技術能力，但其實成功的管理者大多重視人際關係，會抽暇進行一對一會議，幫助員工解決問題，並關心員工的生活。[11]

有人際智商才有未來，而且必須從小培養。職場越來越重視類似幼兒園環境所培養的技能，但矛盾的是，幼兒園開始轉向僵化、以學業爲重的模式，這種類似工業時代的教育方式，很可能忽略玩耍和同儕互動的重要性。我在第一章討論過諾貝爾經濟學獎得主赫克曼的「佩里幼兒園」研究，其先驅研究證實非認知能力（包括社交能力）與認知能力同等重要，而且赫克曼斷言：非認知能力可以傳授，但也指出美國的教育機構或許並未專注培育這些能力。[12]爲了讓學生爲未來做好準備，教育系統應該重視並評量人際智商（意即有效與他人互動及合作的能力），而不只是重視掌握學術技能或獲取知識。

熱愛學習

職場不斷發展，熱愛學習變得越來越重要，常保對求知的渴望，就像在不斷變化的環境中擁有可靠的指南針。大家都曉得，美國人在十八到五十四歲之間，平均會換十二次工作、轉換跑道三至七次。[13] ChatGPT開發商OpenAI的資料顯示：大約兩成美國勞工從事高度接觸人工智慧的工作。[14] 隨著時間推移，自動化所創造的工作機會可能與所淘汰的工作機會互相抵消，不過，新的工作機會需要重新訓練並掌握新技能。隨著科技急速發展，熱愛學習者將能在現代就業市場游刃有餘，隨時掌握新工具、新技術、新趨勢的竅門，這些都是在職涯中保持競爭力的殺手鐧。

熱愛學習的意義不僅在於職業成長，更關乎個人能力提升，就像擁有一套多功能的人生工具。好奇且開放的心態會讓人更懂變通、更有韌性、更能解決問題。熱愛學習就會將挑戰視爲成長的機會，而非無法克服的障礙，這種心態不僅有助於事業蒸蒸日上，還能豐富個人生活。在我看來，儘管熱愛學習對於人類的全面發展舉足輕重，但這項能力卻乏人研究。

什麼是熱愛學習？這是指一個人對學習新知與新技能的態度，包含對學習的熱情和熱衷特定主題。一想到熱愛學習，我腦中就會浮現我的小女兒——她對舞蹈充滿熱情、對掌握技巧滿懷熱望，即便在舞蹈學校已經連續訓練了五個小時，回家後還是繼續在客廳翩翩起舞。擁有強烈的學習熱情，就會全神貫注於學習新技能、滿足好奇心、鞏固現有知識、鑽研全新課題，並從中獲得正向情緒。幼兒天生就愛學習。四歲的孩子每天會提出兩百到三百個問題。[15]該如何讓這份熱愛持續下去？

愛可以教、可以學

理想情況下，每個來到這個世界上的孩子都應該備受期待和珍視，無論是得知懷孕的第一天，還是呱呱墜地之後。遺憾的是，現實未必如理想美好。羅馬尼亞孤兒院、美國原住民寄宿學校、中國農村地區……世界上總是有孩子不受疼愛的環境，這些悲慘的故事彰顯了兒童失歡所面對的困境，不被愛的孩子發現自己必須學習愛人和被愛，由於不知愛爲何物，導致學習過程困難重重，特別是學習自愛，以及學習自認值得被愛。

從正面的角度來看，體驗愛就像走路、說話、玩耍一樣，似乎是與生俱來的能力，這一點前幾章也談過。寶寶會陶醉在觸摸、對看、咯咯笑、有人照顧自己需求所帶來的愉悅中。沒有父母正向教養的孩子，還是能成爲滋養他人的大人。

二〇一九年三月四日，英國導演烏德溫（Leslee Udwin）登臺演講，引用了曼德拉的名言：「可以教會孩子去恨，就可以教會孩子去愛。」烏德溫站在臺上獲頒聯合國婦女和平促進協會的獎項，這是聲望很高的榮譽。她身材嬌小，英國口音動聽，擁有身爲人權運動者兼電影製作人的滿腔熱情，極具感染力。二〇一五年，烏德溫憑藉紀錄片《印度的女兒》，在《紐約時報》百大影響力女性中名列第二。《印度的女兒》探討二〇一二年的德里輪姦案，喬蒂．辛格慘遭姦殺，讓印度的性別暴力和女性歧視被攤在陽光底下。

烏德溫後續成立了「想平等」（Think Equal），應對教導孩子如何愛這項重大挑戰。烏德溫追求的是長期的改變，因此決定專注在幼兒身上，並且拋出大哉問：「爲什麼學習數學是必修課，學習珍視他人、建立健康的人際關係卻是選修課？」在慈善機構的支持下，「想平等」提供三到六歲的幼童免費的社會情緒課程，全學年共三十週，每週三次，每次半小時，每堂課都從閱讀繪本開始。自二〇一七年一月以來，世界各地已有多所學校試行「想平等」課程，嘉惠了將近二十四萬名幼童。

其中一名幼童是斯里蘭卡小女孩嬌菈，她在幼兒園被欺負，臉上出疹子，其他小朋友都不跟她一起玩。後來幼兒園引入「想平等」課程，過了幾個月，嬌菈的媽媽衝進教室問老師：「妳怎麼辦到的？太神奇了。」嬌菈的媽媽進一步解釋，說自己看到女兒對著鏡子說：大家都不一樣，大家都很漂亮，我因爲疹子所以跟大家不一樣，我很漂亮。老師解釋說，嬌菈在複述「想平等」的課文，她的自尊漸漸恢復，焦慮慢慢減少，疹子也消了不少，眞是奇蹟。

怎麼可能有這種好事？先別急著這樣想，針對「想平等」課程的系統性研究，證實了嬌菈並非單一個案。[16]二〇一九年，波札那共和國南部的卡特倫學區全面採用「想平等」課程，學區主管向教育部報告，說不僅親眼目睹幼童一個個蛻變，也見證了社區暴力程度降低。愛，是可以教的。

另一項大型跨國研究找來兩萬名兒童，結果發現，相較於對照組，教導仁愛的實驗組社交能力更強、情緒調節能力更好、行爲問題減少、學業成績進步。[17]愛不僅可以教、可以學，更具有感染力。研究顯示，展現合作精神與推己及人的行爲，可以在人際圈產生三度的正面影響——朋友是第一度，朋友的朋友是第二度，朋友的朋友的朋友是第三度。[18]

愛和人際關係對人的影響方式和程度各不相同，這是要先明說的。同樣的人際關係，對這個幼兒可能影響深遠，對另一個幼兒則不盡然。此外，有些人際關係稍縱即逝，有些則經得起時間考驗。我們會依據情境，從不同的人身上尋求不同的特質和支持。所謂重要的人際關係，是由不斷發展的雙方交流來界定，在適應成長、蛻變、人生複雜的過程中，重要的人際關係會塑造你我的身分。

愛能建立韌性

一場意外，催生了最重要童年逆境研究。費利提（Vincent Felitti）醫生是加州聖地牙哥凱薩醫院（Kaiser Permanente）預防醫學部的主任，負責減重門診，但治療的中輟率很高，費利提醫生想找出原因，尤其令人詫異和違反直覺的是——即使治療奏效、體重下降，仍有許多患者中斷就診。費利提醫生研究病歷時，發現了吃驚的統計數據：中斷就診的患者出生時體重都很正常，而且體重並非逐年增加，而是突然增加，費利提醫生從中挑選了兩百位病患進行面對面訪談。

在追查過程中，費利提醫生無意間因爲問錯了問題，沒想到竟然觸動了關鍵。本來是要詢問患者第一次性行爲的年紀，卻問成第一次性行爲的體重，患者說第一次之後胖了十八公斤，說著說著就哭了起來，並承認第一次是跟爸爸做的。費利提醫生跟同事開始觀察到：減重患者童年普遍受虐，許多甚至公開討論兩者之間的關聯，這是費利提醫生在醫學院從未學過的，從醫多年也沒想過這個問題，如今答案即將揭曉——對這些患者來說，變胖是保護自己的權宜之計，一位女性在被強暴之後，一年之內體重增加近五十公斤，在潛意識中，變胖是爲了保護自己免於性侵。

確定創傷和肥胖之間的潛在關聯後，費利提醫生進一步檢驗創傷與健康之間的關聯，找來同事與美國疾病管制中心合作，共同展開更大的計畫——疾管中心暨凱薩醫院之「童年逆境經驗」（Adverse Childhood Experiences，簡稱ACE）研究，研究人員招募了一萬七千名初期參與者，調查其童年受虐經歷、家庭功能失調、目前的健康狀況和行爲舉止。與費利提醫生先前的發現一致，ACE研究發現，童年創傷與成年後的慢性疾病、監禁、就業問題直接相關，童年遭遇過六種以上特定類型的虐待或家庭功能失調，成年後的預期壽命會減少二十年，十分驚人。[19] 對於學校和學習而言，逆境會帶來什麼影響？後續研究顯示：遭遇過三種以上逆境的孩子，發生缺席問題的機率高出四倍，行爲問題的機率高出五倍，成績不及格的機率高出兩倍。[20] 事實證明，童年逆境非常普遍。大約三分之二的美國人經歷過一次童年逆境，六分之一經歷過四次以上。[21]

但事情未必那麼慘。奧克拉荷馬州立大學的科學團隊研究了PACE——抵消童年逆境和創傷負面影響的保護與補償經歷，有時也稱爲「童年順境經驗」（positive childhood experiences）。[22]「童年順境」大多關乎人際關係，好消息是：即使曾經遭遇童年逆境，只要童年順境夠多，長大後與健康、幸福、學習相關的問題較少。比起逆境少但缺乏家人支持的孩子，逆境多但有家人強大支持的孩子更有可能發光發熱。

緊密的家人關係和正向教養，是培養韌性的重要因素，保護青少年免受壓力的衝擊。[23] 事實上，已經確定有十種類型的「童年順境」，可以幫助培養韌性、補償童年逆境：

・家長／照顧者無條件的愛
・與好友共度時光
・做義工或幫助他人
・活躍於社交團體
・擁有良師益友
・住在乾淨、安全的家裡，糧食充足
・有學習的機會
・有愛好
・活動足、運動多
・家中作息規律、規則公平

如你所見，「童年順境」大多根植於人際關係。加林斯基（Ellen Galinsky）在《突破年》（*The Breakthrough Years*）一書中強調：孩子的基本心理需求透過與大人的關係得到滿足，這些需求包括歸屬感、支持、尊重、自主、素養、意志、認同形成、貢獻他人的機會。加林斯基針對青少年做了全美國代表性抽樣調查，研究結果極具權威：那些自認需求得到滿足的青少年——無論是在家中、在學校、在網路上、跟朋友在一起、參加課外活動——即使面對疫情的挑戰，也展現韌性、成長茁壯。[24]

愛商與人際智商可以衡量

孩子有多少滋養的人際關係？這些人際關係有多健康？如何培養？如何擴展？如果每所學校、每位兒科醫生、每位家長都能追蹤幼兒周遭人際關係的數量和品質，情況會怎麼樣？衡量幼兒享有的關愛與良好的人際關係數量很重要，有助於識別發展需求（並在必要時及早介入），確保幼兒在備受支持的滋養環境中發展社交技巧與心理韌性。衡量方法目前已經有一些，而且持續有新的衡量工具出現。

兒科醫師威利斯（David Willis）曾任美國衛生及公共服務部所屬的家訪與幼兒系統計畫主任，並開發了兒時關係健康篩檢，能有效在各種環境中檢測、監測和促進關係健康。[25]工作人員會錄製孩子自由玩耍一組玩具的影片，如果是幼兒，工作人員會增加讓家長帶領幼兒挑戰的環節，結束後，工作人員與家長一起檢視錄影，藉機宣揚孩子的優點並培養正面的兒時關係。

在幼兒照護和幼教環境，健康互動學習與發展氛圍（Climate of Healthy Interactions for Learning and Development）架構提供了科學實證的工具，用來評估並支援照顧者促進孩子幸福和全面發展的方式，著重於提高大人的認知、技巧、行動，目的在於促進孩子的社交和情緒發展，並強調日常互動是支持健康成長的機會。

瑞典公司拓比（Tobii）使用眼動追蹤技術來判斷孩子在看什麼？看了多久？從而深

入了解在互動過程中什麼樣的刺激可以引起孩子的注意和興趣。眼動追蹤可用於了解社交和情緒參與（例如對社交提示的興趣），也可用於了解孩子的關係健康和情緒健康。

當代研究者受到生物生態系統理論影響，強調各種環境系統與人際關係對孩子發展至關重要，並運用工具和應用程式蒐集孩子在不同環境（包括家庭、學校、社區）與他人互動的資料，藉以提供孩子人際關係的整體健康情況。比方說，生態瞬時評估應用程式會提醒照顧者或孩童即時回報經驗與情緒，捕捉孩子與環境互動的動態。[26]

科技可以複製大腦的功能，卻無法複製心靈的特質。然而，在我們的教育體系中，愛商和人際智商往往被忽視，而這正是絕佳的創新機會，得以翻轉我們的教育方式，讓孩子爲未來做好準備。所幸，研究人員、教育工作者、醫療保健人員、思想領袖，正在加深討論愛在教育中的作用，專家開始接受愛是強效催化劑的理念，可以強化認知學習、情緒學習、社交學習。在職場上，社交技巧和熱愛學習日益重要，從這個角度來看，我們可以重新想像未來世代的教育，將人際智商定位爲基礎技能，培養互相共情、互相連結、有前瞻思維的人。愛可望成爲教育良方，具有點化教育實踐的潛能，不僅爲學習過程注入活力，還滿足職場和社會對社交技巧日益增長的需求。

第三部

前進之路：培養連結的未來

重新定義成功吧——
那位用愛撫養孩子的單親母親。
那位努力創造更好生活的低薪工作者。
那位遠赴世界各地研究猴子思維方式的女士。
那位寫下回憶錄的長者在創傷中激勵一代人。

——維倫・路易（Waylon Lewis），
《大象誌》（*Elephant Journal*）

教育之必要、適當參與成就變革之必要——
要實現這兩大必要，需要四大支柱／面向：
學生、教師、家長、廣大社區。
只要一根支柱不穩、破損，整個系統就會受到影響或崩潰。
這些支柱如果無法互相支持、缺乏互動，
實現的機率就會下降。
最終，學校和教育體系都無法達到預期目標。

——孟加拉鄉下國中教師

許多美洲原住民部落使用藥輪（又稱太陽舞圈）代表萬物的和諧平衡與相互連結，描繪了圍繞著孩子的各種關係，藥輪的中心是孩子——象徵社區的現在與未來。緊緊圍繞著孩子的是家人，包括父母、兄弟姊妹、整個家族，家人是孩子的第一位老師、榜樣、照顧者，提供愛、文化、基礎生活技能。

第二圈包括朋友和同儕，在這些人身上，孩子學習到信任與互惠的價值觀，以及跟外人相處的藝術。第二圈對應著南方，慶祝著成長和人與人之間的溫暖。

第三圈對應著西方，代表社區的良師益友、教育者、耆老，從這些人身上，孩子學到責任和社會角色，對於自己的文化和歷史有更深的了解。西方的聯想是內省和深入探索，用來隱喻教育和成長十分恰當。

對應著北方的最外圈是守護靈與環境，包括植物、動物、大地，教導孩子生生相連、人與環境必須和諧共存。北方代表智慧與感恩。

這四種人際關係圈共同引導孩子以平衡、尊重、理解、對學習的欣賞走在人生道路上，並對天地產生歸屬感。

接下來我將介紹圍繞著孩子的藥輪的四個象限：家人、朋友、教育者、社區，如果運作良好，這些關係能創造出豐富的支持環境，這是孩子茁壯成長的關鍵，不僅包括生理的成長，還包括智力、情緒、社交的發展。藥輪呈現了人際關係的本質——一切始於二元關係：兩個人互相連繫、互惠、互相回應，再逐漸擴展至整個關係生態系統、跨越整個關懷社區，在理想情況下，這一切都以愛爲出發點。

人際關係可說是人類發展中最古老的概念，但正如我們所見，圍繞幼兒的人際關係品質卻每況愈下，儘管面臨挑戰，但藥輪中的每一個象限都蘊藏了生機和力量、閃耀著樂觀的曙光，我們正在邁向連結更緊密的未來——一個愛和學習的未來。接下來四章將探討這些充滿希望的徵兆，而我，選擇爲R世代——意即人際世代——創造更和諧的光明未來。

第九章
家庭：新結構，新視野

> 稱之為氏族，稱之為網絡，稱之為部落，稱之為家庭。無論怎麼稱呼，無論你是什麼身分，需要就是需要。因為你生而為人。
>
> ——珍・霍華德（Jane Howard），《家庭》（*Families*）（一九九八）

「家庭」意指媽媽、爸爸、兩個小孩，或許加上寵物一、兩隻，一起生活在郊區的獨棟房子裡，屋前有白色柵欄和修剪整齊的草坪，這樣的概念就像轉盤電話和影集《天才小麻煩》，已經成爲古色古香的歷史文物。不過，關上一扇門，另一扇門又會打開，在這個理想灰飛煙滅的灰燼中，升起了充滿活力的新家庭模式。隨著家庭概念的演變，我們見證了僵化結構的瓦解、流動家庭關係的誕生，以及二十一世紀大家族的到來。對於培育幼童的人際智商，這些新型親屬關係是正面的發展，洋溢著希望。

過去半個世紀以來，家庭生活的動態發生了翻天覆地的變化，經濟壓力、社會變遷、科技進步都在重新界定家庭的邊界，不再侷限於過去以血親或姻親關係來界定親屬關係，今天的家庭和家庭成員一樣多樣化——單親家長在工作和育兒的混亂中掙扎、同性伴侶創造溫馨的家庭、朋友同居分擔育兒的責任，此外，數位平台將四散各處的家人連繫在一起。

不過，儘管發生了這種轉變，家庭的本質依然存在。家庭仍然是形塑身分、價值觀、人際連結的支柱，在不斷演變的過程中見證了各式各樣的愛的持久力量，無論家庭是何種形式，都是兒童學習和茁壯的重要環境。

證據顯示，除了直系親屬之外，大家族也有助於孩子取得學業成功，[1]包括祖父、祖母、姑姑、阿姨、叔叔、舅舅、表親，都影響著教育成果。哥本哈根大學社會學家耶格（Mads Jæger）特別指出了兩種影響，其一是補償機制，需要的時候可以動員大家族的資源，進而促進孩子學業成功；其二是家庭品質機制，描述家庭互動如何塑造孩子整體發展和對世界的理解。

這裡要明說的是：大家族結構是古老的概念。非洲有一句俗諺：「養一個孩子要靠整個村落」。

在拉丁美洲和菲律賓社區，共同養育制度非常重視父母與教父母之間的關係，教父母既要對親生子女／教子女負責，也要對彼此的親生子女／教子女負責。教父母是家庭的重要成員，提供類似血親的支持、建議和幫助，從而形成支持網絡，不僅豐富了孩子的成長過程，而且還加強了社區連繫，跨越社經差距、促進社區團結。在許多文化中，儘管沒有血緣關係，但常常喊教父母或爸媽的好友為「叔叔」、「阿姨」以表示親密，親密關係是很普遍的。十六世紀末到二十世紀盛行的傳統日本家庭結構，家庭關係並非全由血緣關係來界定，而是由誰住在家裡、誰對家裡有貢獻來定義，家庭可以收養成年人，養子養女如果比血親更能滿足家庭的社會與經濟需求，甚至可以擔當戶主的角色。

許多文化都是以氏族和血統爲中心而建立的。在蘇格蘭，宗親是擁有共同姓氏、共同祖先的大型親族團體，姓麥克勞德（MacLeod）或麥當勞（MacDonald），會有大家族的歸屬感，擁有屬於自己的歷史和傳統。在中國，陳姓、李姓——或侯姓（我先生的姓氏），表示是本家、是同宗，擁有自己的歷史和祖宗，甚至有家廟或家族墓地。美洲原住民部落的成員（例如切羅基族、納瓦荷族），通常擁有複雜的親屬關係，範圍超越直系血親、包含整個社區關係。

如今，大家族這個古老的概念出現復興跡象，爲了促進現代社會中的關係，家族連結已經過調整、修改和增強，進而讓小小學習者受益。

從無法選擇到自己選擇家人

家庭的織線不再僅由生物學之手編織。以感情、以團結、以互助的羈絆超越了傳統血緣的關係，這種「選擇家庭」的概念已經成爲深刻的文化轉變。一九七五年，社會生物學家威爾遜（Edward Osborne Wilson）提出「異親養育」（alloparenting）一詞，用於定義非親生父母照顧年幼後代的行爲。如今，家庭可以建築在共同價値觀、相互關懷、情投意合之上，打造情感深度和穩定度都可媲美傳統家庭的支援網路。這種文化重構允許用更包容的心態去理解家庭歸屬感，承認由友誼、共同經歷、集體生活所形成的深厚關係。

就說欣玻（Ashley Simpo）吧，這位女作家來自布魯克林，二〇一八年，三十三歲的她離了婚，獨自撫養兒子。欣玻與五歲的兒子需要新的住處，[2]但單薪家庭在紐約的選擇非常有限，好友蒂雅最近剛好也離婚，有兩個孩子要養，公寓房租付得很辛苦。兩人談了一下，發現兩全其美的辦法——何不共享同一個居住空間？她們選擇暫時同住，平均分擔開支，並互相扶持、共同面對養育子女和日常生活的各種挑戰。她們一起備餐、一起看功課、一起帶小孩，兩人之間雖然沒有戀愛關係，但共同承擔撫育子女的義務，不僅減輕了兩個家庭的經濟負擔，也組成了更強大的人際網絡和更溫馨的照顧。儘管只同居了幾年，卻在關鍵時刻提供了安定，成爲兩家人友誼長存和互相支持的基礎。

單親媽媽可以上CoAbode網路平台，找其他單親媽媽共同分擔房子和養育孩子的費用，藉此降低成本、減少孤單，建立連繫與支持，讓孩子茁壯成長。丹妮爾來自華盛頓特區，以下是她使用CoAbode的心路歷程：

我覺得壓力好大，即將搬到新城市，興奮歸興奮，但每個人都一直問我知不知道華盛頓特區的生活費有多貴？我完全沒概念。後來我從《今日美國》得知了CoAbode，第一次點進去的時候，我熬到大半夜，看著大家的簡介、想像各種可能，滿懷各種希望、做著各種美夢，但眞的做夢也沒想到——CoAbode比我想像的更加美好！

CoAbode在我住的地區組了「後援會」，我去參加的時候認識了我的室友，我們都有個五歲大的兒子，所以很快就建立起交情（這對後續同居幫助很大），接著才開始討論對同居的想像，在點頭答應之前，我們花了一些時間釐清許多細節：碰到狀況會怎麼處理？要緊的事情是什麼？我們看重什麼？希望從這次經驗中得到什麼？確定可以在同一屋簷下生活的時候，我非常肯定這至少會是「不錯的安排」，哪曉得何止不錯，簡直是神奇！生活更簡單、更美好、更快樂、更輕鬆、更省錢，最重要的是——

我們的兒子都開心得不得了，週末再也不無聊，以前只能發呆看著媽媽打掃房子，每次媽媽忙著洗衣服、煮飯、付帳單，兒子就只能看影片、自己跟自己玩，現在打掃房子，我可以跟室友分工合作，事半功倍，兩個兒子在旁邊玩得笑到肚子痛！雖然還是有過渡的陣痛期，但一切都非常順利！對我來說，有個人可以聊天、交流想法、互相學習、彼此分享，簡直好到難以置信。更別提我現在還能享有一點社交生活，可以看電影、逛街、喝咖啡，以前一個人帶孩子根本不可能，多了室友等於多了個保母，我關心她、信任她，我兒子也很喜歡她，這種好事眞的是花再多錢也買不到。我的室友甚至也開始在晚上上課，一個人帶小孩的時候哪有辦法呢！[3]

《自己的家自己選》（*Family by Choice*）的作者荷普（Rachel Hope）主張柏拉圖式育兒，意即爸媽分居、但住得不遠，例如同一個社區但不同戶。[4]她養老大的時候就採用了柏拉圖式育兒法。

同性婚姻和育兒權利得到法律和社會認可，是重新定義家庭結構的分水嶺。LGBTQ+展現了多元成家讓家庭生活更加豐富，挑戰了先入爲主的觀念，並展現了愛與教養的共通性。多元家庭通常以勇敢求眞爲基礎，擴大了家庭生活的敘事範疇，以涵蓋各種不同的經驗和結構，並以其獨特的故事和挑戰來加強社會結構。根據美國非營利組織「家庭平等」調查，七七％的ＬＧＢＴＱ＋千禧世代正在考慮為人父母，或是已經為人父、為人母。[5]簡而言之，酷兒家長可能會持續增加。

過去二十年來，離婚率已經減半，[6]如果真的離婚，越來越多的父母選擇共同監護。此外，美國許多州正在立法，讓共同監護成為預設選項。[7]共同養育對孩子有利，包括與父母雙方建立更好的關係、在校表現更佳。[8]

柏拉圖式育兒正在興起，無論是ＬＧＢＴＱ＋、是新朋友、還是老朋友，只要在沒有戀愛關係的情況下，個人選擇共同撫養孩子，就算是柏拉圖式育兒。流行文化嗅到了趨勢，情境喜劇《柏拉圖式關係》於二〇二三年開播，雖然採取柏拉圖式育兒的依然是小眾、尚未成為趨勢，但根據估計，超過二十萬人在PollenTree、Modamily等網站註冊，藉由網站跟其他有興趣建立家庭的人搭上線。[9]根據ＢＢＣ報導，二〇一四年，費城一名四十三歲的護理師查爾斯在Modamily上創建了個人檔案，[10]查爾斯一直想當爸爸，雖然也想過收養，但深受柏拉圖式育兒的概念吸引。終於，他連繫上四十歲的心理學家妮莎，一起共築育兒夢。二〇一五年十一月，妮莎接受體外受精，並生下一對異卵雙胞胎，女兒叫愛菈、兒子叫沃恩，今年七歲，由查爾斯和妮莎共同養育，兩人都以這對子女為傲。

追求柏拉圖式育兒的原因可能各不相同，有的是希望組成非傳統的家庭結構，有的是因為育兒需要支持和分擔責任，這種趨勢確實出現批評聲浪：有些人認為，孩子在不同家庭之間往返的後勤挑戰可能會造成壓力，但查爾斯和妮莎等家長在家庭治療師的幫助下解決了後勤問題。此外，批評者擔心孩子可能沒機會見證爸媽之間的浪漫互動。

不過，支持者認為：孩子還是可以從爸媽與戀人，或從其他夫妻的互動中感受到愛。無論如何，過去十年間，為準柏拉圖式爸媽而設的線上社群大幅增長。法律上對這些關係的認可也在不斷演進。在英國，法律已承認分居兩地的柏拉圖式父母為合法父母。三親家庭也正在出現，在加州、緬因州、華盛頓州、羅德島州和佛蒙特州，三親領養是合法的。

臨床社工和家庭治療師列芙（Arlene Istar Lev）說：「過去五十至七十年間，性愛與生殖逐漸脫鉤，我認為我們也正在將愛和人際關係與育兒脫鉤。」[11] 對於大半的美國人來說，家庭與社區之間的界線越來越模糊，孩子可以在各種不同的家庭類型和生活安排中茁壯成長。

這種觀點當然有爭議。有些人認為，以已婚父母雙方為戶長的家庭是孩子茁壯成長的關鍵。一九九四年，社會學家麥克拉娜漢（Sara McLanahan）和桑德弗（Gary Sandefur）分析了四份全美國的調查資料，評估在不同家庭結構中撫養的兒童福祉，這些家庭結構包括有親生父母、單親家長、繼父母的家庭，最後得出的結論是：未與親生父母同住的兒童，經歷貧窮、面臨行為和心理問題、無法完成高中學業的風險大約多出一倍。[12]這項研究提出了幾個關鍵觀點：一般來說，幼兒身邊的成人越多越好，而婚姻可以是建立穩定家庭的管道，也可以是養兒育女的滋養關係。然而，我們也得承認，研究人員很難區分關係的品質與婚姻的承諾。舉例來說，在衝突程度高的已婚家庭中成長的孩子，情緒健康程度往往較低。爸媽的關係如果起起伏伏，選擇離婚對子女的情況往往更有利。

隨著對不同形式家庭的興趣持續增加，用語、甚至是住宅和社區的建築可能都需要演變，如此一來，才能適應新的家庭結構，注重家庭集體養育孩子的空間需求，並且優先考量人際關係。

集體居住空間

儘管美國人口普查局並未追蹤共同居住的情況，但教養團體和住房專家指出：集體居住的風潮正在興起。《紐約時報》記錄了「理念社區」的復興，居民帶著理念聚集在一起生活，過著他們相信比主流社會更道德、更安全、連繫更緊密的生活。[13]理念社區基金會是集體居住空間的資源中心，根據該基金會估計，僅在美國就有超過三千五百個理念社區。[14]

一九六〇年代，集體居住咸認是新的解放模式。近來爲了因應緊縮的住房市場，集體住宅再度興起，有些網站最初是針對單身專業人士而設（如Coliving.com和Common.com），有些是爲了退休人士而設（如：55places.com和TheSeniorList.com），但這股風潮現在已擴展到家庭，集體住宅社區如雨後春筍般湧現，提供獨立生活空間、共享遊戲空間、托育服務、社區活動、家庭活動，推動這股風潮的是許多年輕家長，他們正在重新思考何謂欣欣向榮的家庭，並了解到需要以幼兒爲中心建立人際網絡。

雖然難以取得確切的統計資料，但集體住宅似乎正在世界各地擴展開來。三十年前，丹麥開始流行集體住宅，特色是帶有共享公共空間的私人住宅。「蛙鳴」（FrogSong）是位於加州舊金山以北車程一小時的理念社區，由三十戶家庭組成，雖然各有各的私生活，但每個月會在公共空間一起吃飯十二到十六次，公共空間也提供洗衣設備、會議空間、兒童遊戲室、供小組社交的舒適起居室，孩子在滋養的環境中一起玩耍，並受益於擴大的大人關係網絡，家長經常互相照看孩子，「蛙鳴」的住戶選擇「與朋友相伴的優質生活，而不是與陌生人共享的奢華生活」。二〇一一年，美國國家共享住房研究會的研究發現：九成六的受訪者表示生活品質有所改善。[15]關於集體住宅對兒童學習的影響，目前尙無優秀的研究，但有個還不錯的替代指標：經濟實惠的住宅有助於豐富孩子的生活與認知發展。[16]

無獨有偶，西班牙馬德里市中心的「露臺間」（Entrepatio）合作住宅的家長在社區裡成立了學校。[17]「露臺間」住了十七戶家庭、二十三名兒童，職場爸媽有組織的輪流托育並共用Google行事曆，白天專心上班，孩子則上瑜伽、滑雪橇、在公共遊戲室表演等。一位住戶表示：「大家輪流照顧……禮拜五看電影，由一家人負責帶六個孩子，沒輪到的家長那天晚上就可以自由運用……禮拜一，小朋友一起上英文。其他天晚上，某一家可能會即興安排同樂會，並用Telegram通知其他住戶。」

共居住宅、同居、酷兒家庭、柏拉圖式育兒、異親養育等趨勢仍然罕見，爲了包含這些不同的形式，家庭文化重塑需要重新評估社會支援系統，要求制定政策和提供服務來滿足非傳統家庭結構的特殊需求，例如爲多代同堂生活而設計的住房，以及承認多元成家的教育體系。

一切都才剛起步。但是，對於何謂家庭的新觀點，反映了在理解和接受上的廣泛進化，頌揚以各種方式尋求連繫、尋求支持、尋求愛。傳統的核心家庭可能不再是家庭生活的唯一藍圖；相反，我們正在見證一個更包容、更靈活、更有彈性的家庭概念崛起——特徵不僅在於結構，還在於成員之間的關係品質和連結強度。

智者與幼苗：多代同堂家庭中的長輩

今天出生的嬰兒大多數預計會活過一百歲。全球人口無疑正在老化。[18]雖然總人口預計在二〇五〇年來到一百億並進入停滯期，但老年人口將急劇增加，六十歲以上的人口已達到十億，預計到二〇五〇年會翻倍。[19]根據金氏世界紀錄，多代同堂的家庭最多可以到七代，年紀最大的曾曾曾祖母已經一〇九歲。[20]

老齡化人口促進了多代同堂的機會，因此需要共享生活空間，讓家人可以集中資源、在生命的不同階段互相支援，這種模式一方面回歸傳統的社會結構，二方面又能適應當代家庭成員的人生需求。在多代同堂的家庭中，長輩的角色正在重新受到審視，長輩的智慧、人生閱歷、甚至是經濟支持，對於家庭幸福至關重要。長輩是文化的傳承者和照顧者，通常可以彌補在照顧兒童方面的不足，並傳授價值觀和知識，在小家庭中，這些價值觀和知識很可能會遺失。

此外，代際家庭解決了現代的實際問題，例如分攤高昂生活費用、同時照顧老幼、讓長輩不再經常感到孤獨、提供年輕家庭成員更寬廣的認同感和歸屬感。代際家庭的好處既深且遠，促進了跨齡學習和共鳴、提供傳承感、有助於家庭感情和經濟穩定。舉例來說，與祖父母同住的拉丁裔孩子表現出親社會行爲的機率更大，例如與人分享、安慰別人、提供幫助、互相合作，這些都是用於預測未來學習和幸福的有力指標。[21]

營造業注意到這一點，開始規畫大家庭的新式住宅，孝親房、多家同住的建築設計急速流行，美國最大的住宅建商「托爾兄弟」（Toll Brothers）在官網宣傳「多代同堂住宅的五大好處」，另一間住宅建商「萊納房屋」（Lennar）則提供「新世代宅」，將獨立生活區域整合在單戶住宅中，創造出既能團聚又能獨立的空間，「孝親房」爲長輩提供高科技的舒適居住空間，可建在或設在年輕一代的物業上，讓家人彼此靠近，同時爲每一代保有隱私。在美國，多代同堂住宅的數量創下了歷史新高。[22]

但代際同住未必容易，也未必是選項，由於生活方式和隱私需求有別、長輩需要照顧、經濟壓力、照顧壓力，代際同住可能充滿挑戰。此外，價值觀衝突和忙碌的日程安排可能導致家庭緊張、影響家庭和諧。超過三分之二多代同堂的成年人表示：有時／常常／總是壓力很大。我的朋友菈希卡住在密西根州大急流市，十七歲時就生老大，兒子還沒滿十八歲就有了三個孩子，菈希卡才三十五歲就當了祖母，在伴侶的幫助下撫養其中一個孫女，平日在醫療保健中心上班，協助病患了解帳單和保險。兒子正在讀高中，無法靠自己養孩子，這樣的生活跟菈希卡想的完全不一樣，她就這麼一份薪水，要養這麼多張嘴，經濟壓力、情緒壓力，還有操心兒孫的將來，所有跟菈希卡同病相憐的祖父母都有同樣的顧慮，需要經濟援助、健康照護、法律諮詢、情感支援等資源和支持系統。菈希卡夢想有一天能開設兒童之家，協助年輕的未婚媽媽。

支持家庭來支持兒童

家庭的意義擴大了：多代同堂與大家族家庭的演變、柏拉圖式育兒、共同生活空間、支持網路，這些都是充滿希望的例子，雖然各有難處，但可見得大家都在設想支持和培育幼兒發展的新方法。社會該如何支持開拓這些趨勢的個人和家庭？如何在他們創新的基礎上發展、鼓勵重視情感羈絆和人際智商的彈性家庭網絡？在此，我提出集體行動願景，共有四個不同的目標：賦權、深化、連結、聚焦。

賦權

我們在第四章發現：被榨乾的家長需要支援。二〇二三年，政治背景各異的專家花了一年的時間，提出了「趨同合作支持受薪家庭」報告，針對支持的主要策略達成共識。[23]對，你沒看錯，「達成了共識」，這在這個政治極化的時代，達成共識是多麼不容易的成就！專家發現：只要滿足基本需求、有人際連結、有社區連結、遭逢難題有寬廣的支持網路、在育兒和生活方式上有所選擇，這樣一來，家庭就會蓬勃發展。這份報告指出三項關鍵行動：

一、提供帶薪休假支持新手爸媽。

二、金援有急需的家庭。

三、確保為兒童提供更多優質的親子照顧和受教選擇。

另外，我還要補充兩項我認爲同等重要的措施：

四、爲希望或需要重返校園的家長提供友善的教育途徑。

五、爲未來設計家庭支持網路。

以下逐一詳細探討：

提供帶薪休假支持新手爸媽。壓倒性的證據顯示：新生兒出生後最初幾週和幾個月，親子共度時光對雙方都大有益處，這一點我們已經強調過，也是人際智商的核心，不過，這裡還有一個證據——跨越兩代、四十年的調查資料經過分析後發現：爸媽享有帶薪休假的孩子，比起爸媽沒有受到此類政策保護的孩子，教育水準更高、薪資更好，[24]代際間的社經流動提高，尤其是媽媽受教程度較低的孩子，如果爸媽享有帶薪假，孩子的教育程度會更高，原因可能在於帶薪休假政策鼓勵爸媽投入更多的時間和資源在子女的養育上。

這些研究背後是更廣泛的研究，顯示育兒假可提供重要的親子關係時間、減輕家庭壓力、積極促進兒童的認知和語言能力。世界衛生組織建議十四到十八週的產假，以支持親餵和嬰兒健康。在產假方面，美國是發達國家中的異類，聯邦法律規定留職停薪十二週，而且排除了許多低收入職工，有州級帶薪產假的只有十一個州。[25]帶薪產假除了對媽媽有好處之外，越來越多的證據顯示：父親休帶薪假也有好處。挪威針對父親休育兒假進行了研究，結果顯示其子女高中畢業時考試成績更高。[26]

金援有急需的家庭。既然要支持被榨乾的爸爸媽媽，就應該連低收入家庭也一起金援，尤其是寶寶一歲之前。哥倫比亞大學的神經科學家兼兒科醫生諾博（Kimberly Noble）主持「寶寶第一年」研究，研究範圍涵蓋紐奧良、紐約市等地，檢測當地一千名低收入家庭的嬰兒的腦部活動，參與研究的家庭隨機分配每月接受三百三十三美元、或票面價值稍低的禮券，研究結果發現：「每月獲得金援一年之後，低收入家庭寶寶更有可能出現與思考和學習發展有關的大腦活動模式」。[27]同理，德州農工大學經濟學教授巴爾（Andrew Barr）分析了四十年來的聯邦稅務資訊和州級教育資料，發現低收入家庭若在寶寶出生第一年（而非之後）受惠於稅收抵免，家庭收入會持續增加，孩子受益更大。那些較早獲得兒童相關稅收抵免的家庭，孩子在閱讀和數學方面表現較好，同時休學率降低、畢業率提高，甚至在成年後收入增加。[28]

確保爲兒童提供更多優質的親子照顧和受教選擇。家長應該可以根據喜好和需求，選擇各種優質且負擔得起的親子照顧方式。「智利與你一同成長」就是很好的例子，自二〇〇〇起年起實行於智利各地，幫助八成經濟弱勢的媽媽在分娩前獲得照顧，並支持孩子到四歲（某些情況可以到九歲）爲止。[29]「智利與你一同成長」提供量身打造的照護，從家訪到遺傳病症的醫療篩檢，甚至提供現金獎勵參與。

二〇〇〇年代中期，前明尼阿波利斯聯邦儲備銀行研究部資深主任兼經濟學家羅尼（Art Rolnick），在明尼蘇達州聖保羅市主持幼教試點計畫，全名是明尼蘇達州幼教獎學金（Minnesota Early Learning Scholarships，MELS）計畫，二十年來一共有一萬五千個低收入家庭每年獲得輔導員、產前護理探訪、獎學金等支援（其中獎學金用於家長自選的優質幼教課程）。研究證明，取得顯著投資回報（估計爲一八％）的關鍵，在於針對風險最高的幼兒並賦予家長選擇權，MELS計畫利用市場力量來推動優質幼教，未來要擴大實施十分容易，[30]明尼蘇達州目前正在試行中。

哥倫比亞的例子更複雜，而且値得警惕。二〇一一年，哥倫比亞政府發起了「從零到永遠」計畫，讓孩子從規模較小、以家庭爲基礎的社區托兒所，轉移至規模較大的托兒中心，每個孩子的成本翻倍，但較大的托兒中心師生比高，個人化服務較少，對孩子的語言和運動技能產生負面影響。[31]反之，另一項計畫提供爲幼童家訪服務，不僅更具成本效益，而且成效更佳。[32]

美國田納西州志願參與的學前教育計畫結果令人失望，原因是資金少、品質差，孩子從幼兒園過渡到小學階段又缺乏支援，[33]教師缺乏培訓和支持，花在學業和講課上的時間比預期多，而且這些並不適合幼兒的發展。

托育環境品質會影響孩子一生及後代，然而，在世界各地，優質的托育都很昂貴，若沒有政府支援，許多家庭仍無法負擔。[34]美國的托育費用占了家庭中位收入的將近三〇%，而現行的托嬰和幼教服務中，只有一〇%獲評鑑爲優質，令人警醒。[35]在確保幼兒身邊充滿關愛方面，優質的托育服務應該只是選項之一，而不該是唯一的選擇，挪威和芬蘭的做法值得借鑑，不僅提供優質的托育選擇，還爲全職家長提供大量後援，包括每個月提供數百美元的家庭照護津貼給有三歲以下子女的家長，提供照顧者退休養老金抵免額、划算的托育服務（例如彈性的社區托兒中心），讓家長可以在白天出門透氣幾個小時。此外，美國紐奧良培訓基地的We PLAY育樂中心提供即時入場、以遊戲爲基礎的課程，歡迎家庭免費參與，值得仿效或擴大實施。

最重要的是，托育服務必須不斷進化，提供彈性、優質的選擇，迎合不同的家庭結構和工作安排，並利用科技工具將家庭與優質的托育和幼教連繫起來，如此才能適應現代家庭的需求。想像一下這樣的托育中心——整合了智慧科技、提供人際學習經驗，並有頗具前瞻性的國家政策支持，強調工作與生活的和諧、照顧每位家庭成員的幸福，種種創新讓這一切不再只是想像。舉例來說，托育管理軟體公司Brightwheel提供托育者能減少工作量的工具，並提供家庭課程以學習觀察和評估應用程式與溝通工具。此外，芝麻工作室（Sesame Workshop）與國際救援委員會合作，設計了爲期十一週的補救教學，用WhatsApp爲敘利亞家長父母提供服務，爲小小學習者帶來近似一年現場教學的成效。[36]美國的Promise Venture Studio與南非的Innovation Edge支持許多類似的計畫，包括遊戲化評估工具、應用程式上的課程、有效教學實踐的虛擬實境遊戲。「贏在起跑點」（Early Head Start）服務孕婦、新生兒、幼兒，像這類成功的計畫需要擴大，以服務半數低收入家庭，以及尚未「做好就學準備」的孩子。[37]

政府與民間合作是推動改變的重要管道。「智利與你一同成長」展示了政府（包括聯邦和市政）資源結合民間托育和新生兒照護的成果。只需極少的政府支持，許多地方的民間企業都能迅速擴張。肯亞的Kidogo和Tiny Totos都培訓「媽媽創業家」經營盈利的托育中心，提供營養豐富的膳食和合適的課程。南非的SmartStart協助失業人士建立特許經營權，教導二度就業者以研究爲基礎的照護技術並確保教學品質，以提供幼教課程給原本失學的幼兒，目標是在二〇三〇年服務一百萬名兒童。美國的Wonderschool、All Our Kin、Early Learning Ventures等組織，支持托育者在家中開設並經營小型托育事業，Winnie則協助家庭尋找優質的托育服務，Upwards（前身爲WeeCare）、Bright Horizons、TOOTRiS、Vivvi則主要透過雇用來支持家庭找到托育服務。

爲希望或需要重返校園的家長提供親子友善的教育途徑。美國數百萬家長渴望爲自己和子女創造更好的生活，其中四百萬就讀兩年制和四年制大學院校，更多就讀其他職業導向的技職體系，[38]這些家長有非常強的成功動機，學業成績優於那些沒有家庭的學生，但要重返校園並持續就讀卻有重重障礙。親子友善的教育途徑需要支援家長和子女，同時培養親子關係，在家長的金錢和時間都受限的前提下，想方設法促進（而非阻礙）親子互動。

布蘭妮的故事就是一個例子，彰顯家長重返校園可獲取的成就。爲了升遷，布蘭妮搬到了明尼蘇達州，卻發現自己懷孕了，既要兼顧工作，又要面對一段糾纏不清的感情，好不容易熬到兒子一歲半，又被迫休無薪假。在得知伴侶出軌後，失業的布蘭妮頓時無家可歸，因而在尋求外援時發現了耶利米計畫（Jeremiah Program），支持低收入的單親媽媽重返校園提升職涯。儘管一開始抱持懷疑，但在朋友的擔保下，布蘭妮毅然加入，與兒子搬進耶利米計畫在聖保羅市的校區，房租全免，花兩年的時間取得學士學位，兒子則托育給校園內優質的啓蒙計畫中心。如今，布蘭妮經營著自己的美髮事業，可見得像耶利米計畫這樣設計完善的支持系統，一方面對家庭的經濟保障有著深遠的影響，二方面也爲孩子樹立了榜樣。

艾力爾是兩個孩子的父親，爸媽是移民，艾力爾出生爲美國人，是家裡第一個大學畢業生。艾力爾參加了世代希望（Generation Hope）計畫，該計畫爲有兒女的學生提供學費資助、學業輔導、托育、同儕輔導、教養諮詢等服務，而且跟耶利米計畫一樣採用「親子模式」，一方面支持復學的家長，同時服務年幼的子女，目前耶利米計畫和世代希望計畫都在擴大實施中。在華盛頓特區，阿斯彭研究所、婦女政策研究所等組織正在推廣優質的重返校園計畫，並且提倡親子資源，但是供不應求，畢竟大學並非爲了家庭和人際學習而設計。「啟蒙計畫」與社區大學合作，透過協作培訓計畫、資源共享、創新教育策略，同步改善成人教育和幼兒教育，讓兒童、家庭、教育工作者都能受惠。[39]有些大型企業雇主正在幫助員工支付教育費用。沃爾瑪經由「Live Better U」計畫爲一百五十萬名員工提供全額大學學費和書籍費用，二〇二一年更承諾投資十億美元用於職涯驅動培訓和發展。自從二〇一八年施行以來，已有超過五萬名員工參與。[40]

爲未來設計家庭支持網路。我們需要重新想像社會支持網路，利用數位社區和智慧城市規畫來促進眞實世界的連結，並提供無縫、整合的支援服務。「護理家庭夥伴關係」（Nurse-Family Partnership）堪稱模範，藉由家訪計畫與設定目標的應用程式Goal Mama，示範利用科技來加強人際連繫、確保家庭能獲得社區支援。此外，英國的「家庭中心」（Family Hubs）提供場所，讓家庭知道上哪裡找協助兒童、青年、家長的計畫，包括育兒團、教養課程、幸福支援、財務建議。美國有三千個家庭資源中心，但沒有聯邦政府的專款資助，[41]各個社區的家庭中心參照英國做法，整合公私部門的親子資源。此外，新的數位社區以創新方式連結家庭，例如時間銀行的概念，是以時間（而非金錢）爲貨幣，[42]羅德島的「家長支援網路」（Parent Support Network）便以時間銀行，協助患有躁鬱症、精神分裂症、自閉症兒童的家長，建立起龐大的家族，家長藉由互相提供托兒、輔導、接送、個人協助來賺取時間，孩子則藉由互助小組賺取時間，這些賺來的時間可用於「家長支援網路」贊助的遠足活動。「家長支援網路」讓病童不用依賴收容，為州政府節省了數百萬美元。

深化

這個時代的螢幕使用時間太長、垃圾科技太多、行程排得太滿，要深化感情讓幼童成長茁壯，必須先讓成人在精神上和情感上更為投入。該如何實現這個目標呢？不妨借鏡「基礎學習網路」（Basics Learning Networks）、「不思議童年」（Incredible Years）、「遊戲與學習萬花筒」（Kaleidoscope Play and Learn，簡稱KPL）等計畫。

二〇一一年二月，《紐約時報》刊登了費格遜（Ronald Franklin Ferguson）的人物專訪，報導稱：「放眼全美國，最了解〔成績〕落差者，莫過於費格遜。」[43] 一九八三年，費格遜開始在哈佛大學的教育研究所和甘迺迪學院任教，一九八六年首次進行教育研究，到了一九九〇年代後期，開始專注研究成績落差，二〇〇五年在哈佛大學設立成績落差計畫（Achievement Gap Initiative，簡稱AGI），猜猜結果如何？研究了二十五年的成績落差之後，費格遜（大約在十年前）選擇專注於幼兒時期，特別是子女年幼的家庭，並指出：基本上，「人生的落差始於家庭」。AGI計畫想方設法支持幼兒教育和腦部發展，為此召開了全國會議並設立科學諮詢委員會，制定了五大照護實務原則（現稱爲「基礎原則」），並據此發起運動，旨在達到「社會學飽和——意指在社區各種環境灌輸資訊、強化社交，並定期提醒在幼兒教養和照顧中固定運用『基礎原則』的好處」。[44] 五大基礎原則分別是：（一）盡力去愛、管理壓力；（二）數數、分類、對比；（三）說說、唱唱、指指；（四）活動遊戲、探索世界；（五）閱讀故事、討論故事。原則既出，迅速引起迴響，「基礎學習網路」（Basics Learning Network，簡稱BLN）應運而生，如今美國、巴西、澳洲的城市、鄉鎮和縣都有BLN聯盟，積極投入社區、參與研究、定期召開會議，目的在於學習、創新、分享最佳實踐辦法。

其他計畫則與家長合作，提升育兒技巧和信心、鼓勵家長投入與愛自己。「不思議童年」計畫分小組教導家長與孩子建立正面互動。課程首先著重改善親子關係和正面依附，接著轉向固定的例行活動、貫徹規則、設定界線，最後再談處理問題的策略，例如忽略、重新引導、講道理、彼此冷靜、解決問題。我們搭飛機的時候，空服人員會說：萬一氧氣面罩降下來，大人要先自行戴好再幫助孩子。這通常是很好的育兒建議。孩子無疑有許多需要關注的需求和願望，可是，爲了有效照顧孩子，家長也必須先照顧自己，才能保證有力氣好好帶孩子。有些組織提倡愛自己，並且利用家長的力量支持其他家長。PEPS在普吉特海灣提供支援家長、連繫家庭、建立社區的計畫。「特殊需要兒童之友」（Friends of Children with Special Needs）和自閉症協會（Autism

Community in Action）則優先處理特殊兒家長的自我照顧。[45]

KPL是另一項專注深化親子關係的計畫，十分振奮人心。該計畫爲幼兒、照顧者、家長組成遊戲團體，全家人放下手機，專注於彼此，一起遊戲、做手工藝、到戶外冒險，藉以加強連繫、促進孩童健康發展，強調專心並直接互動的價值，彰顯全神貫注的照顧者帶給孩童的深層安全感。八成九的照顧者表示：參加KPL計畫之後，感覺在社區中得到更多支援，還有一位照顧者說：「發現這項計畫之前，我感到孤立無援，我照護的孩子也沒有機會社交——尤其缺乏與不同人來往的機會。現在，我們完全融入充滿愛的多元社區！」[46]

連結

未來的家庭型態各異，不變的是家人之間、與社區之間的連繫能力，想也知道，在強化家庭與社區連繫上，科技將發揮關鍵作用。

對於Y世代和Z世代的家長來說，現實身分與網路身分的交集越來越明顯，超過一半的Z世代聲稱有未曾謀面的網友，科技對育兒、人際關係，甚至碰面方式都產生了影響，這一點無庸置疑。史丹佛大學社會學家羅森費爾德（Michael Rosenfeld）的研究突顯了這項轉變，並指出美國異性情侶最常見的邂逅方式，在二〇一三年左右已由網路平台取代傳統管道。[47]

家庭也可以利用類似網路交友的平台，例如Peanut這款類似Tinder的應用程式，可以讓媽媽在上面認識並連繫其他媽媽來獲得育兒支援，又如Guardians Collective可以建立家長社群，由經驗豐富的幼兒教育家指導，讓家長分享經驗與建議。這些平台不僅能沖淡孤單，還能讓家長建立有意義的連繫，從而強化親屬關係和支援網路。

家族故事也可作爲連結的工具。StoryCorps、Amoofy等工具可以捕捉並保存個人故事，也可以提供家族使用，透過記錄和分享跨世代的故事，孩子可以從親戚的生活經驗中認識家族的傳統、學習寶貴的教訓。在基因檢測公司23andMe等服務的推動下，家譜學蓬勃發展，有助於建立家族歷史，並將各大洲的遠親連結在一起。不過，與此同時，發現意外的家族關係或種族淵源，可能會造成情緒衝擊，得知ＤＮＡ親屬與我們的價值觀不同時，可能會大失所望或反轉人生。

未來可能會出現更多整合式數位系統，可能會利用全息技術、社交機器人、ＡＩ頭像或其他尚未發明的媒介，進一步增強相互連結的感覺。總而言之，科技增強的親屬關係不只是縮短距離，而是要豐富人際關係，並促進動態與包容的共同體驗。

聚焦

數百萬的孩子受到監禁、無家可歸、寄養照顧影響，對這些孩子來說，人際關係發生什麼變化？在這些情況下，培養孩子與照顧者之間的滋養關係更加重要，可以增加孩子未來成功的機會。目前有些做法聚焦在家庭關係，陪伴親子度過人生關卡。

在紐約州最大的女子監獄貝德福山懲教所，琳賽接受NBC新聞視訊採訪，分享與兒子親子共讀的珍貴時刻。[48]貝德福山懲教所的育兒計畫爲重要的親子關係提供支持，這在美國監獄體系非常罕見，懲教所裡設有育嬰室，讓一歲以下的寶寶得以母嬰同室。在其他監獄，寶寶通常會在出生二至三天後被抱離生母，送給其他家人或由寄養家庭照顧。在入獄之前，琳賽從事酪農，生活很苦，由於經濟拮据，不得不販毒，結果在懷孕期間被捕入獄，育兒計畫讓琳賽每天都能與兒子接觸，有助於兒子成長和親子關係。自一九八〇年以來，服刑媽媽的人數翻了七倍，連累數百萬無辜的孩子。曾在孩子生命中受刑的家長多達一千萬，[49]其中一成是女性，而五八%的女性受刑人已爲人母。貝德福山懲教所的育兒計畫帶來了希望，一項爲期五年的研究顯示：在獄中母嬰同室的寶寶所建立的安全依附關係，與在傳統家庭環境中撫養的寶寶相似。[50]此外，貝德福山懲教所的研究顯示，參加育兒計畫的女性，再犯率比其他出獄的女獄友低五〇%。[51]

無家可歸的家庭往往面臨許多挑戰，因此，大概不會優先考慮幼兒教育。露絲和女兒以車爲家，學前教育計畫可以提供安穩和教育基礎，但她對於可用服務的認知往往不足。露絲被問及是否將生活狀況告訴幼兒園的工作人員時，表情困惑回答道：「沒有耶，爲什麼要講？人家會覺得我是壞媽媽！」[52]舊金山的「指南針家庭服務」（Compass Family Services）彌補了這種認知差距，協助數百個像露絲母女這樣的家庭獲得托育補貼，促進家庭居有定所。夏威夷的「未來之光」（Ka Pa'alana）更進一步，提供全美唯一的無家者學前教育，核心理念是讓親子共同接受教育，每週四天，家長與孩子一起上學兩個鐘頭，然後參加各種成人教育和生活技能課程，孩子則在另外兩小時接受學前班老師和助教提供的密集適齡教育。「未來之光」學前班既獨特又備受讚譽，已經正面影響了數千人，證明了幼兒教育結合家長支持具有轉化的力量。

對於麻州伊斯特漢普頓市的寄養兒童而言，「樹屋基金會」（Treehouse Foundation）開創了全新的社區生活方式，在（經常遭受忽視的）寄養兒童和（經常遭受忽視的）年長者之間架起橋梁。[53]樹屋基金會由珂克頓（Judy Cockerton）創辦，是一個跨世代的生活空間，爲寄養家庭提供支援網絡，同時讓年長者重拾使命感。珂克頓指出：「只要走出家門，都有機會建立連繫。因此，鄰居間總有連繫。樹屋社區經濟實惠、充滿活力，旨在幫助寄養兒童在充滿關愛的環境中成長，周圍都是關心他們的人，而且各個年齡層都有。」年長者更獲封「榮譽祖父母」。一位長輩說：「從來沒有想過，活到八十多歲，還會被需要、被重視、被關愛、被支持，如此美好。樹屋改變了我的生活。每位美國老人都應該有機會住進樹屋社區。」莎拉待過二十五個寄養家庭，在樹屋社區找到了避風港，遇到她需要的穩定與充滿愛的人際關係，催化了她的學習和成長。[54]樹屋社區的兒童和青少年，九成五會從高中畢業（相較之下，美國寄養青少年的平均畢業率為五成八），這些高中畢業生百分之百會念大學或接受職業培訓，而美國寄養青少年的大學畢業率平均不到一〇％。樹屋社區的經營模式容易模仿和擴大，目前正在擴展到其他社區，這個例子充分證明了充滿愛的關係確實會影響孩子的學習。

目前貝德福山懲教所、指南針家庭服務、未來之光、樹屋基金會的計畫規模都不大，僅為數千名兒童和家庭提供服務，未來成長空間還很多，可以為沒有傳統家庭的兒童創造新的關係，為家庭創造以連繫和韌性為特點的未來，屆時多元化和多代同堂的家庭能夠提供支持的、滋養的、穩定的環境，讓孩子得以全面發展，而人際關係則會是年幼生命的基石，引領孩子走過親情價值深遠持久的世界。隨著家庭結構因應社會變遷而演變，幼童的成長越來越得益於廣泛的關係網絡，這個關係網絡超越了傳統的家庭界限，包括朋友和大玩特玩。

第十章
朋友——邊玩邊學

> 玩很重要，因為玩伴很重要，提醒我們彼此相互依賴，給我們看見別人的機會，也反過來讓我們被看見。
>
> ——吉兒．維亞萊特（Jill Vialet），《玩的力量》，TEDMED演講（二〇一四）

> 大家往往忘記：玩是很嚴肅的。
>
> ——大衛．霍克尼（David Hockney），《我的觀看之道》（*That's the Way I See It*）（一九九三）

布朗（Stuart Brown）研究人類玩耍已經超過五十年，對這個主題的興趣始於一場恐怖事件——一九六六年德州大學發生悲慘的大規模槍擊案，作爲德州大學年輕的精神病學助理教授，布朗加入了塔樓委員會，以德州大學主樓的塔樓命名，凶手惠特曼在塔樓上開槍奪走十五條人命，另有三十一人受傷。塔樓委員會的職責是調查並解析當時美國史上最多人傷亡的大規模謀殺案，惠特曼當年二十五歲，是已婚學生，沒有犯罪前科，既聰明又有魅力，怎麼會有這種令人髮指的行徑？

匯集各方專家的塔樓委員會花了四個月的時間，從各方面徹底調查凶手的生活，在拼湊惠特曼個人史的過程中，考慮了許多產生暴力行爲的因素。審議過程中，著名的兒童精神科醫師史塔非爾（Robert Stubblefield）委員屢次強調玩耍的重要性，感嘆道：「如果他有好好玩過就好了。」最後，委員會達成共識，認爲惠特曼暴行的根本原因，在於他專制、虐待成性的爸爸長期限制他的自由、不讓他跟同儕玩在一起。此外，惠特曼的腦部有一顆壓迫杏仁核的腫瘤，雖然當初的委員會低估了腫瘤的重要性，但在將近六十年後的今天，隨著對大腦生理學的了解大幅進步，神經學專家更看重這顆腫瘤，認爲是另一個根本原因。

後續，布朗教授獲得一筆研究經費，得以進一步探索玩耍的意義，訪談了謀殺定讞的男獄友，將其背景與沒有這類犯罪紀錄的對照組進行比較，同時編寫了被判重大駕駛違規且死於車禍者的生活史，以履行其學術職責。布朗教授發現：囚犯和駕駛者之間有一個驚人的相似之處：兩組人在小時候都比各自對照組的同齡人玩得少，突顯出有高風險或暴力行爲傾向者，玩耍經驗明顯不足。布朗教授觀察到：「我研究的凶手都沒有玩過常見的粗暴遊戲，而粗暴玩耍是基本的動物和人類經驗，玩耍的同時還要能處理敵意並與朋友和睦相處。」[1]

這項針對玩耍的研究，與連結依附和親社會行爲的研究有相似之處。本書反覆指出，孩子在幼年受到的待遇，會大大影響他們的情緒調節和認知能力。剝奪孩子和同伴玩耍的機會，形同剝奪孩子發展人際關係和腦部健康。當然，並非所有明顯玩不夠的幼兒都會成爲殺人魔，但大多會在建立關係和學習旅程中遭遇困難。

其他哺乳類動物如果沒機會粗暴玩耍，就會導致難以區分盟友與對手，對壓力的反應也會更強烈，而且大腦不僅比較小，神經連結的複雜度也比較低。[2]事實上，玩耍深植於大腦的生存中樞，是重要且與生俱來的本能，小型哺乳動物就算移除大腦皮質，還是能熱衷於玩耍，[3]然而，隨著年歲漸增，缺少大腦皮質的動物無法發展社交技巧、無法交配——還有，請容我補上這一點——無法去愛。面對來自大型動物的危險時，兩組動物都會躲起來，但沒有大腦皮質的會一直躲，縱使威脅消失了也不出來，最後往往在躲避期間餓死。人腦與小型哺乳類動物的大腦有相似之處，玩耍都深植於生存中樞，[4]玩耍有助於形成我們皮質中的神經連結，這對情緒穩定和學習至關重要，嚴重玩不夠的孩子通常難以建立人際關係，也難以從經驗中學到教訓。[5]反之，玩耍能促進社交行爲。一九九七年，密西根州伊普西蘭蒂市高瞻教育研究基金會（HighScope Educational Research Foundation）發現，弱勢家庭的孩子中，比起上過以講課爲主的制式幼兒園，上過以玩耍爲主的幼兒園將來社會適應較佳。在二十三歲前，就讀以講課爲主的幼兒園者，超過三分之一因重罪被捕，而就讀以玩耍爲主的幼兒園者，不到一〇%面臨類似挑戰。此外，成年之後，玩耍型幼兒園就讀者中，曾被停職的不到七%，而講課型幼兒園就讀者，超過二五%曾被停職。[6]

無論是對於年幼身心的發展，還是對於（幼兒）建立友誼，玩耍都扮演了不可取代的角色。聯合國將玩耍列爲兒童基本權利，重要性不言可喻。玩耍是孩子建立認知、身體、情感、社交基礎的基石。根據《科學美國人》報導：「幾乎所有的發展心理學家、神經科學家、教育專家，都建議零到七歲的孩子多玩耍，認爲這是培養孩子發展、爲成功作好準備的最佳方式。」[7]

長期以來，教育的重點在於投入教學和家庭作業上的時間，視其爲成功的主要動力，並暗示交朋友和玩耍屬於分心行爲，甚至是學業成績的絆腳石。孩子自由玩耍的時間大幅縮減，從一九八一至一九九七年間減少了四分之一。[8]下課時間和遊戲時間被縮減，限制了小朋友上學花在發展友誼上的時間，而友誼卻能促進孩子投入學校生活並提高學業表現。[9]

二〇二一年，教育專家哈蒂教授（John Hattie）對推動教育成果的因素進行了有史以來最大規模的綜合研究，針對十萬篇教育研究做了兩千一百項統合分析，結果顯示，與朋友玩耍能對學習產生正面影響。[10]身邊有好朋友在，可以減少負面情緒、降低壓力賀爾蒙、增加自我價值感。[11]遭遇壓力之後，從與朋友聊天中感受到支持，可以幫助壓力賀爾蒙更快恢復正常。友誼的保護作用可以幫助孩子應對社交和學業挫折，培養韌性而非個人不足感。[12]針對青少年的研究顯示，比起單打獨鬥，結伴念書可以探索更多學問、學得更快、作業也做得更好，[13]越是將學習夥伴當作朋友，學到的就越多。有朋友在身邊可以提高孩子嘗試新事物和處理益智任務的意願，單打獨鬥則可能會導致退縮。

反之亦然。哈蒂教授的統合分析顯示：遭遇霸凌或排擠的孩子，在學校的表現和出席率都比較低。事實上，成績下滑是孩子受到霸凌的首要跡象之一。儘管針對幼兒的研究資料闕如，但關於幼童接觸暴力的研究指出：二至五歲的幼童中，二〇%曾經遭遇肢體霸凌，一五%遭到言語嘲笑。[14]

心理學家鮑邁斯特（Roy Baumeister）深入研究了社交痛楚的複雜性，探索遭遇拒絕和排擠的情緒反應，如何與社會歸屬感需求交織在一起。鮑邁斯特的研究顯示：社交痛楚對心理健康影響深遠，沒有朋友的痛苦跟生理疼痛一樣具有影響力。這項研究對教育有深遠的影響，揭示學生受到排擠會嚴重影響智慧思考、降低自我調節能力。[15]社交痛楚相關的困擾會削弱注意力、擾亂學習過程，降低整體學業表現。

這麼多年來，越來越多證據指出跟玩伴玩耍的重要性。研究人員證實，玩耍——尤其是跟朋友一起玩——對大腦發育有深遠的益處。事實上，玩耍時間的長短對孩子的學習能力影響很大。越來越多的證據促使科學家提倡更多的玩耍機會，並敦促家長和教育工作者多讓孩子玩耍。

來玩吧！玩耍改變大腦

一九六四年，加州大學柏克萊分校的教授戴蒙德（Marion Diamond）與研究團隊發表了關於老鼠腦部發展的突破性研究，是我們對神經學理解的關鍵里程碑，徹底改變了我們對幼教和教養的看法。[16] 這項劃時代的實驗比較了兩組在不同條件下長大的老鼠，其中一組生活在狹小、荒涼、孤立的環境，另一組生活在充滿刺激的群體環境中，裡頭有很多好玩的。研究人員檢查老鼠的腦部，發現比起在「豐富」環境中長大的老鼠，在「貧乏」環境中長大的大腦皮質明顯更小、更薄。

戴蒙德教授的初期實驗只進行了八十天，研究結果受到同事質疑，認爲從大腦可塑性的角度來看，八十天齡的老鼠還太小，無法確切證明環境條件會長期影響大腦發育。戴蒙德教授進行了後續研究，讓老鼠長到更老，成長豐富環境的老鼠中，某些還多了額外的元素——天天與人類肢體接觸。研究結果發現，教授隔著實驗袍輕撫可以延長老鼠的壽命，有人撫摸的老鼠腦部發育也有改善的跡象，大腦皮質明顯變厚。[17] 滋養和關愛能促進學習、延長壽命。

後續研究更加鞏固了戴蒙德教授的發現。愛玩的老鼠——就是那些生活環境充滿刺激的老鼠——不僅腦容量較大，而且智力更高，學會因果關係的速度更快，走迷宮的速度和效率也更高。[18]

跟同伴玩耍是許多物種的共同行爲。貓、狗、熊、老虎、甚至鳥類等各種動物，都熱衷跟同伴打打鬧鬧。喜鵲的玩耍行爲與小狗類似，會假裝打架、推推搡搡，幼年時越愛玩的動物往往越長壽。此外，物種的腦容量與幼崽的愛玩程度也有關聯。黑猩猩、狗、牛、老鼠、某些鳥類，玩耍時甚至會發出類似人類的笑聲，老鼠在玩耍或搔癢時會「笑出聲來」。[19]

以前，科學家推測幼崽玩摔跤是爲了練習狩獵，但近期研究質疑這個觀點。即使幼貓時期不曾玩耍，成貓也能有效狩獵並捕獲老鼠等獵物。那麼，動物爲什麼要跟同伴玩耍？華盛頓州立大學已故學者潘克賽普（Jaak Panksepp）是情感神經科學之父，二○一四年，潘克賽普教授接受美國公共電視台訪問，表示：「遊戲的功能是建立『親社會的大腦』——也就是懂得以正面方式互動的人際腦。」[20]這種觀點強調玩耍不僅是爲掠食做準備，更是爲了培養正面的社交互動、建立社交能力、結交朋友，以及學習。

針對老鼠的研究顯示：玩耍會刺激整個新皮層，因此，接下來要問的是：需要跟同伴玩多久才能達到這種效果？令人驚訝的是，不需要太久。根據潘克賽普觀察：大鼠腦部納入分析的一千兩百個基因中，大約三分之一只要每天玩三十分鐘就會出現顯著變化。[21]

潘克賽普教授的研究主要針對老鼠等動物，因此不能直接證實玩耍對人腦也有相同的影響，但有充分的理由可以相信確實有影響。縱使物種不同，但「玩耍」代表的意義和玩的方式卻是驚人的相似。

美國兒科學會的報告指出：「玩耍並非無關緊要：玩耍能增強大腦的結構和功能，並促進執行功能（即學習的過程，而非學習的內容），讓我們能夠追求目標並忽略干擾。」[22]此外，「孩子如果缺乏玩樂與安全、穩定、滋養的人際關係，有害的壓力就會擾亂執行功能的發展和親社會行爲的學習；在童年逆境中，玩耍變得更重要」。

玩耍之道

玩耍科學正當道，揭示了簡單的眞理——玩耍不僅僅是活動，更是孩子學習、成長、與世界互動的關鍵。因此，跟玩伴玩耍在教育領域扮演至關重要的角色。玩耍提供孩子自然又安全的方式接觸來自不同背景的同伴，藉由讚揚和實現共同目標而感到歡欣。對幼兒來說，與不同的人互動大有助益。

研究再三證明，與同伴玩耍有助於孩子適應學校環境，提高學習準備、學習活動更加積極、增強解決問題能力。玩耍能促進認知成長、提高智商，甚至增加成年後的收入，培養想像力和未來所需的技能，[23]有益於社交、情緒、行爲，並能提高讀寫能力和數學能力。你沒看錯：引導式玩耍可能是學習數學更好的方法，至少在八歲之前比傳統的教學方法更有效。[24]玩耍就是學習。[25]

從認知角度看，玩耍是孩子的實驗室，是孩子測試假設、解決問題、建立神經傳導路徑的地方。幼兒在堆積木時，不只是在蓋高塔，也是在學習重力、學習平衡、學習幾何。孩子在扮家家酒時，會發展到語言技能和執行功能，在遵守扮家家酒的規則和切換角色時，則會練習自我調節，從而培養認知彈性。這種想像遊戲與敘事能力和抽象思維的發展有關，奠定了讀寫能力和運算能力的基礎。德州基督教大學兒童發展研究所已故所長普維斯（Karyn Purvis）估計：「新的動作或學習技巧需要重複四百遍，才能形成新的突觸，然而，如果伴隨歡樂和笑聲，只要重複十二次就能形成新的突觸，因爲笑會釋放一種化學物質——多巴胺。」[26]

從社交角度看，玩耍是童年的通用語言。孩子正是透過玩耍，學會協商、合作、穿梭在不同的社會階級。孩子跟朋友需要解讀言語和非言語暗示，這是社交智商的基礎。孩子從玩耍中學習管理情緒和衝動、練習輪流、學習設身處地、理解別人的觀點，這些都是人際關係和融入社區的基本要素。本質上，玩耍是訓練場，訓練我們在日後生活中扮演好社會角色。

從情感角度看，玩耍是孩子表達感受和管理壓力的安全避風港，爲情緒提供了自然的出口，讓孩子在可以自己控制的情境中處理焦慮、挫折和恐懼。玩耍時的考驗和勝利，能提升孩子的情緒韌性。那些經歷過創傷或在情緒調節上有困難的孩子，可以透過玩耍來療癒，以零威脅的方式溝通自己的經歷和感受。

更具體來說，玩耍會大大影響學業成績，增加玩耍時間可以立即提升孩子的成績。研究發現：孩子三年級的社交技巧，與八年級時的學業成績高度相關。[27]賓州大學的研究甚至顯示：幼兒園階段的親社會行爲，可用於預測成年後能否長期成功。幼兒園老師對七百名孩子進行八次評估，以五分制來評量社交任務的表現，例如樂於助人、分享東西。研究人員在參加者二十多歲時進行了追蹤評估，結果發現，幼兒園時表現出正面親社會行爲的兒童（例如願意分享、解決問題），二十多歲的教育程度可能更高、就業可能更穩定，而且犯罪紀錄也較少，[28]或許是因爲玩耍增強了前額葉皮質發展，而前額葉皮質是與計畫、解決問題、情緒調節相關的腦區，是社交互動和學習成功的關鍵，也就是我所謂的人際智商。

拜託，多玩一點

天普大學心理學教授兼魯金斯研究院資深研究員赫帕瑟問：「『玩耍』從什麼時候開始變成負面的字眼？」又說：「我們需要新的思維，建立在對兒童學習方式的認識之上。」[29]正如本章所闡明：玩耍不僅是好玩而已，更是啓發孩子心智的鑰匙。我們需要扭轉社會對玩的看法，需要更多以玩爲基礎的課程，需要更多在戶外玩的「綠色時間」（而非螢幕時間），需要在孩子的居住環境中引入玩心。以下是一些鼓舞人心的全球計畫，可以照亮我們的道路。

給家庭：遊戲處方

家庭面臨越來越多學業要求，學校也將備考放在首位，因此，定義玩耍對學習和兒童發展的價値日益重要。兒科研究已經將這些見解轉化爲給家長和照顧者的可行建議。美國兒科學會建議：遇到兩歲以下例行健康檢查的孩子，醫生應該開出「玩耍處方」。[30]「玩耍處方」並非只是隱喻，而是作爲臨床推廣，確保玩耍爲健康的重要指標，重要性不亞於維他命或疫苗。「玩耍處方」強調自由玩耍，拔掉插頭、發揮創意，玩耍不該是奢侈或附加活動，而應該融入孩子的日常生活。這個世界往往爲制式活動和螢幕時間所主導，確保孩子能充分自由玩耍，已經成爲公共衛生議題。

此外，還需要支持家庭和照顧者學習如何與兒童同樂。一九九四年，挪威競速滑冰冠軍高斯（Johann Olav Koss）前往東非小國厄利垂亞傳教，這片土地正在從長年衝突的蹂躪中恢復，在這裡，高斯見證了不屈不撓的玩耍精神。在戰爭坦克殘骸的包圍下，孩子們用破襯衫做成足球，就這樣踢了起來，在荒涼中迸發不畏艱辛的喜悅，深深觸動高斯的心弦，他因而成立了非營利組織「玩耍無罪」（Right to Play）。[31]二十年後，「玩耍無罪」影響了非洲、亞洲、中東、加拿大等十五國數百萬青少年的生活，提供基於玩耍的學習計畫、增強當地學校的能耐，影響範圍廣泛。在巴基斯坦，接受「玩耍無罪」培訓師資教出來的孩子，標準測驗的成績比不曾受訓的師資教出的孩子高出一〇%。巴基斯坦有些學校的校園暴力肆虐，陰影籠罩著九成四的小男生，而在實施「玩耍無罪」的學校，同儕暴力減少了二五%。

加納和烏干達的農村幾乎沒有托兒所或幼兒中心，但當地小孩生得很多，每位媽媽平均生育五個孩子，可是，這些孩子往往很少有機會學習，家裡也缺乏幼教知識。非營利組織「Lively Minds」藉由玩耍，發掘被邊緣化的農村家長的巨大潛能，從而改變現實。[32]家長接受培訓，爲社區內所有學齡前幼兒開辦免費的教育課程，稱爲「玩耍計畫」，每個「玩耍計畫」每週通常接待兩百名兒童和家庭參加，設有多個遊戲關卡，讓孩子自己主導、自行參與。教學上以六位孩子一組進行探索學習，輪流穿梭於各個關卡，分別設有紙板拼圖、骨牌、分類遊戲、積木，媽媽們也會接受培訓自行研發遊戲，孩子玩得很開心，忘了自己正在學習。「Lively Minds」進行了嚴格的評估，參與「玩耍計畫」的孩子所獲得的教育成果，估計相當於多上一年正規課！此外，「Lively Minds」發現，「玩耍計畫」幫助媽媽花更多時間陪孩子參與適合成長的活動，並改善媽媽的教學方式，成效顯著。「Lively Minds」與各地政府合作，持續擴大「玩耍計畫」的規模，累積超過二十萬名孩子與九萬名農村家長受惠。

場景拉回美國。任職「Tinkergarten」董事期間，我親眼見證在戶外跟同伴玩耍和「合作玩耍」（cooperative play）的好處。[33]美國社會學家派頓（Mildred Parten）的社交遊戲理論認爲：孩子會經歷六個玩耍階段，從嬰兒期的無目的玩耍開始、探索周圍環境，到學步時獨自玩玩具，再到觀察他人玩耍、在同伴旁邊各玩各的、參與目標不同的聯合玩耍，最後是合作玩耍、共同努力實現同一目標。「Tinkergarten」爲一歲半到八歲的幼童提供戶外體驗式學習課程，全程需大人陪同，親子在終極教室——大自然中——一起參與學習旅程。「Tinkergarten」的理念是：鼓勵獨立發現、勇於冒險、不怕髒，如此一來，孩子就能成就驚人——我全心全意贊同這個理念。「Tinkergarten」的課程在當地找綠地進行，內容的結構靈活，包括開場、主要活動、總結、點心時間，活動內容包括製作「自然帷幕」，讓孩子將戶外一角變成堡壘、小精靈的家，甚至是通往魔法世界的門戶；還有製作「光織御守」，尤其是孩子手作的光織御守，總是令人目不暇給、喜愛不已。這些活動促進自由探索和玩耍，鼓勵孩子運用想像力和解決問題的技巧。雖然有大人計畫和監督，還有大人陪同玩耍，但孩子的興趣才是塑造體驗的重要因素。「Tinkergarten」宣稱：八成五的孩子更能集中注意力，九成的孩子能常常自己玩，而且玩的時間更長，九成三的家長和照顧者更懂得如何讓孩子參與遊戲學習。成效很不錯嘛！「Tinkergarten」已經併入「Highlights for Children」，目前計畫暫停，正在探索未來的新方向。

給學校：零成本打造奇蹟

教育環境必須進化，承認玩耍是學習的重要部分，此外，在學校環境中，學業涉及社交和情緒技能，最好透過社交玩耍來發展。南卡羅萊納州的小學教師斯坦哈特（Kevin Stinehart）在《eSchool News》上分享了學生的故事：

幾年前，我有個學生，總是帶著怨氣走來走去，一天到晚板著臉，從來不笑，看起來很生氣，對其他孩子很凶，在課堂上經常有行爲問題，一週之內因爲行爲極端，被三位老師轉介給校長三次。其他孩子都叫他惡霸，同學看到的是恃強凌弱的惡霸，老師看到的卻是受傷且孤獨的孩子，他需要朋友，每次下課時間都被懲罰，我稍微算了一下，他每週平均只有三十分鐘的玩耍時間。

我知道玩耍好處多多，也知道他玩得不夠，於是，我跟他爸媽懇談，詢問是否可以讓他參加我的玩耍社團。這個課後社團專供自由玩耍，社課時間一個鐘頭，他爸媽同意了。一轉眼，時間來到他加入玩耍社團的日子。我有點緊張，擔心他會出現行爲問題，擾亂其他社團學生的活動，但是我知道玩耍對他有益處，所以還是硬著頭皮讓他參加。社課的前半個小時，他自己一個人到處走來走去，終於，有位同學把球踢給他，他踢了回去，來回踢了幾次後，他跑了起來，跟其他孩子玩在一塊。第一天社課結束時，他露出笑容、哈哈大笑，健健康康跟其他孩子一起玩耍！僅僅自由玩耍一個鐘頭，就目睹他的蛻變，眞是太震驚了。另一位社課老師看在眼裡，不禁紅了眼眶……

自由遊戲不僅能幫助惡霸，也能幫助那些被霸凌的孩子。大量參與自由玩耍的孩子，在應對具有攻擊性、傷害性的討人厭同學時，技巧好上許多。孩子與人相處的眞實經驗越多，獲得與磨練的人際關係技巧也越多，會更懂得與人互動。[34]

斯坦哈特老師還指出了其他好處：行爲問題減少，學業成績提高。社團學生的閱讀和數學測驗中表現更好。「成立玩耍社團並非爲了提高考試成績，」斯坦哈特老師寫道：「這些益處只是錦上添花罷了。」

其他學校則將玩耍整合到課程中。歡迎來到佛羅里達州馬丁尼茲（Mary Martinez）老師的小學班上，這裡運用美式足球「邁阿密海豚隊」的表現來教數學，馬丁尼茲老師因而吸引多位知名球員和球迷的注意而成爲網紅，班上學生追蹤各種統計數字——包括球隊的勝率、主力球員的接球總碼數和場均接球碼數。馬丁尼茲老師上ESPN運動新聞節目接受訪問，談論如何將運動融入教學時，表示：「學生很喜歡。現在大家週一都高高興興來學校談論邁阿密海豚隊的表現，星期天也不會莫名恐慌了。」[35]為了吸引全班同學投入，馬丁尼茲老師提供獎勵——如果海豚隊贏球，全班就獲勝，每個人就能多下課十分鐘。「學生並不是每個人都超愛海豚，」老師坦承：「不過他們才八歲，所以超愛下課。」

「心靈幫手」（Tools of the Mind）是以社會學習理論爲基礎的幼兒課程和專業發展計畫，其假設是「寓教於樂，學得更多」。「心靈幫手」課程以玩耍、演戲、同儕互動爲主。科羅拉多州丹佛市的麥可隆學校（McGlone Academy）實施「心靈幫手」課程，讓幼兒園小朋友參與以物易物……等角色扮演活動，以及繪製想參觀的活動中心的圖片，並使用引導式寫作來描述自己的「玩耍計畫」，完成之後，小小學習者會分組活動，例如在廚房策畫派對、在車庫修車、在積木區造路，然後是自由遊戲時間。這種以遊戲爲基礎的獨特課程受到教育工作者和家長的青睞，他們很開心看到孩子在有組織但充滿想像力的遊戲中學習。此外，「心靈幫手」課程有助於培養孩子的自我調節能力，幫助孩子克服分心和挫折，無論是對於眼前的課堂和諧，還是長遠的學業及個人成功，這些能力都非常重要。

儘管直接教學方法仍有一席之地（例如拼音教學），但整合遊戲式學習至關重要。自二〇一八年起，新罕布夏等州規定幼兒園必須採用遊戲式課程，強調促進運動、創造力、探索、社交技巧的活動，新罕布夏州甚至編制《幼兒園的遊戲式學習》指南。[36]奧克拉荷馬州和康乃狄克州也採取措施，鼓勵以玩耍爲基礎的學習實踐。二〇一七年，華盛頓州在五個地點試行戶外自然托育，結果很成功，家長的需求也顯著增加，華盛頓州成爲第一個頒發戶外自然托育許可證的州。放眼美國之外，盧安達的教育改革措施脫穎而出，將玩耍學習納入各個學校的修訂課程。[37]

玩耍與學習落差

玩耍並非公平分配。雖然玩耍對於孩子的學習和發展非常重要，但根據社經狀況不同，孩子玩耍的時間有別。聯合國兒童基金會、《國家地理雜誌》、奧雅納、宜家家居、樂高基金會組成的非營利組織「好好玩聯盟」（Real Play Coalition）發現，七十個國家的兒童中，玩耍時間因性別和社經地位而存在顯著差異，並計畫在二〇三〇年之前縮小一億兒童的玩耍時間落差。比起家境富裕的孩子，出身貧寒的孩子玩積木的機率低二〇%，與爸媽一起唱歌的機率則低一一%。此外，家庭社會經濟地位較高的孩子，參與遊戲的機率則高出一〇%。[38]

「KABOOM!」是美國的非營利組織，專門確保孩子都能盡情玩耍、勞逸平衡，這對孩子的成長非常重要。「KABOOM!」在突顯和解決全美玩耍落差上扮演關鍵角色，它發現玩耍不公的情形很嚴重，尤其是弱勢族群的社區。以黑人和棕色人種爲主的社區，公園面積平均只有白人社區的一半，擁擠程度則是白人社區的五倍，[39]換算下來，多達數百萬的孩子錯過了童年，童年就該盡情玩耍。「KABOOM!」挑出「玩耍沙漠」（意即缺乏可供兒童玩耍的安全場所），這些「沙漠」地帶嚴重影響著黑人、美國原住民等有色人種社區，加劇了社會和健康落差。

玩耍具有點化的潛力。有研究將玩耍定位爲消弭三至六歲兒童教育差距的手段，研究者回顧十八個國家、二十六項研究，發現從盧安達到衣索比亞等資源不足的地區，比起專注於學業的托育中心，結合直接教學與自由和制式玩耍的托育中心的孩子，其讀寫能力、運動能力、社會情緒成長都明顯改善。[40]

綠色時間多一點，螢幕時間少一點

戶外幼兒園在美國興起，數量從二〇一七年的兩百五十所，增加到二〇二二年的八百多所，象徵幼兒教育的顯著轉變。[41] 這些學校通常稱爲「森林幼兒園」或「自然學前班」，捨棄傳統的室內教室，轉而利用大自然提供的無限學習機會。大自然本身就是最好的學習環境，孩子可以在大自然中探索、發展批判性思考能力並培養創造力。這種教育趨勢致敬德國幼教之父福祿貝爾（Friedrich Froebel）「兒童花園」的先驅願景，塑造生理、情感、社交全面發展且具有環保意識的新一代學習者，抗衡某些專家所謂的「大自然不足症」。[42]

除了學校之外，其他組織也在推廣戶外玩耍。「Outdoor Afro」由社會企業家馬普（Rue Mapp）於二〇〇九年在奧克蘭創立，旨在鼓勵黑人兒童和大人到戶外玩耍，其中「浪起來」（Making Waves）課程確保受到「Outdoor Afro」照顧的孩子和照顧者學會游泳、享受玩水的樂趣。在美國，六五%的黑人兒童不會游泳。[43]

玩到哪，學到哪

「玩到哪，學到哪」運動正蓬勃發展，提倡將玩耍與學習整合到孩子的日常環境中。「KABOOM!」的《到處玩》(*Play Everywhere*)遊戲手冊概述這項運動的設計原則，還提供補助，將概念轉化爲現實，鼓勵大家思考可以變成遊戲場所的空間，包括自助洗衣店、人行道、公車站、機場，任何平淡無奇的場景都可以變成刺激又有創意的玩耍、社交、學習場域。

「超市聊」計畫在超市掛上標誌牌，提示照顧者一邊採買一邊跟孩子聊天，三家位於費城和德拉瓦州中低收入社區的超市熱情響應，根據「超市聊」計畫的網站報告指出：掛上標誌牌之後，「親子對話」增加了三三%。[44]

環顧四周：街道上、公園裡、社區中，哪裡可以創造玩耍的場所呢？

第十一章 學校：人際樞紐

在創意表達和知識中喚醒喜悅，是教師的獨門技藝。

——愛因斯坦（一九三一）

當教師用愛教學，結合關懷、承諾、知識、責任、尊重和信任，我們往往一進教室就能直接進入核心問題：那就是知道要怎麼做才能創造最佳的學習氛圍，不看日子，不論晴雨。

——貝爾．胡克斯（Bell Hooks），《教學社群》（*Teaching Community*）（二〇〇四）

有壓迫就沒有愛。唯有廢除壓迫的情境，才有可能恢復愛。如果我不愛世界——如果我不愛生命——如果我不愛——我就無法進行對話。

——保羅・弗雷勒（Paolo Freire），《受壓迫者教育學》（*Pedagogy of the Oppressed*）（一九六八）

一直以來，教育制度都建立在資訊稀少的基礎上，學校誕生於老師和教科書爲主要知識來源的年代，這些情況助長了一種信念——教育應該在受控的環境下進行，基本上不對外開放（包括家庭和廣大社區），教學被建構爲單向的知識傳遞，這一點仍反映在當前的教育實踐中。二〇二一年的研究顯示：課堂上八九%的發言時間由老師霸占，[1]老師每堂課會問一百二十至一百六十題問題，而學生平均每堂課會問十一題（其中九題是程序問題，例如「可以去洗手間嗎？」、「可以再說一遍嗎？」）。[2]一小時的教學時間中，學生的發言時間只有二十七秒，[3]歷來被邊緣化的學生族群（例如非英語母語者、身障學生、低收入學生），得到的發言機會更少。[4]

同時，關於人類知識翻倍的速度衆說紛紜，但一般認爲：在二十世紀初之前，人類知識大約每一百年翻一倍；等到第二次世界大戰結束，知識估計每二十五年翻一倍；現在，隨著網際網路和人工智慧等技術到來，專家認爲知識倍增的速度更快，這些進步讓資訊唾手可得。麥肯錫估計：全球資料每三年多一倍，也有人認爲每十二小時就翻一倍。[5]資訊量龐大且取得容易，不僅改變了教學方法，也改變了教學內容。我們不可能把所有的知識通通學完，因此，需要學習的是駕馭豐富的資訊，學習分類、辨別主要資訊和次要資訊，判斷哪些資訊可信、哪些不可信。學習不僅僅是傳授知識，還包括培養孩子從過多的資料中辨別意義的能力，以及根據這些資料培養孩子的想像力和負責任的創造力。我們需要知道的內容取決於情境，而情境可能是由社會驅動。今天和未來所需的技能和素養不能只透過單向知識傳遞來教授。

在資訊泛濫、知識發展加速的今日世界，學校需要調整適應。根據學習和人際關係科學的進展與對大腦發展的了解，具有前瞻性思維的教育工作者正採用新的教學方法。一位家有兒子的媽媽最近問我，如果孩子使用數位資源自學可以學得更多，爲什麼還要上學？我的答案是，從長遠來看，社會連結是學習過程的根本，而學校扮演著人際樞紐的重要角色。今天所謂的有效教學，需要充滿愛心、知識淵博的教師，以及有安全感、有學習動力的孩子，而且師生之間必須建立滋養的人際關係。同樣重要的是，孩子在課堂以外也能得到廣大的人際網絡支持，不僅是與老師建立關係，還要與家人、同儕和廣大社區打好關係，這些人際網絡都在孩子的學習旅程扮演關鍵的角色。

在加州東帕羅奧圖市，「小學校」（Primary School）正在試行新的教育模式，將學校重新想像成人際樞紐，將孩子生活中的大人全部聚在一起，包括家長、教育工作者、醫療服務提供者、心理健康服務提供者，幫助確保孩子從幼年開始就能學習並茁壯成長。

Meta共同創辦人兼執行長祖克柏的太太普莉希拉・陳藉著身爲兒科醫師和教育家的經驗，發現想提供兒童身體健康和學業成功所需的必要支援其實限制重重。二〇一六年，普莉希拉與已故的K-12教育創新者兼兒童暨家庭倡導者梅麗迪・劉（Meredith Liu）攜手合作，致力於改善健康和教育系統之間的整合，兩人懇談了教育工作者、醫護人員、社工等專業人士，從對話中發掘兒童取得課業成功的共同障礙——健康問題和創傷。此外，也彰顯了現行體系的無能爲力，促使她們創辦「小學校」，目前服務超過四百名一歲至十二歲的兒童，其中超過八成來自低收入戶。

在「小學校」，教育工作者努力凝聚社區意識，讓學校環境猶如孩子的第二個家。「小學校」採用獨特的兩代計畫，藉由支持孩子和孩子生活中的大人來培養人際樞紐。「小學校」的信條之一是：「我們相信：家長過得好、孩子長得大」。

「小學校」爲每個家庭指派教練專責照顧家長身心健康，教練來自社區，有時與家長個別碰面，有時則分組討論（每一組稱爲「家長圈」），碰面時也許深入探討爲孩子建立規律作息的好處，也許討論大人睡眠充足的重要性。兩代計畫的負責人兼執照治療師海絡-維勒佳絲（Valentina Helo-Villegas）解釋道：「大家通常覺得家長是大人，要爲孩子服務，往往忘了家長也是人，懷抱著自己的希望和夢想。」她還說，以前擔任治療師時，「經常被要求解決孩子的問題，而我的工作是爲超高需求的孩子提供『用愛包圍服務』，顯然諮商體系的資金關注的是孩子，而忘記了孩子周圍的大人和其他體系」。「小學校」遵循她所謂「更好的運作假設」——應該優先關注照顧孩子的大人過得幸不幸福。一名幼童的家長薇瑞菈用西班牙語分享道：「小學校給了我時間和空間來認識自己，這是我以前從沒想過的。過去的我不曾留時間給自己去發掘潛能、作孩子的榜樣。」[6]

除了「家長圈」外，每位學生每年還會召開三次「兒童圈」，家人、老師、家長的身心健康教練，以及——如果有需要的話——醫療人員，一起評估孩子的學業進度、健康和社會情緒發展，或者套用「小學校」的說法——評估孩子的靈魂。

海絡－維勒佳絲對兩代計畫的初期成果懷抱希望，樂觀看待兩代計畫對家庭關係的影響：「我們看見參與計畫的家庭……更懂得認識並處理家中、社區中的影響和有害壓力。對我來說，最重要的是大家正在建立有效的支援網路，相較之下，『小學校』所做的根本不算什麼。」

想像一下，在未來，學校將由資訊灌輸的場所，演變成充滿活力的人際樞紐，就像「小學校」一樣，位於每個社區的中心。在這個願景中，老師不僅提供學術內容，更要建構人際腦，對於培育社會的教育結構和文化結構至關重要，而其他大人（包括兒科醫師、輔導員、家庭成員）也共同參與計畫、發掘孩子全部的潛能。

遺憾的是，孩子今天的情況多半不是這樣，許多家庭無法送孩子托育或接受幼教，更不用說優質的托育和幼教了。美國和許多國家一直難以支持家庭，結果只能提供小小學習者一套品質不佳的方案，包括學前班、托育中心、家庭式托育、宗教教育、親屬照顧、保母、陪玩姊姊、鄰居、朋友，拼拼湊湊、支離破碎、不成系統，爲難著大多數的家庭。

美國長期未能採用普及全民的幼兒照顧和教育系統，原因出在三個關鍵時刻。首先是第二次世界大戰後。戰爭期間，美國根據《連漢法案》建立了聯邦資助的托育中心。[7]不論經濟狀況和種族，每家每戶每週最多可以托育六天，包含暑假和假日（但上課實行種族隔離）。換算成今天的幣值，家長每天只需支付美金大約九至十元。截至戰爭結束，總計六十萬名孩童因爲《連漢法案》獲得照顧，不僅經濟實惠，照護的品質也很好，許多托育中心都有良好的師生比、提供營養餐點和點心、讓孩子上美術及其他充實的教育課程，對孩子未來成功產生了長遠的影響，高中畢業率、大學畢業率、就業率都提高了不少。[8]然而，二戰結束後，由於幼教的重要性及母親的社會角色並未在大眾之間取得共識，因此，優先順序重新洗牌。

第二次錯失機會是在一九七〇年代初期。針對低收入戶孩童的聯邦學齡前教育計畫「啓蒙計畫」於一九六五年獲准試辦，不久便擴展至全美國。由於「啓蒙計畫」試行成功，因此出現了劃時代的立法——《全面性兒童發展法案》，旨在建立普及全民的托育和幼教制度，並在參、眾兩院雙雙通過。根據該法案，經濟弱勢的美國人民可免繳托育費用，中高收入的人民則要根據其收入調整托育費用。儘管尼克森總統當初在競選時將托育服務納入立法議程，然而，由於顧忌政府干預家庭生活、擔憂「啓蒙計畫」對經濟的潛在影響，以及基於意識形態反對擴大聯邦政府在托育方面的角色，他否決了該法案。

二〇二二年，建立全美托兒制度第三度失敗。疫情期間，托兒服務時斷時續，影響廣大受薪家庭，拜登政府在《重建美好未來法案》（*Build Back Better Act*）中提出因應之道，但礙於成本考量和擔心通膨，加上缺乏兩黨支持，最終取消提案。

三次立法都差臨門一腳，未能打造連貫的托育體制，但沒想到美國軍方卻辦到了——國防部爲全美軍事人員提供全國最好的托兒服務，美軍基地內九成五以上的托育中心，從課程、教學到社區關係，各方面都符合全美幼兒教育協會所建立的高標準。根據美國非營利的獨立教育媒體《Hechinger Report》報導，在密西西比州默里迪恩海軍航空基地的兒童發展中心：「每間教室都有自己的遊樂場，也都有讓孩子玩扮家家酒的區域，配備迷你爐子和水槽。教室裡到處都是書籍、積木、木偶、洋娃娃等玩具，並且隨時至少都有兩位老師在場。」[9]

疫情過後，家庭繼續苦苦找尋實惠的優質托育服務，入學率也出現了顯著下滑，尤其以幼兒最爲明顯，各地都出現長期缺課的現象，而且每況愈下。由於疫情攪局，有些家長拖著沒送孩子去托育或上幼兒園，有些則是擔心孩子還沒做好準備，可能無法適應正規教育的結構和期望，還有些家長認爲僵化的學校課程不像線上課程可以配合自己的時間表，因此看不出上學的價値。家長開始選擇更適合自己生活的托育方式，包括在家自學，原因包括不滿傳統教育體系、希望多參與孩子的學習，尤其是黑人家庭或家有神經多樣性的孩子（如自閉症、注意力不足等）。越來越多家長並非因爲宗教因素而選擇在家自學，反映出在家自學的動機已不同於以往。根據調查，近來選擇在家自學的家長中，只有一％將宗教信仰列爲首要原因，遠低於疫情之前的一四％。[10]從這些趨勢來看，重新設計適合未來的幼兒教育時，必須了解並處理家庭的多元需求與顧慮。

在理想的未來，學習的核心將包括滋養的關係、開心的玩耍、關愛的基本原則，並打造充滿連結機會的環境歡迎每個孩子到來，老師扮演引導者，與孩子建立溫暖、相互支持的關係。玩耍成爲孩子的自然語言，也是學習、創造、解決問題、相互協作的主要途徑，理想目標是創造讓孩子感覺受到看重並與人連結的環境，準備好踏入由人際智商和數位素養攜手並進的世界。爲了達成這個目標，我們需要建立三大支柱：

一、連結家庭、兒童、同儕的人際型學校。

二、透過有意義且滋養的連結來啓發學習熱情的人際型教師。

三、以愛作爲新素養的人際型教學法。

連結家庭、兒童、同儕的人際型學校

在南非，DataDrive正在進行「幼兒教育正向偏差計畫」，透過實驗找出社經背景低的幼兒爲何表現有的好、有的壞。截至目前爲止，研究團隊發現關鍵在於學校是否注重人際連結，幼兒托育和教育要產生正面影響力，就必須專注於幼兒教育、採用專門的教學法，並促進人際關係、社區整合、有效領導及積極的家庭參與。[11]

幼教環境不僅是托育設施，而是體現了促進幼小心靈成長的綜合策略，合併玩耍和技能發展，並結合家庭與廣大社區積極參與，從而全面培育孩子的學習旅程。在美國，從學前班到高中階段，這樣的環境通常稱爲社區學校，社區學校是公立學校，提供符合所在社區需求的服務和支援，創辦人和經營者都非常了解社區的孩子。在肯塔基州，「伯里亞學前海盜課程」（Berea Pre-K Pirates）示範了全州採用社區學校的做法也適用於幼兒教育，課程針對家庭年收入低於聯邦貧困標準的一．六倍、診斷患有殘疾的三、四歲幼兒提供早療和幼教，家長可以上課程網站了解學校的教學內容：「幼兒教育看起來好像都在玩，但玩就是孩子的工作」、「大家用手指繪畫，玩得亂七八糟」。[12]伯里亞學前海盜課程強調社交互動，安排多人或少人的分組活動與大量戶外活動，另外還有「恐龍女士」，由輔導員利用恐龍布偶來教導社交技巧和安全技能。透過相互信任的關係和協調良好的後援，伯里亞學前海盜課程確保學生和家庭擁有健康、社會服務、學習機會，這些都是成功所不可或缺。

人際型學校以各種創新方式與家庭建立連繫。華盛頓特區的布莉亞公立特許學校（Briya Public Charter School）在同一地點、同一時間，一邊提供語言和普通教育發展課程給家長，一邊提供幼教課程給幼兒，學校和家庭診所位在同一處，方便家庭就近就醫。其他學校有些利用簡訊平台與家庭連繫，有些利用Along、Sown to Grow等教育科技，旨在促進老師與學生之間的連繫，[13]老師可以利用Along研究驗證的反思問題傳給學生，學生可以用文字、錄音、錄影回覆。康乃狄克州有些學校利用家訪來提高出席率。[14]哈佛大學社會學家斯莫爾（Mario Small）在紐約市啓蒙中心進行研究，結果發現：將小孩送到啓蒙中心的媽媽社會網絡較大，生活上的困難因此比較少、幸福感也比較高。另一項低成本的實驗將孩子依社區分組並促進家長連繫，結果孩子的出席率提高了五到七%，同時家長的支援網路擴大了一倍。[15]

家庭式托育迎合地方家庭的特殊需求。「驚奇學校」（Wonderschool）由班奈特（Chris Bennett）創辦，靈感來自於家庭式托育扭轉了班奈特的學習歷程。班奈特的老家在邁阿密，從小就上家裡附近的尤麗家庭式托育中心，長大後是家中第一個上大學的孩子。驚奇學校提供技術平台，一方面讓家庭尋找托育服務，另一方面讓托育工作者收取學費、追蹤開支，並獲得培訓、執照與同行支援系統，將自己的家變成托育中心，賦予托育工作者創業能力，推廣親民便利且文化契合的托育服務，並與州立機構合作，讓更多民眾獲得優質的托育服務。家庭式托育好處多多，包括環境溫馨、時間彈性、社區一心，促進幼兒全面成長，爲幼兒教育提供人際型的可行方案。

人際型學校也與祖父母建立連繫。「與我」是夏威夷的巡迴學前班，提供教育和支持給弱勢社區的孩子和家庭——尤其是Tūtū（夏威夷語的祖父母）。「Tūtū與我」每週上課兩天，而且只有早上有課，讓家庭參與學習、慶祝夏威夷文化，並幫助解決育兒的挑戰，提供靈活的文化相關課程，著重於認知、社交和語言發展。幼教專業人士組成的行動團隊會前往指定地點，建立引人入勝的教育環境，並在課程結束之後拆除、準備送往下一個上課地點。「Tūtū與我」的課程經過精心設計，以主題學習爲中心，尊重並融入夏威夷文化的價值觀，確保課程符合孩子的家庭傳統和社區的多元需求。八成六參加「Tūtū與我」的兒童到了三年級時閱讀能力良好，高過全州的平均值六成五。[16]

此外，長期以來，同儕學習的好處眾所周知，[17]許多學校因而廣爲利用。史丹佛大學的幼兒研究中心「Bing幼兒園」向來施行混齡教學，[18]混齡互動可以讓玩耍更有品質、社交技巧更好、學業成長更多。[19]

以上這些人際學習模式不僅是教育介入，藉由推廣「學習是共同旅程」的理念，並整合學習與人類經驗的其他重要面向，這些學校成爲社區的命脈，證明了只要教育融入社區結構、在設計時考慮到家庭，學校的功用就從教育轉爲賦能、向上與團結。

透過有意義且滋養的連結，啟發學習熱情的人際型教師

人際型教師、優質課程、小班制教學，如果必須三選一來提高學業成績，你會選擇哪一個？比起教學內容、教學方式，甚至師生比，教師與孩子之間互動的品質更能促進學業成功。[20]大型縱向研究「芬蘭起步走」（Finnish First Steps）結果顯示：師生之間溫暖、安全的關係，能顯著提高兒童的閱讀、寫作和數學技能。[21]此外，只要師生關係正面，教師更有可能使用複雜、高效的教學實踐來提升學業成就。[22]

你可能會問，什麼是人際型教師？有不是人際型的教師嗎？人際型教師優先重視並積極建立正面且相互支持的師生關係，這種做法強調了解與回應學生需求、背景及經驗的重要性，以創造包容、尊重、引人入勝的學習環境，其關鍵在於建立信任、培養歸屬感、促進同儕連繫，以及促進學習者和家庭的參與。

這裡先把話說清楚：我所認識的數千名老師，無不渴望成爲人際型教師，如果問他們從事幼教的動力是什麼，普遍都會回答：「與小朋友和家長一起努力。」有一

位幼教老師回答得好：「是小朋友。小朋友是我最大的動力，他們異想天開、美麗可愛、聰明伶俐，集所有驚奇於一身。」[23]這是大家投身幼教的初衷，也是長期留下來的原因，可是，體制的限制重重，從班級規模、時間限制、薪酬、培訓不足到行政支持不力，都讓幼教老師施展不開。[24]

當然，成功的幼教老師也不在少數。每晚睡覺前，還在學走路的奈薇亞都會跟媽媽說：「我想去凱麗家！」[25]凱麗不是鄰居，也不是家人的朋友，而是奈薇亞最愛的老師。奈薇亞剛滿一歲，就透過康乃狄克州紐黑文市的「一家人」（All Our Kin）幼教啓蒙計畫參加了凱麗老師的家庭式托育，奈薇亞在凱麗老師家聽故事、跟朋友玩、隨著最愛的歌起舞，一天一天成長茁壯。奈薇亞媽媽送孩子過去之後通常不會馬上走，她說：「這裡不只是日托，這裡是教育環境。」談到凱麗老師時，奈薇亞媽媽說：「她就像親人，跟『一家人』一樣，凱麗老師也像我的親人，大家一起合作，孩子就會更好。」凱麗老師也有同感：「〔家庭托育工作者〕對幼兒——尤其是嬰幼兒——所投入的關懷、愛心和專業知識，不僅照顧到孩子，也照顧到家長和家庭。」凱麗老師得到「一家人」支持，藉由個人化指導精進教學方式，此外，「一家人」提供從創業到兒童園藝等不同主題的團體課程，以及協助她取得教學執照。「一家人」跟「驚奇學校」一樣，「服務的家庭和我們生活在相同的社區，因此能從對方的角度了解其背景、需求和日常經歷」。凱麗老師的人際型教學創造了溫馨的學習空間和強大的社區連結，藉由促進兒童和家庭的發展與連繫，體現了建構人際腦的本質。

人際型教學不僅適用於建構人際腦，也適用於管教和班級經營，在促進認知和社交成長方面，教育工作者正在從懲罰式管教轉向修復式管教，用於促進同理心和理解，具體方法包括討論後果、積極讓兒童參與解決過程，有助於發展強大的社會情緒技能以及課堂與社區凝聚力。小朋友如果在牆上亂塗亂畫，懲罰式管教可能會責罵孩子、叫孩子去罰站，著重於懲罰孩子的行爲；修復式管教則會跟孩子討論：爲什麼在牆上亂畫不對、探討亂畫牆壁的後果、讓孩子一起把塗鴉清理掉，目的在於教導孩子責任感和行爲的影響，從而培養理解和同理心，而不僅僅是聽話而已。研究顯示，這種強調解釋而非懲罰的管教方法，能大幅提升孩子長期的正面社會行爲。[26]

人際型教師聯絡孩子和家庭（例如奈薇亞和她的媽媽），確保教育融入家庭生活的結構中，擴大孩子對家的感覺，也擴大家庭與社區的連結感。

以愛作爲新素養的人際型教學法

本書再三顯示，愛——正向共鳴的剎那，超過兩個人因爲共享正向情感而產生或深或淺的連結——是幼兒人際關係的根源，驅動著人際智商。因此，教育體系的核心與教育者的使命，應該是首重愛和人際關係。愛是驅動力，能促進連結、依賴、理解、學習、成長，只要老師以愛爲焦點來教學，就能創造出有利於全面發展的環境，讓小小學習者獲得重視和理解，更深入學習。人際型教學法提倡發揮同理心，不僅強調學業成績優異，更要培養人際關係、情緒智商和韌性，這些都是能在各個領域發光發熱的重要品格。

人際型教學法的理念早就有了。巴西教育家弗雷勒的教育哲學不僅認爲愛是情感，更是學習過程中的點化力量，其一九六八年的大作《受壓迫者教育學》指出：愛是教化和解放的基礎。在弗雷勒的教學方法中，愛超越了個人、成爲與世界接觸的工具，在對付壓迫和克服壓迫時尤其如此，從這層意義上來說，愛能反抗壓迫所帶來的泯滅人性，是串起學習者與生活、與世界、與彼此的絲線，化有意義的對話和轉化爲可能。

哈蒙德（Zaretta Hammond）的「文化回應教學」（culturally responsive teaching）研究，勾勒出以愛和腦科學爲基礎的教學法，[27]並訂出六條「大腦規則」：

一、大腦驅動追求社會安全與連結。
二、正面的人際關係能安撫大腦對威脅的反應。
三、文化影響資訊處理。
四、注意力在學習過程中位處核心。

五、需要整合新知與已知。

六、藉由促進複雜思維的挑戰讓大腦成長。

哈蒙德的教學法與弗雷勒的願景不謀而合，孕育出平衡認知成長與關係及情感連結的教育，整體看待人類經驗，並豐富學生的思想和心靈。

根據愛丁堡大學包維爾（Catherine Bovill）教授定義：人際型教學法「非常強調建立正面且有用的師生關係」，[28]認爲學習不僅是知識的傳授，而是社會過程，在過程中，課堂的連繫和互動與教學內容同樣重要，教師是引導者，孕育信任與協作參與的課堂環境，強調必須了解每位學習者的背景，共同設計教學、開放討論、小組專題、個人回饋等教學技巧，都是人際型教學法的體現，通常能改善學習參與、提高學業成績，也有助於發展溝通、協作、解決問題等重要的生活技能。

芬蘭將人際型教學法納入國家教育體系，堪稱典範，甚至還創了「愛的教育」一詞，其概念於十九世紀由芬蘭神職人員齊格紐司（Uno Cygnaeus）提出，主張好老師應該「燃燒著神聖之愛的精神」，人稱「芬蘭小學教育之父」。

在學校體系之外，鈴木教學法是我最喜歡的人際型教學法典範，藉由音樂影響了全球數百萬孩子。鈴木鎮一是日本小提琴家，其教學法基於對孩子潛能無窮的信念，強調在自然過程中學習音樂，就像學習母語一樣，從小就讓孩子在備受支持的環境中學習，同時強調家長一同參與。此外，鈴木教學法著重於正面強化、建立自尊、培養師生之間充滿關懷的關係、集體學習和彼此鼓勵的團體課程，儘管鈴木教學法特別針對音樂，但其基本原則呼應了培養品格和終身熱愛學習的廣大理想。

人際型教學法並非毫無爭議。傳統教育觀認爲教育是傳遞知識的過程，人際型教學法則不預設教學內容、與孩子共同設計課程，顯然挑戰了傳統教育觀。此外，以愛心和關懷來支持師生合作的想法，進一步觸怒擁護傳統教育觀的人士。人際型學習法並不容易，有些孩子和家庭不曾與學校或機構建立信任，實行起來難上加難。然而，正因如此，我們必須欣然將愛與人際型教學法融入教育，挑戰傳統框架、支持每一位學生，特別是那些可能覺得被邊緣化或不信任教育體制的學生。

將愛作爲新素養融入學校，縮短了科學實證與教學實踐之間的差距，打造重視發揮愛心的教育體系。愛的素養並非純粹只是感情用事，而是以實證爲基礎的教學策略，能強化有助於學習和幸福的神經傳導路徑。將愛的素養納入教育精神，將啓動對成功的重新思考，不僅稱頌學業成就，也該讚揚培養富有同理心、具有社會意識的公民，如此一來，愛將不僅是理想，而是實用的指導原則，將教育過程塑造成全面成長和相互連結的旅程。

世界各國已開始在課程中教授愛與人際關係。丹麥的教育體制推出「班級時光」（Klassens Tid）課程，每週一個小時，專門在課堂上討論情緒健康和人際動力，其中應該包含建立人際關係。[29]

在加拿大等國家，創新課程「同理心之根」（Roots of Empathy）旨在培養同理心，在學童之間建立更穩固、有愛的人際關係，每學年都會邀小寶寶和家長隔一段時間就到課堂上來讓孩子觀察小寶寶的成長，並引導孩子去理解情緒、指出情緒，同時鼓勵孩子反思自己和同儕的感受，這種直接參與，爲更懂得尊重與同理的關係奠定了基礎。

紐西蘭的「Te Whāriki」是普及全國的幼教課程，[30]課程名稱的意思是「編織墊」，象徵著學習與發展既多元又相互連繫。紐西蘭的幼教標準冠居全球，幼兒就學率將近百分之百。「Te Whāriki」課程以四項原則爲基礎：（一）賦予孩子學習和成長的能力；（二）全人發展；（三）兼顧家庭和社區；（四）建立人、地、物之間互應、互惠的關係。

人際型學習法應該是教學與課程的核心信條，爲孩子、爲未來世代、爲整個社會打造通往更美好未來的道路。這不是癡人說夢，創新的出資方慢慢體認到愛作爲新素養的需求，包括阿諾德（Laura Arnold）、普莉希拉・陳、史考特（MacKenzie Scott）、巴爾默（Connie Ballmer）、潔琪・貝佐斯、蘇珊・巴菲特、梅琳達・蓋茲、曼尼（Lisa Memmet）、潘蜜拉・奧米迪亞、奧斯特比（Signe Ostby）、歐佛德克（Laura Overdeck）、西蒙斯（Liz Simons）等人，都在擴大慈善事業，投入資金讓幼教和托育改頭換面。她們都是傑出的領袖，大多簽署了「捐獻誓言」，承諾在有生之年捐出大部分財富。這些出資者都是女性，都有孩子、有孫子，這絕非巧合二字可以解釋。

教育科技的出資方，包括「Imaginable Futures」的克萊門（Amy Klement）、戴維（Vinice Davis）、奧克布古（Enyi Okebugwu）；「Reach Capital」的卡羅蘭（Jennifer Carolan）、加維（Shauntel Garvey）、薇依・朱（Wayee Chu）；「GSV Ventures」的夸佐（Deborah Quazzo）、莫伊（Michael Moe）；「Rethink Education」的班寧（Andre Bennin）、布朗（Ebony Brown）、海伊（Monique Malcom-Hay）、格林菲爾（Matt Greenfield）、賽格（Rick Segal）；「Rethink Impact」的阿布朗森（Jenny Abramson）、佩特爾（Heidi Patel），都在支持幼教創新。Bainum Foundation、Burke Foundation、Einhorn Collaborative、奧米迪亞網路（Omidyar Network）、Packard Foundation、Pritzker Children's Initiative等基金會，分別致力於各項大型倡議，例如「提升人際關係的力量」、「建立歸屬文化」、「三歲前建立強大的社區與托育關係」、「優先考量兒童必須擁有健康的起點，促進韌性和充滿生機的社區讓孩子與家庭茁壯成長」。這些出資方都了解：投資以人際爲重點的托育和幼兒教育，會大大影響孩子、家庭、社區和社會。

接著來認識這位影響力驚人的慈善家——羅森（Harry Rosen），單憑一己之力，出資改造橘柚公園社區（Tangelo Park）。

第十二章 社區：一起發光發熱

眼前，分裂的假象變本加厲威脅著我們的存亡，
事實人盡皆知——團結我們的勝過拆散我們的，
在存亡關頭，智者搭橋、愚者築牆，
我們必須想辦法彼此照顧，就當你我出身同一部族。

——帝查拉國王，《黑豹》（二〇一八）

愛應該是我們共同努力的核心，
鼓勵我們一起對抗系統性的壓迫與不平等。

——貝爾．胡克斯，《關於愛的一切》（一九九九）

以愛為師。

——魯米，十三世紀伊斯蘭詩人

思考人際關係時，常常聚焦於兩個夥伴之間的美妙共舞：孩子與家長、孩子與孩子、孩子與老師，不過，這些人際連結顯然隸屬於社區中的廣大人際網絡，而社區可以促進互動，也可以妨礙互動。想像一下這樣的社區——以人際關係為中心、充滿關懷、重視學習，在這樣的社區裡，社會連結和代際團結支持著一代又一代的小小學習者，爸媽、祖父母、老師、教練、醫療專業人員、公務員、大朋友、小朋友一起分享時間和精力，以互助的形式來發展幼兒的心智、才能和創意。

這並非天方夜譚，橘柚公園社區的改造就是證據，說是奇蹟也不為過。

橘柚公園社區位於佛羅里達州的橘郡，附近就是奧蘭多市的迪士尼世界等遊樂園。一九五〇年代，這一帶盛產柳丁，當時建造了橘柚公園社區，作為馬丁·馬瑞塔公司（Martin Marietta Corporation，現併購為洛克希德·馬丁）的員工宿舍。橘柚是柑橘類水果，是橘子和柚子雜交而成的品種。

一九九〇年代初期，橘柚公園社區經歷了一連串的挑戰，犯罪率冠居佛羅里達州中部，惡名昭彰，社區九成人口為非裔美國人和非裔加勒比海人，努力不要被捲進低收入社區的旋渦：毒品、暴力、監禁、年輕人才外流、高中畢業率低，半數從附近白人郊區學區的菲利普斯高中（Dr. Phillips High School）輟學。[1]

橘柚公園社區正視挑戰、努力振作，居民巴特勒接受研究者魏斯（Elaine Weiss）訪問時回憶道：「我們社區都是見過大風大浪的人——當過兵、在洛克希德·馬丁等大企業上過班，都對社區懷抱期望。我們有一群核心成員，儘管其他社區已經放棄掙扎，但我們拒絕犯罪、毒品等禍害，我們要爲孩子打造更好的所在，在更安全的環境中養兒育女。我們大約十個人聚在一塊，說：『嘿，我們動起來吧！』」[2]

與此同時，出生於曼哈頓下東區的貧窮移民羅森，已經在飯店業積累了可觀的財富，並渴望回饋社會。羅森對問題叢生的橘柚公園社區相當熟悉，據其回憶：當時「情況非常非常糟糕，犯罪就像瘟疫」。[3]橘柚公園社區告訴羅森，要扭轉現況，必須鎖定孩子——尤其是幼兒，因此，羅森決定資助三項並行的介入措施來幫助橘柚公園社區：免費提供優質托育、家庭參與課程、提供「全額」學費讓高中畢業生接受高等教育。

羅森的投資帶來了轉變。不到二十年後的今天，橘柚公園社區的高中畢業率接近百分之百、大學畢業率大幅提升、犯罪率降低、房價翻了三倍，居民大多留下來繼續發展，同時將愛與希望傳播到其他社區。羅森憶述幾年前與當時橘郡警長德明斯（Jerry Demings，現任橘郡市長）的對話，德明斯強調了教育介入的正面成效：「告訴你：現在大家都認爲橘柚公園社區是安靜的綠洲。」

橘柚公園社區的居民潔美思還記得，小時候的社區感覺毫無未來可言：「住在這裡，走在街上看不到什麼人生勝利組……大家都覺得我們是魯蛇。小時候的心態就是：沒有人要鳥我們！」儘管挑戰重重，潔美思的媽媽仍然全力支持四個寶貝女兒。

「我最害怕的就是高中畢業之後不知道要做什麼。」潔美思把握住羅森提供的獎學金，拿到佛羅里達農工大學學士，主修心理學，輔修刑事司法，現在正在攻讀碩士學位，目標是成爲學校輔導老師、鼓勵孩子發揮潛力——橘柚公園社區計畫就是這麼鼓勵她的。潔美思說：「這筆獎學金不僅是念大學的學費，更是我的基礎。」

橘柚公園社區計畫針對幼兒教育對症下藥，成效卓越，藉由確保幼兒有機會接受優質的學前教育，爲學業成就和發展奠定了堅實的基礎。橘柚公園社區的二至四歲計畫著重品質，師生比非常低（一比六），幼教老師必須取得最高的州級認證，同時由幼教專家督導，每週訪查家庭式托育中心四次，協助幼教老師的課程和授課。「二至四歲計畫」專門設計來培養幼兒發育、社交技巧、情緒能力，每年上課五十週，從週一上到週五、早上七點半到下午五點。羅森提供電腦和印表機給每一間托育中心，Starfall等網路平台提供互動遊戲，教導幼兒形狀、顏色、數字、字母……等知識，同時讓孩子認識科技。此外，還有一名護士協助幼教老師，並與家長和家庭合作，在家中和托育中心共同支持幼兒的發展、教育和心理健康。

「二至四歲計畫」除了核心課程之外，也鼓勵家長參加親職教育課程，家有兩歲幼兒的家長每年至少必須參加兩次。此外，即將上幼兒園或「二至四歲計畫」的孩子，橘柚公園社區計畫每年提供三次評估，衡量孩子各種學習能力，協調專員會利用評估結果指導家長幫孩子做好就學前的準備，並與學前班及幼兒園老師持續溝通以彌補就學落差，確保孩子順利過渡到正式教育並督導孩子的學業狀況。

橘柚公園社區計畫之所以成功，並非完全歸功於羅森慷慨解囊，更是整個社區的心血結晶，打從一開始就充分聽取社區居民的心聲，並針對社區居民的具體需求量身打造，這種合作方式培養了居民的責任感，最終的成果見證了慈善事業與社區合作所產生的力量。

橘柚公園社區計畫成功的另一個關鍵，在於執行期間很長，羅森當年的承諾並非只是一時興起，考量到永續成長和居民信心，羅森一投入就是好幾個年頭，讓居民知道教育和社會支持的結構不會變，他們大可計畫將來。橘柚公園社區計畫證明：有策略的持續投資幼兒教育，再結合社區導向且包容的教學方針，並關注廣大的社會需求和人際關係，就可以帶來實質且持久的正向轉變。

羅森反思了這些作爲的用意：「兩個字——『希望。』許多弱勢社區根本看不見希望……希望就是這整個計畫的初衷。」

橘柚公園社區計畫突顯了打造人際型社區的三大驅動力——地方、人民、計畫。

地方

幼兒需要在橘柚公園這樣的現代人際型村莊中長大，教育、關懷、人際連結都是日常的風景，在這樣的理想村裡，托育環境和幼兒教育將超越其傳統角色，成爲充滿活力的社區生活中心，這裡交織著學習與日常活動，課程設計在不同年齡和文化之間架起橋梁，編織出豐富且相互支持的社會結構。安全、溫馨的公園融入在教育景觀中，步行即可到達，形成社區的心臟地帶，這樣的設計讓家庭得以蓬勃發展。綠地、便捷的家庭服務、包容的教育結構，成爲不同社區成員積極參與的沃土。你可能認爲這些都是紙上談兵，但是，改變橘柚公園社區的群策群力和財務投資，也在世界其他角落推動轉變。

打造現代的人際型社區

不妨看看巴西的庫里蒂巴市，享有「全球最具創意的城市」、「綠色首都」、「地表最綠城市」等美譽，[4]同時也是識字率最高的城市，教育程度在巴西各州首府中排名第一。

一九七一年，庫里蒂巴市的綠地只有市中心的海濱長廊公園。如今，每位當地市民擁有超過十五坪的綠地，相較之下，阿根廷首都布宜諾斯艾利斯每位市民只有不到一坪的綠地，巴黎人、紐約人也只有六坪的綠地，形成強烈對比。庫里蒂巴市的前市長雷勒（Jaime Lerner）是建築師兼都市規畫師，曾三度擔任市長、兩度出任州長，在雷勒的領導下，庫里蒂巴市成爲創新都市規畫的試驗場。

交通是庫里蒂巴市轉型的催化劑。當時需要運輸系統，庫里蒂巴市選擇了創新的「路面捷運」，乘客在管狀車站搭乘加長快車，儘管市內汽車數量眾多，仍有八成五的通勤者選擇這種高效率的大眾運輸工具，與全國平均值相比，油耗大幅降低。爲了防治水患，庫里蒂巴市不建水道，反而興建公園，利用公園讓整座城市更宜居，並在市中心規畫徒步區，以「垃圾不是垃圾」的倡議成爲全球資源回收領導者，超過七成的廢棄物重新利用，這個數字令人印象深刻，比起洛杉磯二成五的回收率與美國全國平均值，高下立判。根據庫里蒂巴市估計，光是紙張回收量每天就能拯救約一千兩百棵樹。[5]

除了交通與回收之外，庫里蒂巴市最吸引我的創新都會設計就是教育體系。一九九〇年代，庫里蒂巴市在各個社區引進「學習燈塔」（Faróis de Saber），這些燈塔色彩繽紛，靈感來自古代世界七大奇觀——埃及亞歷山大的燈塔，內含圖書館與閱覽室，提供免費上網服務，提供學習者安全的空間。每間圖書館都以巴西傑出小說家或詩人命名，館頂有一隻公雞風向標，象徵覺醒和敏銳的頭腦。關於學習燈塔，現任市長表示：「這在學校缺乏圖書的國家非常重要……而且這些地方過去五百年來都採取愚民政策。」[6]此外，學習燈塔已成爲社區的燈塔，不僅犯罪率降低，而且比起道路基礎建設，成本僅是九牛一毛。身爲工程師的現任市長指出：「蓋圖書館比蓋監獄便宜多了。」

庫里蒂巴市不僅投資建造學習燈塔，也投資創客空間，稱爲迷你製造實驗室，是緊鄰學校的學習環境，教導孩子發揮創意、靈活應變。庫里蒂巴市的創意不止於此：當地生態系統生物多元，幼教教材取其中的例子來教數字。此外，學生使用可回收垃圾來購買教科書與文具，形成環保意識的循環。庫里蒂巴市還設有自由環境大學（Free University for the Environment），向社會各階層傳播環保知識。

所有這些元素共同締造了友善學習城市，將教育機會融入社區基礎建設，爲年輕市民營造全面的成長環境。

在地球的另一個角落，阿布達比致力成爲世界上最家庭友善的城市，多麼崇高的目標！阿布達比採取了全面措施，從教育、醫療保健、公共空間到安全，努力改善家庭生活品質，具體包括投資世界級的教育機構和醫療設施、開發安全且方便使用的公園和休閒區、提供經濟實惠的住房、利用先進措施確保城市的安全與保障。阿布達比幼兒教育管理局成立宗旨是爲孩童的發展制定全面的框架，確保阿布達比所有的兒童從出生到八歲都能獲得優質的幼教課程、健康服務、家庭支持，下轄的「我們與你一起成長」（We Grow with You）計畫提供工具、知識給家長和照顧者，協助幼童達到發展里程碑。其他計畫也在不斷創新，提供優質的幼兒教育。阿布達比也致力於包容，爲有特殊需求的家庭提供支援，並制定促進工作與生活平衡的政策。環境永續發展的重要性也不容小覷，阿布達比致力於保護自然棲息地，並推廣綠色城市空間，從全方位的面向為所有家庭營造支持、安全、豐富的環境。

在中東其他地區，沙烏地阿拉伯的「新未來城」（NEOM）從平地建起一片「未來新樂土，賦權給最偉大的頭腦和最優秀的人才，在充滿想像力的世界中打破界限、體現先進的想法」。[7]到了二〇四五年，新未來城將占地三千四百公頃、容納九百萬人口，更有巨額投資湧入這項計畫——真的是巨額，大約五千億美元（高過奧地利二〇二一年的國內生產總值）。新未來城旨在體現關懷、好奇、多元、熱情和尊重的價值觀，希望能催化改變，儘管初期建設部分著重豪華旅遊，但新未來城的願景之一是建立家庭友善的城市，市內無車、零碳排，去哪裡都方便。新未來城教育、研究暨創新部計畫發展全面整合的教育生態系統，從幼兒時期開始，促進終身學習。

在舊金山附近，「加州到永遠」（California Forever）城市營造計畫正在成形，計畫在二〇三〇年代末期打造出便利步行的中產階級社區，可容納五萬名居民。便利步行可促進社區營造與建立人際關係，但「加州到永遠」並未公布托育與教育相關的計畫，令人失望。

「新未來城」、「加州到永遠」的計畫能否實現，雖然需要時間證明，但在等待的同時，這些創新都市計畫及其帶來的機會讓我深受啓發，在注重永續發展的同時，也優先重視家庭、照顧、玩耍與學習。

好玩的學習景觀（Playful Learning Landscapes）

「好玩的學習景觀」與第十章提到的《到處玩》遊戲手冊，是另一種重新設計城市／村莊基礎設施來支援社區連結的方法，在公共空間整合邊玩邊學的機會，其理念是將日常場所變成互動且吸引人的環境，鼓勵孩子與家庭一起玩耍和學習，並基於認知和發展科學原理來設計各種環境，以促進語言發展、數學能力、空間推理和社交技巧。「城市景觀遊樂園」將扮家家酒變成認識各個社會角色的課程，「互動人行道」結合跳房子與數學謎題，每跳一格都在算數。「故事書小徑」邀請家庭在公園中追隨故事的腳步，在大自然中培養對閱讀的熱愛。「音樂遊樂場」鼓勵在探索聲音的過程中共同創造節奏。「自然探索區」透過與大自然的互動，激發大人與小孩對科學的好奇。「巴士拼拼圖」將等候時間變成腦力激盪，豐富平淡的時光。

在「好玩的學習景觀」中，我最喜歡的是「數學步道」，將公園變成大教室，從環境中找尋形狀和數字來挑戰年幼的心靈。如果有機會去到麻薩諸塞州首府波士頓，不妨到「鮑伯摩西數學步道」（Bob Moses MathTrail）走一走，總長大約一．六公里，一連穿過劍橋市波特區好幾座公園，一路上有許多活動和遊戲，以互動方式教授數學概念，甚至可以下載應用程式，打開擴增實境來探索活動。鮑伯摩西數學步道是由「MathTalk」設計，隸屬於劍橋市合作倡議「會數學才公平」（Math Matters for

Equity），專門爲幼童和家庭創造機會，尤其關注社經地位落後的社區，讓大人和小孩可以隨處發現並享受數學的樂趣。

爲什麼我最喜歡數學步道？我們就老實承認吧，數學常令人痛苦，美國成年人中，每十個就有九個表示有某種程度的數學焦慮，[8]但數學卻形塑了我們的日常生活。「MathTalk」的創辦人兼執行長奧默・摩西（Omo Moses）表示：「每次煮菜其實都在算數學。」[9]幼童會從周遭情緒和環境中汲取資訊，大人在日常生活中散發的數學焦慮可能會滲入幼童的學習，尤其是在關鍵的幼兒時期，並且產生終生的漣漪效應。研究證實，讓幼兒從正確的起點開始學數學，比閱讀能力更能預判未來成就，但是，相比起其他國家的兒童，美國兒童在數學評比中的表現經常不佳。[10]

運用科技輔助，大人和家長指導幼兒學習數學會更有效率也更吸引人。[11]奧默・摩西創辦「MathTalk」的靈感來自父親鮑伯・摩西，這位民權領袖兼麥克阿瑟天才獎得主創辦了非營利組織「代數計畫」（Algebra Project），專門培養有色人種兒童的數學讀寫能力，認爲有色人種改善經濟條件的關鍵就是數學素養，尤其傳統工業工作式微、技術工作崛起，數學素養更形重要。奧默在大學畢業後也加入父親的「代數計畫」，還說：「大家心知肚明：教育是階級翻身的工具。在這種情況下，同樣想要階級翻身，數學變得更加重要。」然而，研究顯示：黑人和拉丁裔學生較難接觸到數學，而且，數學教育的方式可能更偏袒白人學生。[12]奧默與父親在「代數計畫」共事時，了解學生數學學不好的原因。大多人學數學是用背的，但對奧默來說，數學是一種語言，一種探索想法和發現新事物的方式。「弱勢社區的未來在於數學素養——尤其是代數，我知道這句話聽起來很奇怪，卻是我全心全意的想法與信念。」此外，奧默還說：「一旦開始學習數學、知道生活周遭無不是數學，就能夠常常接觸數學、與數學互動，開啓全新的世界。」[13]

世代結合的大都會

想像一下這樣的城市——人人擁抱跨世代生活，不以年齡區隔彼此，忘年之交遍地開花。想像不出來嗎？直接到新加坡看一下。

新加坡成爲跨世代城市的方法包括發展鼓勵多代同堂的房屋政策，例如多代同堂優先計畫（Multi-Generation Priority Scheme）方便同一家庭的晚輩和長輩就近居住。此外，新加坡還有促進跨世代互動的設施和空間（例如社區中心和公園）舉辦老少咸宜的活動。海軍部村莊是新加坡第一個整合型公宅，專門設計來促進居民的代際互動和代際支持，二〇一七年正式啓用，整棟建案集合了熟齡住宅、托育中心、社區設施，設有樂齡套房、醫療中心、托育中心、長者照護中心，以及鼓勵居民之間社交互動的集體空間，包括共用的社區花園和休憩空間，居民可以一起參與活動，從園藝課到運動課，創造自然的跨世代連結機會。此外，新加坡政府支持讓長者參與志工的計畫，充分利用長者的技能和經驗，培養長者的使命感和貢獻感。其他計畫旨在透過促進終身學習和樂齡生活，讓長者參與並融入廣大社區。

美國西雅圖的聖文森特養老院開設了跨世代學習中心，提供創新的托兒課程，讓幼兒和長者透過閱讀、美術、音樂等制式活動定期互動，對長輩和小輩都有好處，可以促進跨世代學習和了解，改善長者的心情和健康，提供孩子獨特的學習經驗。

無獨有偶，威斯康辛州密爾瓦基市的聖安跨世代照顧中心，也因重視連結不同世代的益處而採用整體照護，為所有年齡層提供日間照護，包括托育、成人日間照護、身障特殊照護。該中心旨在促進代際關係，鼓勵長輩與幼兒互動，包括共餐、上課、娛樂。

二〇〇二年，波士頓展開「村村相連」（Village to Village Network）運動，目前已擴展至全美三百多個地點，體現了社區主導的居家安養方式，讓長者在維持獨立生活的同時，仍能受惠於當地家庭網絡所提供的安全感與陪伴。透過共享資源、代際智慧、承諾相互支持，「村村相連」正在重新定義居住生活，展示了家庭結構潛力無窮，能夠適應當前的多元人口並蓬勃發展。

透過以上案例，不難看出大眾日益體認到代際計畫和居住安排有助於建立更強大的社區、解決長者社會孤立問題，同時也為年輕一代提供教育和發展的益處。儘管好處多多，但想擴大實施仍面臨多方挑戰，必須克服資金限制、法規障礙、公眾意識等阻撓，儘管如此，現有模式依舊提供了成功的藍圖，證明只要有社區的支持和創新的資源運用，代際計畫就能順利起飛。

根植於學習、永續、相互支持的先鋒社區不僅可行，而且欣欣向榮。這些前瞻社區透過規畫來培養人際連結，同儕和導師成為社區的核心，引導、啟發、豐富小小學習者的生活。

人民

正如橘柚公園社區計畫所示，社區居民在設計和啟動幼兒成長解決方案方面舉足輕重，建立支持網絡和指導機會更是培育幼兒潛能的關鍵，幼兒時期是重要的成長期，需要富有同理心的大人提供智慧和鼓勵。有兩種做法特別發人深省：第一是剛出生時就建立支援小組，從人之初提供強大的集體支援基礎；第二是發展大型計畫，提供孩子專責的導師，在成長階段給予指導和啟發。這些做法滿足了關鍵需求，確保每個孩子都能從有意義的關係中獲益。

一出生就「模合」

想像中長生不老的祕密遠在天邊，但事實上有可能就近在眼前。好吧，說長生不老有點誇張，但健康長壽肯定有。日本沖繩本島北部有個大宜味村，村裡有塊石碑，石碑上刻著幾句話，大意是：「人生八十才開始，九十收到祖先遞來天堂的請柬，跟祖先說麻煩十年後再過來，等到一百歲來時，再考慮這天堂是去還是不去。」[14]

這並非不實廣告。沖繩是全球百歲人瑞最多的地方，當地的百歲耆老幾乎是全日本的兩倍，更值得一提的是——沖繩的百歲人瑞是美國的四倍。[15]老年醫學專家威爾考克斯（Brad Willcox）在沖繩研究長壽的祕密，據威爾考克斯的說法：沖繩的百歲人瑞之多，「隨便走在路上都會遇到。」[16]

長壽專家布特納（Dan Buettner）研究了人生幸福長壽的祕訣，[17]其中之一就是「模合」——成員承諾終生相伴的小團體。「模合」最初的構想是作爲公共稅收系統的替代方案，爲村莊計畫提供資金，同時也是類似銀行的互助體系，村民有難時可以透過「模合」互相扶持。傳統上，「模合」由五位幼兒一組，彼此就像大家庭的一員，定期聚在一起工作、玩耍，並且把錢都存在一起。

而如今，「模合」的概念已經擴大成社會支持網絡，成爲提供陪伴的文化傳統，參與「模合」的沖繩人口過半，許多人甚至加入好幾個「模合」，有些「模合」已經存在超過九十年，其傳統有助於建立終生社區和可信賴的網絡。布特納的著作《藍區挑戰：四週改變一生的健康長壽計畫》訪問了沖繩奶奶眞奈加壽子，今年七十七歲，是「模合」中最幼齒的。眞奈奶奶強調：「模合」不是三姑六婆閒話家常，而是對彼此的深層支持和尊重。「每個成員都知道自己是朋友的依靠，就像朋友也是自己的依靠，就算碰上生病、配偶過世、積蓄花完，總會有人出面幫忙。知道有人會接住自己，人生就好過多了。」

「模合」可否複製到別的地方呢？美國依據類似的概念發展了幾種模式，從寶寶出生就開始提供支援小組。首先，非營利組織「Centering Healthcare」在小兒科醫生診間提供團體課程給準爸媽和新手爸媽，課程費用後續可以向聯邦醫療補助和私人保險公司請款。此外，我造訪了加州奧克蘭的「遠景診所」（Clínica Alta Vista），這是一間為年輕爸媽開設的健康診所，我在那裡遇見了六位媽媽和五個月大的寶寶組成的「Xena小組」，配對一位執業護士和一位健康專家，由「Centering Healthcare」協同進行兩小時的寶寶健康檢查。媽媽們先交換過去幾週的生活點滴，接著玩「兩眞一假」、「記憶」等團康遊戲，這些遊戲別有用意，為的是讓媽媽們了解五個月大的寶寶可以吃哪些固態和液態食物，最後以三分鐘的正念呼吸練習收尾。關於「Centering Healthcare」的研究顯示，參加這些團體課程的家長比較不孤單，知識也比較豐富，更有自信和能力為自己、為寶寶、為家人做出更健康的選擇，[18] 如果參加的時間夠長，隨著寶寶一天天長大，這些小組可以發展成類似「模合」的組織，成爲家長和寶寶們彼此的後援。

非營利組織「UpTogether」使用非指定用途的現金捐款，爲個人和家庭提供財務支援，並將家庭分爲小組，小組之間互相連繫，幫助這些家庭實現目標。「UpTogether」結合財務、人際關係、支援網路，成效絕佳。因爲「UpTogether」，岡薩雷茲一家人（包括芙羅、芙羅的先生和四個孩子）才能投資芙羅的托育事業，一方面提高全家人的金融風險抵抗力，二方面爲家裡附近的孩子提供重要的支援，讓孩子長成健康、有生產力的大人。儘管這些支援小組並非一出生就分好，但依然帶有幾分「模合」的影子。

大規模導師制

除了同儕群體之外，證據明確顯示：一對一指導可以點化孩子，無論是透過正式安排還是非正式連繫，有導師帶的孩子學業成功的機率更大，而且更踴躍參與課外活動、擔任領袖角色、設定宏大的個人目標。

「大哥哥大姊姊」堪稱獨步全球的導師制，已經發展出一套成熟的做法，將自願的大人與孩子配對在一起，改善了無數孩子的人生，包括學業成績進步、自尊心增強、社交互動擴大，展示了導師制的深遠影響。[19]孩子最快在一對一指導大約九個月後就會漸有起色。是的，建立信任關係需要花一點時間。

導師制在地實踐的實例之一，就是洛杉磯聯合學區的「洛杉磯人人師」（Everyone Mentors LA），該計畫將公眾教育視爲集體資產和集體責任，旨在藉由導師制度幫助學生度過學業難關。該學區呼籲社區貢獻一己之力，在兩萬七千名學生的教育之旅上拉一把，並強調這樣的參與利人利己。同樣在洛杉磯，「青銀共學」（Generation Xchange）計畫透過配對長輩和小學生來提升學業成績，六歲的瑪朵說：「我覺得有人指望我、有人相信我，需要幫助的時候，有人可以幫助我，眞是太好了。」退休經理兼長期志工琳達說：「『青銀共學』是個優秀的計畫，人人都是贏家——學校是贏家，因爲有更多的大人可以協助老師；孩子是贏家，因爲課堂上多了更多有愛心的大人和更多的個人關懷；志工是贏家，因爲可以幫助社區，同時改善個人健康。」[20]「青銀共學」結合長者的智慧與孩子的活潑，成果日漸豐碩，改善了學生的行爲和出席率，提升了長者的健康和幸福感，明顯的例證包括體重減輕、體力改善。[21]同樣的，AARP樂齡會的「經驗團隊」，由五十歲以上的志工指導孩子、支援孩子的教育，同時促進代際連結、社區參與和人際關係技巧。[22]

這些計畫儘管值得讚賞，但通常是針對五歲以上的孩子，錯過了幼年的大腦窗口期，如果可以擴展到托育和幼教環境，潛力必定驚人，有個「愛心團隊」讓祖父母參加幼兒教育，將有機會轉化幼小心靈的社交和認知心態，[23]這個概念由費德門（Marc Freedman）和拉森（Carol Larson）所提倡，費德門創辦了「經驗團隊」，同時是「CoGenerate」的創辦人兼共同執行長，拉森則是史丹佛大學長壽研究中心的資深研究員，「愛心團隊」的概念可以吸引長輩幫助孩子讀書、學習、發展，同時也可以擴大，讓數百萬對長者／孩子參與其中。在協助小小學習者這件事情上，樂齡長者自然而然能組成「大軍」，研究顯示，長輩更有耐性、情緒管理更佳、更有毅力，而且往往更有時間，因此，帶起孩子通常更得心應手。[24]問題是：有多少長輩願意或有能力投入？爲了集結長輩大軍支持幼兒發展，「愛心團隊」可以結合政府、慈善和企業資金，這樣一來，長者可以當志工、也可以領薪酬，在教育環境中協助指導識字、監督孩子遊戲。此外，「愛心團隊」可以同步協調在地計畫，培養集體身分感、使命感、團結感。

計畫：社區主導的創新與連結

有了地、有了人，接著就要有計畫。爲了促進幼兒的福祉與成長，由社區主導的計畫可發揮草根智慧與支援網路的關鍵作用，確保孩子不僅能成長，而且還能茁壯。我將重點介紹兩項前景看好的計畫。

二〇一三年，湯延（Taylor Toynes）任職德州達拉斯郡檢察官辦公室，發現了一個可怕的統計數字。湯延從小就住在達拉斯郡櫟樹崖區的「超級街區」，郵遞區號「七五二一六」，這地方在二〇一三年有六百八十一名更生人，卻只有兩位高中畢業生有可能成為大學新鮮人。湯延決定著手解決，目標是「藉由教育文化，增加社會流動性和社會資本，將櫟樹崖從系統性壓迫中解放出來」，這正是非營利組織「給櫟樹崖」（For Oak Cliff）的使命宣言。[25]

湯延在創辦「給櫟樹崖」之前，先離開了達拉斯郡檢察官辦公室，透過非營利組織「為美國而教」（Teach for America）在櫟樹崖區的布須曼小學任教，看到學生大多沒有文具，他意識到問題源自該區極度貧窮。二〇一五年夏天，湯延動員學生、居民和組織，發起了第一屆「返校季」，提供櫟樹崖區的學生可以裝滿書包的文具用品，以及相關資源與服務的提供者資訊，幫助孩子順利度過整個學年。此後，「返校季」越辦越好，每年暑假都會幫助超過四千名學生和家長。

「返校季」很快就成為每年的重頭戲，並促成了「給櫟樹崖」的創立，在「七五二一六櫟樹崖區」推行各項具有影響力的工作，「返校季」只是其中之一。二〇一六年，「給櫟樹崖」在黑人經營的格蘭代爾購物中心租下辦公空間，提供寶貴的兩代教育計畫，「給櫟樹崖」發現，讓每個家庭成員（包括學生和監護人）一起參與，更能有效創造徹底改變，包括提供幼兒課程給零到三歲的「幼苗生」，提供課後輔導及補習課程給六到十二歲的孩子，提供家長及其他大人普通教育發展課程。

最近，「給櫟樹崖」又往前邁出一大步，購置了占地四公頃、面積達五百六十坪的設施，這裡原本是基督教青年會慕嵐分會的會館，現在是「給櫟樹崖社區學校」，致力於推動各項使命驅動計畫，包括夏季體育營、社區瑜伽課、兩個月一次的小農市集、銀髮族社區聚會，[26]會館裡頭有食品儲藏室、社區花園、電影院，外頭有健行步道、沙灘排球場、果園等靈活的場地和活動空間。湯延分享道：「我很高興能帶來滿滿的愛，讓大家齊聚在一起。」「給櫟樹崖」的努力開花結果，將近五十位大人完成了普通教育發展課程，更有七千名小小學習者在優質的幼教環境中成長。

紐約市的「哈林兒童計畫」（Harlem Children's Zone）由卡納達（Geoffrey Canada）創立，提供從出生到職業生涯階段的全面支持，向來是社區改造典範，包括其中的「寶寶學院」（Baby College）計畫。二〇一四年，十四歲的莫琳娜（Kiara Molina）站在白宮講臺上介紹歐巴馬總統，這天是歐巴馬宣布成立「希望計畫」（Promise Zones）的日子，白宮邀請卡納達介紹總統出場，介紹詞中，卡納達對自己高中畢業後的去向毫不懷疑：「以前我想當獸醫。現在，我想……我應該會當律師，因爲我喜歡看《法網遊龍》。」接著，卡納達補了一句：「但無論要當獸醫還是律師，我都得先上大學。」[27]這段發言雖然逗笑了總統，但莫琳娜是認眞要上大學，如今的她已經從雪城大學紐豪斯公共傳播學院畢業。

莫琳娜證明了孩子潛力無窮，是「哈林兒童計畫」的光輝典範，從「哈林寶藏」學前班開始，一直到「希望學院」（Promise Academy）特許高中，再到後來參與「高等教育和職業支援中心」，哈林兒童計畫不遺餘力幫助像莫琳娜這樣的學子，從小拉拔到大，看著孩子茁壯成長。現在，莫琳娜希望能回饋下一代學子，讓學弟妹也能獲得同樣的成功。莫琳娜說：「看到哈林兒童計畫對我的影響，讓我有動力去幫助其他像我一樣的孩子，讓他們也能達到像我一樣的成就。」

「哈林兒童計畫」是「希望社區計畫」的範例，後者由美國教育部出資贊助，致力於將貧困集中的社區轉變爲充滿機會的社區，從幼時著手，專門改善孩子的人生。要評估「希望社區計畫」的成效相當不容易，像這樣的大規模社會計畫，執行結果會因過程和當地環境而異，成功與否取決於多種因素，包括實施的品質與盡責程度、社區參與度、資金穩定度，以及所提供服務的廣度。然而，根據不同地區的「希望社區計畫」初步研究及報告，某些領域取得了正面的成果，包括改善幼兒園就學準備、提升高中畢業率、增進家庭和社區對兒童教育的支持。[28]雖然「希望社區計畫」面臨挑戰，需要大量投資和時間才能實現目標，但整體的共識是——這些計畫有潛力爲社區帶來重大的影響。

本書再三顯示：愛是孩子教育中最強大的力量，能啓發、能激勵、能治癒，只要以愛爲基礎來打造社區，社區中任何學習都會充滿同情心、同理心和歸屬感，最終目標是地方創生、賦能居民、支持融合關懷與學習的計畫，讓愛與學習缺一不可，讓每個孩子感覺受到重視，讓教育不僅關乎頭腦、也關乎心靈。

結語 呼籲體制改革

二〇一五年夏天，我在奧米迪亞網路的團隊建立了美國教育體制的系統圖。系統圖描繪特定系統內利益相關者之間的關係和互動，目的在簡化龐大的複雜結構以利概念理解。我們團隊繪製的大尺寸系統圖貼滿了便利貼、氣泡、箭頭，展示孩子從出生到職業生涯階段的學習旅程，目標是闡明驅動學習的關鍵力量和因素，讓孩子在各自的人生旅程發光發熱，這張系統圖和文字敘述集結了數百名利益相關者的集體智慧，他們在繪製過程中與我們團隊合作，包括學習者、教育工作者、照顧者、學校管理者、家長、祖父母、政策制定者、研究人員、社區組織、資助者、教育創業者，以及其他體制的領袖。

系統圖以視覺序列圖闡述美國教育體制長期存在不公的原因，最重要的是找出可以帶來變革的施力點。此外，系統圖突顯了一個系統內的許多系統，揭示了美國教育體制通常都能如期運作——也就是說，對某些孩子有效，但對許多孩子無效——打臉了教育是精英制度和機會之路的信念。美國小孩的教育成果主要取決於人生起點，包括家庭、社區、社會經濟地位、種族、民族，性別多少也占了一些因素。整體而言，比起大多數同級國家，美國教育體制缺乏社會流動性，收入後段班家庭的學習者中，大學畢業的機率只有一六%。[1]在美國想成功，爸媽有錢比天生聰明更重要。比起家境貧窮的數學小天才，家境富有但成績差的幼兒園小朋友更有機會從大學畢業。[2]

一九九八年，eBay上市，潘蜜拉・奧米迪亞和先生皮耶・奧米迪亞晉升富豪，二〇二一年發布的富比士富豪榜，皮耶・奧米迪亞名列第二十四，淨資產估計超過兩百億美元。eBay首次公開募股時，潘蜜拉和皮耶才三十出頭，經過一番深思熟慮，決定了如何處理自己的財富——捐出去。夫妻倆認爲，既然財富是從eBay而來，而eBay是連結賣家與買家的平台，那麼，來自eBay的財富就應該重新分配、造福他人。

自此之後，夫妻倆展現了難得的謙卑與決心，將淨資產用於造福人類，試過各式各樣的慈善捐贈，最終在二〇〇四年創立了奧米迪亞網路，是影響力投資和公益創投方面的先驅組織，我在這間傑出的組織工作了將近十年，資助了營利企業和非營利組織，爲世界各地的個人創造機會改善生活，同時建立並領導奧米迪亞在美國教育領域的計畫（二〇二〇年，奧米迪亞網路更名爲「Imaginable Futures」）。奧米迪亞夫婦簽署了捐獻誓言，這項誓言是由億萬富豪承諾在有生之年捐出至少五成以上的財富。截至二〇二二年，奧米迪亞夫婦已捐出數十億美元資助慈善事業，更重要的是，根據二〇一八年的分析報告，奧米迪亞的慈善事業已惠及全球超過十億人的生活。[3]

當年奧米迪亞夫婦問了我一個直接了當的問題：奧米迪亞網路該不該投資美國教育？這是一個簡單的問題，卻沒有簡單的答案。畢竟，任何複雜的社會問題都沒有簡單的解決方案，學習和教育當然也不例外。美國政府——州政府、地方政府、聯邦政府加總起來——每年花在教育上的經費超過一兆美元，因此，相較之下，任何慈善事業的捐款顯得微不足道，就算捐個兩百億美元也只是杯水車薪！此外，儘管許多慈善事業投入教育，但究竟帶來多大的改變，未必說得清楚，有些批評聲浪甚至挑明：公共教育系統應該由人民管理、為人民服務，慈善事業不該雞婆。

回到系統圖。在分析過程中，某些領域的輪廓逐漸清晰——在這些領域中，慈善資金縱使發揮不了催化作用，也能發揮相輔相成的影響，其中躍然紙上的是兩大機會：幼兒發展和人際關係。

系統思考有一個術語叫「『啊哈！』時刻」，發現系統圖上最大施力點的當下，就是我的「『啊哈！』時刻」。在系統圖的正中心，有兩個緊緊相連的圓圈——一個是孩子，一個是主要照顧者，從而引導我們團隊體認到一條深刻且飽經研究的眞理：代際關係是孩子發展和學習的關鍵，也影響了貧窮的世代循環。老實說，盯著系統圖看時，我差一點就忽略了代際關係，反而一味盯著各個兒童的發展軌跡，忽略了兒童的學習環境與促進學習的關係網絡（包括家庭、社區、各級政府）。事實證明，我們的教育系統和整個社會也經常忽略這些關係。

一直以來，人際關係都是學習和茁壯成長最大的催化劑，希望這本書已經闡明了這一點。儘管各家用詞可能不同，有人用「羈絆」，有人用「依附」，有人用「同頻」，或是「兩代」、「三代」、「四代」策略，甚至直接用「愛」，但數不清的科學家都強調：人際關係對於孩子發展不可或缺。然而，人際關係也是教育中最被低估、最被忽視的部分，人際關係往往被視爲理所當然，而非刻意優先考慮，也沒有教導人際關係的知識給孩子、家長和教育工作者，大多數的教育環境都忌諱談「愛」，不去追蹤、不去測量影響幼兒的人際關係，整個教育體制和健康系統並非圍繞著人際關係而建立。說到底，科學已經證實：人際關係（尤其是幼兒時期的人際關係）是孩子學習和茁壯成長的不二法門，同時也是最未被充分利用的祕訣。

我投資了數十個組織和計畫，針對系統圖帶來的兩大啓發採取行動。我和奧米迪亞網路／Imaginable Futures的團隊建立了一個投資組合，其中包含將近五十家創新教育組織。身兼慈善和營利導向的資助者和投資者，我種下許多希望滿滿的點子，並灌溉這些點子長大成形至有效的解決方案，從而改善數百萬人的生活，同時影響托育與幼教領域。我也有機會提供建議給上百位鼓舞人心的非營利和營利教育創業者、教育工作者、家長、政策制定者、倡議者、研究人員，樂見幼兒教育和兒時關係爲孩子、教育工作者、家庭帶來轉變。我參觀了四十二個州的幼兒教育和家庭計畫（如果你想知道，目前我服務的地方包括北達科他州、南達科他州、阿拉斯加州、懷俄明州、密西西比州、阿肯色州、密蘇里州、愛荷華州），我甚至參觀了巴西、中國、丹麥、法國、印度、肯亞、摩洛哥、卡達、南非的幼教機構，見證了來自各地兒童、家庭、教育工作者和社區的喜悅、韌性、希望和勇氣。

在全球疫情四起之初，我意識到慈善家與社會企業投資人的工作，不足以解決幼兒時期關係匱乏的無聲危機，因此，我決定離開奧米迪亞集團，開始著手撰寫這本書，希望能在寫作過程中找到解答，沒想到卻發現更多問題。

我意識到：光是解決這個無聲的重大危機遠遠不夠，因爲人力資本從幼教時期就開始受到忽視，整個社會需要徹底轉型改而專注幼兒時期，提升並優先重視人際關係和人際智商。我很樂觀，我相信我們可以翻新，一起拿出力量、重燃希望，擁抱日益多元的人口、賦予家庭和社區權力。

踏上這段旅程時，我滿懷抱負，希望觸動人心、打動大腦，啓發幼兒教育的新思維和合作解決方案。現在，我意識到，傾聽家庭、傾聽教育工作者、傾聽兒權維護者、傾聽兒童的聲音，徹底改變了我的心與腦，同時加強了我的信念，讓我更加重視兒時關係，也讓我意識到這樣的願景非常複雜。

比起以往，如今的我深深體會到：要爲小小學習者、爲我們的社會打造更光明的未來，就必須徹底改變心態，扭轉對童年的輕視，改變我們支持家庭和幼教工作者的方式。這個體制危機無法單靠個人解決，但是，只要共同努力，就有希望找到更好的、以關係爲中心的解決方案，讓每個孩子都能學習成長、發光發熱。

「爲兒童提供更好的人際關係」不能只是口號，必須解決造成人際關係匱乏的根本問題。這本書藉由突顯帶來希望的解決方案，盼能激發更多創新來推動體制變革，優先重視從產前、幼兒時期到整個童年期間的人際關係。世界各地正在進行各種人際關係創新，我在寫書的過程中發現，隨著家庭成員互動模式的演變、新科學和新技術發展，以及代際之間日益團結，促進了跨齡的智慧、資源、價值觀交流，強化不同年齡層之間的連繫和理解，現在的我們，正站在爲未來世代重新想像親屬關係的前沿。

熱愛學習、需要愛、需要被愛，這些在人類敘事中並非毫無交集的平行線，反而是互相交錯的線條，交織成我們成長和發展的經緯。爲了在不斷變化的世界中綻放光芒，對學習的熱愛會引領我們穿越未知的領域，點燃我們的好奇，爲我們的創新之旅提供燃料，而點燃和維持學習火焰的，是我們身邊充滿關愛和滋養的人際關係。因爲被愛，我們找到了連結的禮物、參與的能力、提問的勇氣、堅持的力量和想像的自由。

在這個渴望更新的世界，願我們都能終生學習，願我們都能去愛和被愛，願我們都能發現結合愛與學習帶來的力量。

這本書只是開場序曲。一起爲下一代打造學習的美好未來，一起爲世人創造人際關係的美好未來。

謝詞

本書見證了人際關係的力量及其對人生的深遠影響。我懷著深深的感激之情，感謝許多支持和啓發這本書的個人和團體。養一個孩子要靠整個村落，出一本書同樣也要靠整個村落。在此，我要感謝我那不可思議的「書籍村」。

感謝我的家人——你們堅定不移的愛與鼓勵是我的基石，謝謝你們培養了我的好奇心和對學習的熱情，你們對我的信任是我踏上這段旅程的原動力。感謝Peter——我生命中的摯愛，你一直以來的支持和愛是我最大的力量來源，書稿一改再改，你審閱了無數次，提供了精闢的意見和堅定不移的鼓勵，對於本書成形至關重要。感謝我的女兒Olivia——妳是才華橫溢的作家兼設計師，這本書的初稿妳看了無數次，並架設網站將書中的願景帶給全世界，謝謝妳。還有Sophia，看著妳慢慢長大，出落得美麗聰慧、能言善道，向來是我投身這份工作的動力。感謝我的爸媽和公婆，你們的愛與智慧塑造了今天的我。你們的支持在這段旅程中無比珍貴。謝謝爸爸，將這本書一字一句翻譯成法語給媽媽看。

出身教育世家，能夠傳承衣缽，我深感榮幸。我要特別感謝媽媽和身爲資深幼教老師的姊姊Florence，妳們獻身教育，先後榮獲學術棕櫚騎士勳章（Palmes Académiques，相當於法國的師鐸獎），妳們卓越的成就和對教育的奉獻令我無比自豪、備受鼓舞，妳們對教育的貢獻深深影響無數生命，妳們的事蹟將激勵未來的世代。我也想藉這本書緬懷祖父母，他們是盡忠職守的老師，這本書承繼了他們的遺志，作爲教育工作者，他們的熱情和對培育年輕心靈的承諾深深影響了我，也啓發了這本書。感謝我的弟弟Antoine，他的幽默感總能讓我保持樂觀和微笑。

感謝這本書的「董事會」成員：Carol Carter、Betsy Corcoran、Steven Dow、Luis Duarte、Ellen Galinsky、Derrick Johnson、Martha Kanter、Amy Klement、Anne Mosle、Michel Levine、Joan Lombardi、Linda Roberts、Marjorie Sims，謝謝你們堅定不移的支持和指教，你們的前瞻洞見與堅定承諾，既是這本書成形的關鍵，更是這本書成功的保證。

感謝這本書的初稿讀者：Kate Jerome、Victoria Dimitrakopoulos、Jenn Clark，感謝你們催生了新的想法，你們的心得和反思完善了這本書的概念和論點，你們的熱情和大力支持的批判觀點，讓這本書更豐富、更有影響力。

感謝我二十年來從不中斷的讀書會，感謝史丹佛大學的同事，感界教育界的朋友和合作夥伴，你們的見解和智慧豐富了這本書，感謝你們寶貴的貢獻。你們對教育界的貢獻，以及對培養孩子潛能的承諾，一直是我們的靈感來源。

感謝PublicAffairs／Hachette Book Group的出版人——Clive Priddle和Lara Heimert從一開始就相信這本書的願景，並在成書過程中提供堅定不移的支持，謝謝你們幫助這本書問世。感謝PublicAffairs／Hachette Book Group出版團隊成員——Anupama Roy-Chaudhury、Shena Redmond、Brieana Garcia、Jenny Lee、Liz Wetzel、Kelley Blewster，謝謝你們的支持。感謝我的超級經紀人——Marsal Lyon作家經紀公司的Jill Marsal，這本書的每一步都有她參與其中。感謝我的編輯Lisa Kauffman，謝謝妳與我合作每個細節，幫助我實現書中願景，妳的專業和奉獻無比珍貴。

感謝Amy Klement、Ashley Beckner、Vinice Davis、Luis Duarte、Enyi Okebugwu、Imaginable Futures的團隊，以及慷慨贊助這項出版計畫並全程指導的奧米迪亞夫妻，你們對書中願景的信念和支持，是這本書得以問世的關鍵。感謝你們的信任與鼓勵。

感謝教育創業者、倡導者、創新者孜孜矻矻翻轉教育，你們的開拓精神和犧牲奉獻鼓舞人心，你們的努力爲未來的教育鋪路，讓教育更包容、更創新、更有影響力。

感謝教育工作者、家長、祖父母、照顧者，你們不眠不休地致力於幼兒心智的成長與發展，謹將這本書獻給你們。你們的工作是愛的勞動，透過你們的雙手，未來世代的種子得以播撒。感謝你們奉獻不懈，相信人際關係具有點化的力量。

感謝孩子，你們無限的好奇和無邊的喜悅，提醒著大人幼年階段的神奇和潛能，謝謝你們成爲這本書的核心，鼓勵我去想像未來——到時候學習將是快樂和親密的旅程，每個孩子都有機會發光發熱。

最後，感謝所有讀者，謝謝你們隨我踏上這段旅程。希望這本書能啓發你的想像力、創新力，並且在生活和工作中優先重視愛和人際關係。我們可以一起發掘每個人內在的潛能，創造以教育改變世界的未來。齊心協力，未來已來。

衷心感謝，靈感無限。

註釋

序言　播下連結的種子

1 Garner, A., and Yogman, M., “Preventing Childhood Toxic Stress: Partnering with Families and Communities to Promote Relational Health,” *Pediatrics* 148, no. 2 (2021), https://doi.org/10.1542/peds.2021-052582.

2 Office of the Surgeon General, *Our Epidemic of Loneliness and Isolation: The US Surgeon General's Advisory on the Healing Effects of Social Connection and Community* (US Department of Health and Human Services, 2023), https://pubmed.ncbi.nlm.nih.gov/37792968/.

3 America's Promise Alliance, *Every Child, Every Promise: Turning Failure into Action* (2006), https://eric.ed.gov/?id=ED505358.

4 Margolius, M., Doyle Lynch, A., Hynes, M., Flanagan, S., and Pufall Jones, E., *What Drives Learning: Young People's Perspectives on the Importance of Relationships, Belonging, and Agency* (Center for Promise, 2020), https://files.eric.ed.gov/fulltext/ED617364.pdf.

5 Dumitriu, D., “Life-Long Negative Impacts of COVID-19 on Mother-Infant Outcomes,” Early Childhood Funder Collaborative, March 18, 2021, www.youtube.com/watch?v=GVrXdC4FP1w.

6 “Time Spent in Leisure and Sports Activities, 2022,” US Bureau of Labor Statistics, July 7, 2023, www.bls.gov/opub/ted/2023/time-spent-in-leisure-and-sports-activities-2022.htm; “American Time Use Survey—2012 Results,” news release, US Bureau of Labor Statistics, June 20, 2013, www.bls.gov/news.release/archives/atus_06202013.pdf.

7 Press Association, “Children Spend Only Half as Much Time Playing Outside as Their Parents Did,” *The Guardian*, July 27, 2016, www.theguardian.com/environment/2016/jul/27/children-spend-only-half-the-time-playing-outside-as-their-parents-did.

8 Twenge, J. M., Haidt, J., Blake, A. B., McAllister, C., Lemon, H., and Le Roy, A., “Worldwide Increases in Adolescent Loneliness,” *Journal of Adolescence* 93 (2021): 257–269, https://doi.org/10.1016/j.adolescence.2021.06.006.

9 Goodwin Cartwright, B. M., Smits, P. D., Stewart, S., Rodriguez, P. J., Gratzl, S., Baker, C., and Stucky, N., “Time-Series Analysis of First-Time Pediatric Speech Delays from 2018 to 2022,” *JAMA Pediatrics* 178, no. 2 (2024), https://doi.org/10.1001/jamapediatrics .2023.5226.

10 Gotlib, I. H., Miller, J. G., Borchers, L. R., Coury, S. M., Costello, L. A., Garcia, J. M., and Ho, T. C., “Effects of the COVID-19 Pandemic on Mental Health and Brain Maturation in Adolescents: Implications for Analyzing Longitudinal Data,” *Biological Psychiatry Global Open Science* 3, no. 4 (2023): 912–918, advance online publication, https://doi.org /10.1016/j.bpsgos.2022.11.002.

11 Dworak, E. M., Revelle, W., and Condon, D. M., “Looking for Flynn Effects in a Recent Online U.S. Adult Sample: Examining Shifts Within the SAPA Project,” *Intelligence* 98 (2023), article 101734, https://doi.org/10.1016/j.intell.2023.101734; Dutton, E., van der Linden, D., and Lynn, R., “The Negative Flynn Effect: A Systematic Literature Review,” *Intelligence* 59 (2016): 163–169, https://doi.org/10.1016/j.intell.2016.10.002; Pietschnig, J., and Gittler, G., “A Reversal of the Flynn Effect for Spatial Perception in German-Speaking Countries: Evidence from a Cross-Temporal IRT-

Based Meta-Analysis (1977–2014)," *Intelligence* 53 (2015): 145–153, https://doi.org/10.1016/j.intell.2015.10.004; Sundet, J. M., Barlaug, D. G., and Torjussen, T. M., "The End of the Flynn Effect? A Study of Secular Trends in Mean Intelligence Test Scores of Norwegian Conscripts During Half a Century," *Intelligence* 32, no. 4 (2004): 349–362, https://doi .org/10.1016/j.intell.2004.06.004; Bratsberg, B., and Rogeberg, O., "Flynn Effect and Its Reversal Are Both Environmentally Caused," *Proceedings of the National Academy of Sciences of the United States of America* 115, no. 26 (2018): 6674–6678, https://doi.org/10.1073/pnas.1718793115; Amundsen, B., "Our IQ Is Steadily Declining. Should You Be Worried?," *ScienceNorway.no,* April 4, 2023, www.sciencenorway.no/health-intelligence-iq/our-iq-is-steadily-declining/2180595.

12 Shen-Berro, J., "Student Behavior Remains Concerning Among COVID's Impact, Educators Say," Chalkbeat, March 7, 2023, www.chalkbeat.org/2023/3/7/23628032/student-behavior-covid-school-classroom-survey/.

13 Dumitru, O., "How Are Teachers Changing Their Students' Lives?," August 22, 2022, YouGov, https://today.yougov.com/society/articles/43501-how-teachers-changing-their-students-lives-poll.

14 van Dyck, L. I., and Morrow, E. M., "Genetic Control of Postnatal Human Brain Growth," *Current Opinion in Neurology* 30, no. 1 (2017): 114–124, https://doi.org/10.1097/WCO.0000000000000405.

15 Paschall, K., and Moore K. A., "National Outcome Measure of Healthy and Ready to Learn," Child Trends, November 7, 2018, https://cms.childtrends.org/project/national-outcome-measure-healthy-ready-to-learn.

16 UNICEF, "175 Million Children Are Not Enrolled in Pre-Primary Education" (press release), April 9, 2019, https://tinyurl.com/4azbhk65.

17 Hau, I. "Education Has Been Hammering the Wrong Nail. We Have to Focus on the Early Years," *EdSurge,* December 21, 2021, https://www.edsurge.com/news/2021-12-21-education-has-been-hammering-the-wrong-nail-we-have-to-focus-on-the-early-years; Reich, R., "Class 13: 'Reducing Inequities in Education,' " UC Berkeley, YouTube video, 2022, https://youtube/W9rtmYxwvD0.

18 Pritzker, J. B., Bradach, J. L., and Kaufman, K., *Achieving Kindergarten Readiness for All Our Children: A Funder's Guide to Early Childhood Development from Birth to Five* (Bridgespan Group and Pritzker Children's Initiative, 2015), www.bridgespan.org/getmedia /c7b49388-b3b3-4e31-999d-91f0749cf5e1/early-childhood-funder-guide-2015.pdf.

19 See Love Quotient website, accessed June 15, 2024, https://thelovequotient.org/.

第一部 幼兒人際危機

第一章 兒時關係的預測值

1 William T. Grant Foundation website, accessed June 17, 2024, https://wtgrantfoun dation.org/about/history.

2 Harvard Study of Adult Development website, accessed June 17, 2024, www.adultdevel opmentstudy.org/.

3 Waldinger, R., "What Makes a Good Life? Lessons from the Longest Study on Happiness" (video), TEDxBeaconStreet, November 2015, www.ted.com/talks/robert_waldinger_what_makes_a_good_life_lessons_from_the_longest_study_on_happiness?language=en; Waldinger, R., and Schulz, M., *The Good Life: Lessons from the World's Longest Scientific Study of Happiness* (New York: Simon and Schuster, 2023).

4 Vaillant, G., "Happiness Is Love: Full Stop," Harvard Medical School and Brigham and Women's Hospital, 2013, www.duodecim.fi/xmedia/duo/pilli/duo99210x.pdf.

5 Werner, E. E., and Smith, R. S., "An Epidemiologic Perspective on Some Antecedents and Consequences of Childhood Mental Health Problems and Learning Disabilities: A Report from the Kauai Longitudinal Study," *Journal of the American Academy of Child Psychiatry* 18, no. 2 (1979): 292–306; Werner, E., "Resilience and Recovery: Findings from the Kauai Longitudinal Study," *Research, Policy, and Practice in Children's Mental Health* 19, no. 1 (2005): 11–14, www.pathwaysrtc.pdx.edu/pdf/fpS0504.pdf.

6 "Public Spending on Childcare and Early Education," OECD Family Database, February 2023, www.oecd.org/els/soc/PF3_1_Public_spending_on_childcare_and_early_education.pdf. OECD 國家在 2019 年平均將 GDP 的 0.8% 用於幼兒教育與照護；同年，美國僅投入 0.3%。Lawrence, S., and Fine, M., *Trends in Education Philanthropy: Benchmarking 2018–19* (Grantmakers for Education, February 2019), https://files.eric.ed.gov/fulltext/ED595154.pdf. 2018 年，用於幼兒學習／小學／中學教育以及高等教育的經費中，分配給幼兒學習的補助款僅占 4%（頁 5）.

7 LENA website, accessed June 17, 2024, www.lena.org.

8 Gilkerson, J., *Inside Early Talk* (LENA, 2020), https://3975639.fs1.hubspotusercontent-na1.net/hubfs/3975639/03.%20Backgrounders/Inside%20Early%20Talk_20210303.pdf.

9 Gilkerson, J., Richards, J. A., Warren, S. F., Oller, D. K., Russo, R., and Vohr, B., "Language Experience in the Second Year of Life and Language Outcomes in Late Childhood," *Pediatrics* 142, no. 4 (2018), https://doi.org/10.1542/peds.2017-4276.

10 Richards, J. A., Gilkerson, J., Xu, D., and Topping, K., "How Much Do Parents Think They Talk to Their Child?," *Journal of Early Intervention* 39, no. 3 (2017): 163–179, https://doi.org/10.1177/1053815117714567.

11 "National Parent Survey Overview and Key Insights," Zero to Three, June 6, 2016, www.zerotothree.org/resource/national-parent-survey-overview-and-key-insights/.

12 McLean, C., Austin, L. J. E., Whitebook, M., and Olson, K. L., *Early Childhood Workforce Index 2020* (Center for the Study of Child Care Employment, 2021), https://cscce.berkeley.edu/workforce-index-2020/report-pdf/.

13 Pfitzer, S., interview with Shonkoff, J., "Serve and Return: Supporting the Foundation," *The Brain Architects* podcast, 2019, https://developingchild.harvard.edu/resources/the-brain-architects-podcast-serve-and-return-supporting-the-foundation/.

14 "Family Engagement and School Readiness," Administration for Children and Families, 2018, https://eclkc.ohs.acf.hhs.gov/sites/default/files/pdf/rtp-school-readiness.pdf.

15 Sawhill, I. V., Winship, S., and Searle Grannis, K., *Pathways to the Middle Class: Balancing Personal and Public Responsibilities* (Center on Children and Families at the Brookings Institution, September 20, 2012), 8.

16 參與高品質幼兒學習計畫的兒童，其畢業率更高："Lifelong Gains," First Five Years Fund, accessed June 17, 2024, www.ffyf.org/by-topic /lifelong-gains/; Gray-Lobe, G., Pathak, P. A., Walters, C. R., "The Long-Term Effects of Universal Preschool in Boston" (NBER Working Paper 28756, May 2021), www.nber.org/system/files/working_papers/w28756/w28756.pdf; Bailey, M., Sun S., Timpe, B. D., "Prep School for Poor Kids: The Long-Run Impacts of Head Start on Human Capital and Economic Self-Sufficiency," (NBER Working Paper 28268, December 2020), www.nber.org/system/files/working_papers /w28268/w28268.pdf.

曾接受高品質幼兒教育的成年人，更有可能擁有全職工作、房產，以及儲蓄帳戶：Campbell, F. A., Ramey, C. T., Pungello, E., Sparling, J., and Miller-Johnson, S., "Early Childhood Education: Young Adult Outcomes from the Abecedarian Project," *Applied Developmental Science* 6, no. 1 (2002), https://doi.org/10.1207/S1532480XADS0601_05.

在童年時期參與過高品質幼教計畫（如「Head Start」）的成年人，長期健康狀況更佳，包括憂鬱症、酒精與菸草使用，以及心血管疾病的發生率較低：Hoagland, C., Fumia, D., and Reynolds, M., *Early Childhood Education for Low-Income Students: A Review of the Evidence and Benefit-Cost Analysis* (Washington State Institute for Public Policy, 2019), www.wsipp.wa.gov/ReportFile/1547/Wsipp_Early-Childhood-Education-for-Low-Income-Students-A-Review-of-the-Evidence-and-Benefit-Cost-Analysis_Full-Report.pdf.

早期的社會經驗會影響成年人在戀愛關係中的行為：Simpson, J. A., Collins, W. A., Tran, S., and Haydon, K. C., "Attachment and the Experience and Expression of Emotions in Romantic Relationships: A Developmental Perspective," *Journal of Personality and Social Psychology* 92, no. 2 (2007), https://doi.org/10.1037/0022-3514.92.2.355; Rauer, A. J., Pettit, G. S., Lansford, J. E., Bates, J. E., and Dodge, K. A., "Romantic Relationship Patterns in Young Adulthood and Their Developmental Antecedents," *Developmental Psychology* 49, no. 11 (2013), https://doi .org/10.1037/a0031845; Crouter, A. C., and Booth, A., *Romance and Sex in Adolescence and Emerging Adulthood: Risks and Opportunities* (London: Psychology Press, 2014).

17 Kuhl, P. K., "Brain Mechanisms in Early Language Acquisition," *Neuron* 67, no. 5 (2010), https://doi.org/10.1016/j.neuron.2010.08.038.

18 Kuhl, P. K., "The Linguistic Genius of Babies" (video), TEDxRainier, October 2010, www.ted.com/talks/patricia_kuhl_the_linguistic_genius_of_babies?language=en.

19 Kuhl, P. K., "Early Language Learning and Literacy: Neuroscience Implications for Education," *Mind, Brain and Education* 5, no. 3 (2011), https://doi.org/10.1111/j.1751 -228X.2011.01121.x.

20 Kuhl, "Brain Mechanisms in Early Language Acquisition."

21 Kuhl, P. K., Tsao, F. M., and Liu, H. M., "Foreign-Language Experience in Infancy: Effects of Short-Term Exposure and Social Interaction on Phonetic Learning," *Proceedings of the National Academy of Sciences of the United States of America* 100, no. 15 (2003), https://doi.org /10.1073/pnas.1532872100.

22 Friederici, A. D., Friedrich, M., and Christophe, A., "Brain Responses in 4-MonthOld Infants Are Already Language Specific," *Current Biology* 17, no. 14 (2007), https://doi.org/10.1016/j.cub.2007.06.011.

23 Schaadt, G., Zsido, R. G., Villringer, A., Obrig, H., Männel, C., and Sacher, J., "Association of Postpartum Maternal Mood with Infant Speech Perception at 2 and 6.5 Months of Age," *JAMA Network Open* 5, no. 9 (2022), https://doi.org/10.1001/jamanetworkopen.2022.32672; Fernald, A., "Approval and Disapproval: Infant Responsiveness to Vocal Affect in Familiar and Unfamiliar Languages," *Child Development* 64, no. 3 (1993), https://doi.org/10.2307/1131209.

24 Izard, V., Sann, C., Spelke, E. S., and Streri, A., "Newborn Infants Perceive Abstract Numbers," *Proceedings of the National Academy of Sciences of the United States of America* 106, no. 25 (2009), https://doi.org/10.1073/pnas.0812142106; Beck, J., and Clarke, S., "Babies Are Born with an Innate Number Sense," *Scientific American*, March 1, 2021, www.scientificamerican.com/article/babies-are-born-with-an-innate-number-sense/.

25 Gilmore, C. K., McCarthy, S. E., and Spelke, E. S., "Symbolic Arithmetic Knowledge Without Instruction," *Nature* 447, no. 7144 (2007), https://doi.org/10.1038/nature05850.

26 Bedtime Math website, accessed June 17, 2024, https://bedtimemath.org/.

27 Berkowitz, T., Schaeffer, M. W., Maloney, E. A., Peterson, L., Gregor, C., Levine, S. C., and Beilock, S. L., "Math at Home Adds Up to Achievement in School," *Science* 350, no. 6257 (2015), https://doi.org/10.1126/science.aac7427; Schaeffer, M. W., Rozek, C. S., Berkowitz, T., Levine, S. C., and Beilock, S. L., "Disassociating the Relation Between Parents' Math Anxiety and Children's Math Achievement: Long-Term Effects of a Math App Intervention," *Journal of Experimental Psychology* 147, no. 12 (2018), https://doi.org/10.1037/xge 0000490.

28 High 5s project website, accessed June 17, 2024, www.mdrc.org/work/projects/high-5s-project.

29 Mattera, S., Tepper Jacob, R., MacDowell, C., and Morris, P., "Long-Term Effects of Enhanced Early Childhood Math Instruction," MDRC, December 2021, www.mdrc.org/work/publications/long-term-effects-enhanced-early-childhood-math-instruction; Guest, G., "Math Games: High 5s Program Brings the 'Math Out of Play,'" *Michigan News*, April 11, 2022, https://news.umich.edu/math-games-high-5s-program-brings-the-math-out-of-play/.

30 Durand, V. N., Loe, I. M., Yeatman, J. D., and Feldman, H. M., "Effects of Early Language, Speech, and Cognition on Later Reading: A Mediation Analysis," *Frontiers in Psychology* 4, no. 586 (2013), https://doi.org/10.3389/fpsyg.2013.00586.

31 Lieberman, M. D., *Social: Why Our Brains Are Wired to Connect* (Oxford, UK: Oxford University Press, 2013).

32 "Child Abuse and Neglect Prevention," CDC, May 16, 2024, www.cdc.gov/child-abuse-neglect/about/index.html.

33 "Child Maltreatment," World Health Organization, September 19, 2022, www.who.int/news-room/fact-sheets/detail/child-maltreatment.

34 "National Statistics on Child Abuse," National Children's Alliance, accessed August 6, 2024, www.nationalchildrensalliance.org/media-room/national-statistics-on-child-abuse. 全美兒童虐待統計資料引自：US Administration for Children and Families, *Child Maltreatment 2022*. 這些資料每年公布一次，是目前可取得的最新聯邦資料。年度報告可在網站查閱：www.acf.hhs.gov/cb/data-research/child-maltreatment.

35 Wang, L., Liang, W., Zhang, S., Jonsson, L., Li, M., Yu, C., Sun, Y., Ma, Q., Bai, Y., Abbey, C., and Luo, R., "Are Infant/Toddler Developmental Delays a Problem Across Rural China?," *Journal of Comparative Economics* 47, no. 2 (2019): 458–469.

36 Graham, B., "Bob Graham on Uncovering the Plight of Romanian Orphans, 31 Years Ago," *Telegraph Magazine*, 2021, www.pressreader.com/uk/the-daily-telegraph-telegraph-magazine/20210102/282437056736262.

37 Koch, C., "Does Brain Size Matter?," *Scientific American*, January 1, 2016, www.scientificamerican.com/article/does-brain-size-matter1/.

38 Fox, N. A., Almas, A. N., Degnan, K. A., Nelson, C. A., and Zeanah, C. H., "The Effects of Severe Psychosocial Deprivation and Foster Care Intervention on Cognitive Development at 8 Years of Age: Findings from the Bucharest Early Intervention Project," *Journal of Child Psychology and Psychiatry, and Allied Disciplines* 52, no. 9 (2011), https://doi.org/10.1111/j.1469-7610.2010.02355.x.

39 Fay Greene, M., "30 Years Ago, Romania Deprived Thousands of Babies of Human Contact. Here's What's Become of Them," *The Atlantic*, July/August 2020, www.theatlantic.com/magazine/archive/2020/07/can-an-unloved-child-learn-to-love/612253/.

40 Davis, N., "Severe Childhood Deprivation Reduces Brain Size, Study Finds," *The Guardian*, January 6, 2020, www.theguardian.com/science/2020/jan/06/severe-childhood -deprivation-reduces-brain-size-study-finds.

41 布加勒斯特早療計畫網站與其出版品列表，參考日期 2024 年 6 月 17 日：www.bucharestearlyinterventionproject.org/publications.

42 Bakermans-Kranenburg, M. J., Steele, H., Zeanah, C. H., Muhamedrahimov, R. J., Vorria, P., Dobrova-Krol, N. A., Steele, M., van IJzendoorn, M. H., Juffer, F., and Gunnar, M. R., "Attachment and Emotional Development in Institutional Care: Characteristics and Catch-Up," *Monographs of the Society for Research in Child Development* 76, no. 4 (2011), https://doi.org/10.1111/j.1540-5834.2011.00628.x.

43 Luby, J. L., Barch, D. M., Belden, A., Gaffrey, M. S., Tillman, R., Babb, C., Nishino, T., Suzuki, H., and Botteron, K. N., "Maternal Support in Early Childhood Predicts Larger Hippocampal Volumes at School Age," *Proceedings of the National Academy of Sciences of the United States of America* 109, no. 8 (2012): 2854–2859; Luby, J. L., Belden, A. C., Harms, M. P., Tillman, R., and Barch, D. M., "Preschool Is a Sensitive Period for the Influence of Maternal Support on the Trajectory of Hippocampal Development," *Proceedings of the National Academy of Sciences* 113 (2016): 5742–5747.

44 Luby et al., "Maternal Support in Early Childhood Predicts Larger Hippocampal Volumes."

45 Luby et al., "Preschool Is a Sensitive Period."

46 "A Father's Impact on Child Development," All4Kids, May 12, 2023, www.all4kids.org/news/blog/a-fathers-impact-on-child-development/; Fatherhood Project website, accessed June 17, 2024, https://thefatherhoodproject.org/.

47 "The Importance of Grandparents in Development," Motherhood Center, April 28, 2023, www.motherhoodcenter.com/the-importance-of-grandparents-in-development/.

48 Brody, B., "Want to Live Longer? Play with Your Grandkids. It's Good for Them Too," *Washington Post*, August 6, 2023, www.washingtonpost.com/wellness/2023/08/06/children-grandparents-play-health-benefits/; Di Gessa, G., Glaser, K., and Tinker, A., "The Impact of Caring for Grandchildren on the Health of Grandparents in Europe: A Lifecourse Approach," *Social Science and Medicine* 152 (2016), https://doi.org/10.1016/j.socscimed.2016.01.041.

49 Ramenzoni, V. C., and Liszkowski, U., "The Social Reach: 8-Month-Olds Reach for Unobtainable Objects in the Presence of Another Person," *Psychological Science* 27, no. 9 (2016), https://doi.org/10.1177/0956797616659938; Chase, C. C., Chin, D. B., Oppezzo, M. A., and Schwartz, D., "Teachable Agents and the Protégé Effect: Increasing the Effort Towards Learning," *Journal of Science Education and Technology* 18 (2009), https://doi.org/10.1007/s10956-009-9180-4.

50 Sell, M. A., Ray, G. E., and Lovelace, L., "Preschool Children's Comprehension of a 'Sesame Street' Video Tape: The Effects of Repeated Viewing and Previewing Instructions," *Educational Technology Research and Development* 43, no. 3 (1995), www.jstor.org/stable/30221007.

51 Lytle, S. R., Garcia-Sierra, A., and Kuhl, P. K., "Two Are Better than One: Infant Language Learning from Video Improves in the Presence of Peers," *Proceedings of the National Academy of Sciences of the United States of America* 115, no. 40 (2018), https://doi.org/10.1073/pnas.1611621115.

52 Bryk, A. S., "Organizing Schools for Improvement," *Phi Delta Kappan* 91, no. 7 (2010), https://doi.org/10.1177/003172171009100705.

53 Yale School of Medicine, Child Study Center, Comer School Development Program, https://medicine.yale.edu/childstudy/services/community-and-schools-programs/comer/; Stannard, E., "Comer Began Movement to Educate Whole Child in 1968," *New Haven Register*, November 26, 2018, https://www.nhregister.com/news/article/Comer-began-movement-to-educate-whole-child-in-13421830.php.

54 Roy, J., Maynard, M., and Weiss, E., *The Hidden Costs of the Housing Crisis* (Partnership for America's Economic Success, 2008), www.pewtrusts.org/-/media/legacy/uploadedfiles/wwwpewtrustsorg/reports/partnership_for_americas_economic_success/paeshousingreportfinal1pdf.pdf.

55 Hanford, E., "Early Lessons, The Perry Preschool Changed Their Lives," *American Public Media* (2018), https://americanradioworks.publicradio.org/features/preschool/teachers.html.

56 Dunn, E. C., Nishimi, K., Powers, A., and Bradley, B., "Is Developmental Timing of Trauma Exposure Associated with Depressive and Post-Traumatic Stress Disorder Symptoms in Adulthood?," *Journal of Psychiatric Research* 84 (2017), https://doi.org/10.1016/j.jpsychires.2016.09.004.

57 Osofsky, H. J., Osofsky, J. D., Kronenberg, M., Brennan, A., and Hansel, T. C., "Posttraumatic Stress Symptoms in Children After Hurricane Katrina: Predicting the Need for Mental Health Services," *American Journal of Orthopsychiatry* 79, no. 2 (2009), https://doi.org/10.1037/a0016179.

58 Perry, B. D., and Winfrey, O., *What Happened to You? Conversations on Trauma, Resilience, and Healing* (New York: Flatiron Books, 2021); Hambrick, E. P., Brawner, T. W., and Perry, B. D., "Timing of Early-Life Stress and the Development of Brain-Related Capacities," *Frontiers in Behavioral Neuroscience* 13 (2019), https://doi.org/10.3389/fnbeh.2019.00183.

59 Heckman, J., Garcia, J. L., Bennhoff, F., and Duncan Ermini L., "The Dynastic Benefits of Early Childhood Education" (Working Paper No. 2021-SSRN 77, Becker Friedman Institute for Economics, June 30, 2021), http://dx.doi.org/10.2139/ssrn.3877620.

60 Other inspirations for Head Start include the Peabody Experimental School, later renamed the Susan Gray School in Tennessee, and a program in New Haven, Connecticut, led by Jennette Galambos Stone.

61 Dixon, M. R., Paliliunas, D., Barron, B. F., Schmick, A. M., and Stanley, C. R., "Randomized Controlled Trial Evaluation of ABA Content on IQ Gains in Children with Autism," *Journal of Behavioral Education* (2019), http://doi.org/10.1007/s10864-019-09344-7.

62 Park, A., "Top 10 Medical Breakthroughs," *Time*, December 4, 2012, https://healthland.time.com/2012/12/04/top-10-health-lists/slide/hope-for-reversing-autism/.

63 Dawson, G., Rogers, S., Munson, J., Smith, M., Winter, J., Greenson, J., Donaldson, A., and Varley, J., "Randomized, Controlled Trial of an Intervention for Toddlers with Autism: The Early Start Denver Model," *Pediatrics* 125, no. 1 (2010), https://doi.org/10.1542/peds.2009-0958.

64 Holt, L. E., *The Care and Feeding of Children: A Catechism for the Use of Mothers and Children's Nurses* (New York, 1907; Project Gutenberg, 2005), www.gutenberg.org/files/15484/15484-h/15484-h.htm.

65 Watson, J. B., *Psychological Care of Infant and Child* (New York: W. W. Norton, 1928).

66 Bowlby, J., "Forty-Four Juvenile Thieves: Their Characters and Home-Life," *International Journal of Psychoanalysis* 25 (1944), https://psycnet.apa.org/record/1945-00751-001.

67 Ainsworth, M., Boston, M., Bowlby, J., and Rosenbluth, D., "The Effects of Mother-Child Separation: A Follow-up Study," *British Journal of Medical Psychology* 29 (1956), https://doi.org/10.1111/j.2044-8341.1956.tb00915.x.

68 Harlow, H. F., "The Nature of Love," *American Psychologist* 13 (1958), https://doi .org/10.1037/h0047884; Harlow, H. F., "Early Social Deprivation and Later Behavior in the Monkey," *Unfinished Tasks in the Behavioral Sciences*, ed. A. Abrams, H. H. Gurner, and J. E. P. Toman (Philadelphia: Lippincott Williams and Wilkins, 1964), 154–173.

69 Bowlby, J., *Maternal Care and Mental Health* (World Health Organization Monograph, Serial No. 2, 1951), 13.

70 Ainsworth, M. D., and Bell, S. M., "Attachment, Exploration, and Separation: Illustrated by the Behavior of One-Year-Olds in a Strange Situation," *Child Development* 41, no. 1 (1970), https://doi.org/10.2307/1127388.

71 Main, M., and Solomon, J., "Procedures for Identifying Infants as Disorganized/Disoriented During the Ainsworth Strange Situation," in *Attachment in the Preschool Years*, ed. M. T. Greenberg, D. Cicchetti, and E. M. Cummings (Chicago: University of Chicago Press, 1990), 121–160.

72 Wang, R., "The Influence of Attachment Styles on Academic Performance," *Proceedings of the 2021 4th International Conference on Humanities Education and Social Sciences (ICHESS 2021)* , 2021, www.atlantis-press.com/proceedings/ichess-21/125966960.

73 Madigan, S., Prime, H., Graham, S. A., Rodrigues, M., Anderson, N., Khoury, J., and Jenkins, J. M., "Parenting Behavior and Child Language: A Meta-analysis," *Pediatrics* 144, no. 4 (2019), https://doi.org/10.1542/peds.2018-3556.

74 Pong, S. L., Johnston, J., and Chen, V., "Authoritarian Parenting and Asian Adolescent School Performance: Insights from the US and Taiwan," *International Journal of Behavioral Development* 34, no. 1 (2010), https://doi.org/10.1177/0165025409345073.

75 Gershoff, E. T., and Font, S. A., "Corporal Punishment in U.S. Public Schools: Prevalence, Disparities in Use, and Status in State and Federal Policy," *Social Policy Report* 30, no. 1 (2016), www.ncbi.nlm.nih.gov/pmc/articles/PMC5766273/; Falcone, M., Quintero, D., and Valant, J., "Ending Corporal Punishment of Preschool-Age Children," Brookings Institution, October 20, 2020, www.brookings.edu/articles/ending-corporal-punishment-of-preschool-age-children/.

第二章 縮小的人際圈

引文：瑪格麗特・米德的著作《文化與承諾》源自她於 1969 年 3 月在美國自然歷史博物館所舉行的「人與自然」講座，該講座為博物館一百週年慶之活動。

1 Gagnet, M., dir., *Hikikomori: The Locked Generation* (film), Java Films, 2021, https://vimeo.com/ondemand/hikikomorilockedgen.

2 Yeung, J., and Karasawa, M., "Japan Was Already Grappling with Isolation and Loneliness. The Pandemic Made It Worse," CNN, February 7, 2023, https://tinyurl.com/zp2um7dt.

3 Eun Gong, S., "Social Isolation Takes a Toll on a Rising Number of South Korea's Young Adults," NPR, February 11, 2024, www.npr.org/2024/02/11/1229437757/social-isolation-south-korea.

4 Krieg, A., and Dickie, J. R., "Attachment and Hikikomori: A Psychosocial Developmental Model," *International Journal of Social Psychiatry* 59, no. 1 (2013), https://doi.org/10.1177/0020764011423182; Malagón-Amor, Á., Martín-López, L. M., Córcoles, D., González, A., Bellsolà, M., Teo, A. R., Bulbena, A., Pérez, V., and Bergé, D., "Family Features of Social Withdrawal Syndrome (Hikikomori)," *Frontiers in Psychiatry* 11, no. 138 (2020), https://doi.org/10.3389/fpsyt.2020.00138.

5 Pozza, A., Coluccia, A., Kato, T., Gaetani, M., and Ferretti, F., "The 'Hikikomori' Syndrome: Worldwide Prevalence and Co-Occurring Major Psychiatric Disorders: A Systematic Review and Meta-Analysis Protocol," *BMJ Open* 9, no. 9 (2019), https://doi.org/10.1136 / bmjopen-2018-025213.

6 此處的 Google 搜尋關鍵字靈感出自：Baskin, C., Gentry, E., Gillan, G., Hamamoto, B., English-Lueck, J., Maher, T., Mason, V., Rodgers, N., and Vian, K., *Families in Flux: Imagining the Next Generation of the American Family* (Institute for the Future, August 2020), https://familystoryproject.org/wp-content/uploads/2020/08/Families-in-Flux-Report.pdf.

7 Parker, K., Menasce Horowitz, J., Livingston, G., Wang, W., Stepler, R., Patten, E., López, G., Deane, C., Suh, M., Keegan, M., and Kramer, M., "The American Family Today," Pew Research Center, December 15, 2015, www.pewresearch.org/social-trends/2015/12/17/1-the-american-family-today; Aragão, C., Parker, K., Greenwood, S., Baronavski, C., and Carlo Mandapat, J., "The Modern American Family: Key Trends in Marriage and Family Life," Pew Research Center, September 14, 2023, www.pewresearch.org/social-trends/2023/09/14/the-modern-american-family/.

8 MassMutual, *2018 State of the American Family Study: Insights from African American Families—Executive Summary* (2018), www.massmutual.com/global/media/shared/doc/MC1133AA_09248MR-FINAl.pdf.

9 Fry, R., "The Number of People in the Average U.S. Household Is Going Up for the First Time in Over 160 Years," Pew Research Center, October 1, 2019, www.pewresearch.org/short-reads/2019/10/01/the-number-of-people-in-the-average-u-s-household-is-going-up-for-the-first-time-in-over-160-years/.

10 Alburez-Gutierrez, D., Williams, I., and Caswell, H., "Projections of Human Kinship for All Countries," *Proceedings of the National Academy of Sciences of the United States of America* 120, no. 52 (2023), https://doi.org/10.1073/pnas.2315722120.

11 Lee, J., and Kim, C., "In South Korea, World's Lowest Fertility Rate Plunges Again in 2023," Reuters, February 28, 2024, www.reuters.com/world/asia-pacific/south-koreas-fertility-rate-dropped-fresh-record-low-2023-2024-02-28/.

12 Mackenzie, J., "Why South Korean Women Aren't Having Babies," BBC, February 27, 2024, www.bbc.com/news/world-asia-68402139.

13 Kazmin, A., "Italy's Births Drop to Historic Low," *Financial Times*, March 29, 2024, www.ft.com/content/ad9c108f-32a6-4cb1-8394-fbad78864f4c.

14 Roser, M., "50 Years Ago the Average Woman Had Five Children; Since Then the Number Has Halved," Our World in Data, September 3, 2019, https://ourworldindata.org/global-fertility-has-halved.

15 Baranowska-Rataj, A., Styrc, M., and Chihaya da Silva, G., "The Impact of Family Size on Educational Attainment in Cross Country Comparative Perspective" (Population Association of America, 2015), https://paa2015.populationassociation.org/papers/151825.

16 Maralani, V., "The Changing Relationship Between Family Size and Educational Attainment over the Course of Socioeconomic Development: Evidence from Indonesia," *Demography* 45 (2008): 693–717; Rhodes, K. W., Orme, J. G., Cox, M. E., and Buehler, C., "Foster Family Resources, Psychosocial Functioning, and Retention," *Social Work Research* 27, no. 3 (2003): 135–150.

17 Merry, J., Bobbitt-Zeher, D., and Downey, D., "Number of Siblings in Childhood, Social Outcomes in Adulthood," *Journal of Family Issues* 41, no. 2 (2020), https://doi.org/10.1177/0192513x19873356.

18 Downey, D. B., and Condron, D. J., "Playing Well with Others in Kindergarten: The Benefit of Siblings at Home," *Journal of Marriage and Family* 66, no. 2 (2004), https://doi.org/10.1111/j.1741-3737.2004.00024.x.

19 Kramer, S., "U.S. Has World's Highest Rate of Children Living in Single-Parent Households," Pew Research Center, December 12, 2019, https://tinyurl.com/4kfcvxu6.

20 Livingston, G., and Parker, K., "Living Arrangements and Father Involvement," Pew Research Center, June 15, 2011, https://tinyurl.com/5amc6bjm.

21 Link, E., Watson, T., and Kalkat, S., "More Kids Are Living with Their Grandparents. Can Safety Net Policy Keep Up?," Brookings Institution, December 20, 2023, www.brookings .edu/articles/more-kids-are-living-with-their-grandparents-can-safety-net-policy-keep-up/.

22 Fry, R., "The Number of People in the Average U.S. Household Is Going Up for the First Time in 160 Years," Pew Research Center, October 10, 2019, www.pewresearch.org/short-reads/2019/10/01/the-number-of-people-in-the-average-u-s-household-is-going-up-for-the-first-time-in-over-160-years/.

23 David, P., and Nelson-Kakulla, B., "Grandparents Embrace Changing Attitudes and Technology," AARP, April 2019, www.aarp.org/research/topics/life/info-2019/aarp-grandparenting-study.html.

24 Cohn, D., Menasce Horowitz, J., Minkin, R., Fry. R., and Hurst, K., "The Demographics of Multigenerational Homes," Pew Research Center, March 24, 2022, www.pewresearch.org/social-trends/2022/03/24/the-demographics-of-multigenerational-households/.

25 McPherson, M., Smith-Lovin, L., and Cook, J. M., "Birds of a Feather: Homophily in Social Networks," *Annual Review of Sociology* 27, no. 1 (2001), https://doi.org/10.1146/annurev.soc.27.1.415.

26 Chopik, W. J., "Associations Among Relational Values, Support, Health, and Well - Being Across the Adult Lifespan," *Personal Relationships* 24, no. 2 (2017), https://doi.org /10.1111/pere.12187.

27 Cox, D. A., "The State of American Friendship: Change, Challenges, and Loss," Survey Center on American Life, June 8, 2021, www.americansurveycenter.org/research/the-state-of-american-friendship-change-challenges-and-loss/.

28 Gilbert, E., "Americans More than Ever Have No Friends. Here Are 5 Steps to Make More Friends," Big Think, April 15, 2023, https://bigthink.com/neuropsych/americans-no-friends/.

29 Bhattacharya, K., Ghosh, A., Monsivais, D., Dunbar, R. I. M., and Kaski, K., "Sex Differences in Social Focus Across the Life Cycle in Humans," *Royal Society Open Science* 3, no. 4 (2016), https://doi.org/10.1098/rsos.160097.

30 Tomova, L., Tye, K., and Saxe, R., "The Neuroscience of Unmet Social Needs," *Social Neuroscience* 16, no. 3 (2021), https://doi.org/10.1080/17470919.2019.1694580.

31 Schnall, S., Harber, K. D., Stefanucci, J. K., and Proffitt, D. R., "Social Support and the Perception of Geographical Slant," *Journal of Experimental Social Psychology* 44, no. 5 (2008), https://doi.org/10.1016/j.jesp.2008.04.011.

32 Kovacs, B., Caplan, N., Grob, S., and King, M., "Social Networks and Loneliness During the COVID-19 Pandemic," *Socius* 7 (2021), https://journals.sagepub.com/doi/10.1177/2378023120985254.

33 Kannan, V. D., and Veazie, P. J., "US Trends in Social Isolation, Social Engagement, and Companionship—Nationally and by Age, Sex, Race/Ethnicity, Family Income, and Work Hours, 2003–2020," *SSM—Population Health* 21 (2022), https://doi.org/10.1016 /j.ssmph.2022.101331; "American Time Use Survey—2022 Results," news release, US Bureau of Labor Statistics, June 2023, www.bls.gov/news.release/pdf/atus.pdf.

34 Jones, D. E., Greenberg, M., and Crowley, M., "Early Social-Emotional Functioning and Public Health: The Relationship Between Kindergarten Social Competence and Future Wellness," *American Journal of Public Health* 105, no. 11 (2015), https://doi.org/10.2105/AJPH.2015.302630.

35 Wentzel, K. R., Barry, C. M., and Caldwell, K. A., "Friendships in Middle School: Influences on Motivation and School Adjustment," *Journal of Educational Psychology* 96, no. 2 (2004), https://doi.org/10.1037/0022-0663.96.2.195.

36 Burdette, H. L., and Whitaker, R. C., "Resurrecting Free Play in Young Children: Looking Beyond Fitness and Fatness to Attention, Affiliation, and Affect," *Archives of Pediatric and Adolescent Medicine* 159, no. 1 (2005), https://doi.org/10.1001/archpedi.159.1.46.

37 Jarrett., O. S., "Recess in Elementary School: What Does the Research Say?," ERIC Digest ED466331, 2002, www.isbe.net/Documents_IIRTF/recess_elem_school.pdf.

38 Hüttenmoser, M., "Children and Their Living Surroundings: Empirical Investigations into the Significance of Living Surroundings for the Everyday Life and Development of Children," *Children's Environments* 12, no. 4 (1995), www.jstor.org/stable/41514991.

39 Bassok, D., Latham, S., and Rorem, A., "Is Kindergarten the New First Grade?," *AERA Open* 2, no. 1 (2016), https://doi.org/10.1177/2332858415616358.

40 Pressman, R. M., Sugarman, D. B., Nemon, M. L., Desjarlais, J., Owens, J. A., and Schettini-Evans, A., "Homework and Family Stress: With Consideration of Parents' Self-Confidence, Educational Level, and Cultural Background," *American Journal of Family Th erapy* 43, no. 4 (2015), https://doi.org/10.1080/01926187.2015.1061407.

41 Livingston, G., "The Way U.S. Teens Spend Their Time Is Changing, but Differences Between Boys and Girls Persist," Pew Research Center, February 20, 2019, https://tinyurl.com/2rrhcmbk.

42 Wenyu, S., "Chinese Students Spend Almost 3 Hours on Homework Daily, 3 Times the World Average," *People's Daily Online, December* 21, 2017, http://en.people.cn/n3/2017/1221/c90000-9307187.html.

43 Chen, X., Ke, Z. L., Chen, Y., and Lin, X., "The Prevalence of Sleep Problems Among Children in Mainland China: A Meta-Analysis and Systemic-Analysis," *Sleep Medicine* 83 (2021), https://doi.org/10.1016/j.sleep.2021.04.014.

44 Zeng, C. Q., Zhou, L. H., Zhang, P., Wang, J., Ye, M. H., Yi, B. X., Xiong, X. W., and Liang, X. C., "The Epidemiology of Myopia in Primary School Students of Grade 1 to 3 in Hubei Province," 中華眼科雜誌 54, no. 10 (2018), https://doi.org/10.3760/cma.j.issn.0412-4081.2018.10.007; "The Overall Myopia Rate of Chinese Children and Adolescents Is 52.7%," Ministry of Education of the People's Republic of China, October 27, 2021, www.moe.gov.cn/fbh/live/2021/53799/mtbd/202110/t20211027_575366.html.

45 Barker, J. E., Semenov, A. D., Michaelson, L., Provan, L. S., Snyder, H. R., and Munakata, Y., "Less-Structured Time in Children's Daily Lives Predicts Self-Directed Executive Functioning," *Frontiers in Psychology* 5 (2014), https://doi.org/10.3389/fpsyg.2014.00593.

46 De Visé, D., "Teens Are Spending Less Time than Ever with Friends," *The Hill*, June 7, 2023, https://thehill.com/blogs/blog-briefing-room/4037619-teens-are-spending-less-time-than-ever-with-friends/.

47 Resnick, B., "22 Percent of Millennials Say They Have 'No Friends.' Loneliness Can Be Helpful, Unless It Becomes Chronic," *Vox*, August 1, 2019, www.vox.com/science-and-health/2019/8/1/20750047/millennials-poll-loneliness.

48 Tate Sullivan, E., "16,000 Shuttered Childcare Programs Push the Sector Closer to Collapse," *EdSurge*, February 11, 2022, www.edsurge.com/news/2022-02-11-16-000-shuttered-child-care-programs-push-the-sector-closer-to-collapse.

49 Mader, J., "A Wave of Childcare Center Closure Is Coming as Funding Dries Up," *Hechinger Report*, August 24, 2023, https://hechingerreport.org/a-wave-of-child-care-center-closures-is-coming-as-funding-dries-up/.

50 Miranda, B., "Higher Child-to-Staff Ratios Threaten the Quality of Childcare," Child Trends, June 15, 2017, www.childtrends.org/blog/higher-child-staff-ratios-threaten-quality-child-care.

51 Bassok, D., Markowitz, A. J., Bellows, L., and Sadowski, K., "New Evidence on Teacher Turnover in Early Childhood," *Educational Evaluation and Policy Analysis* 43, no. 1 (2021), https://doi.org/10.3102/0162373720985340.

52 Pilarz, A. R., and Hill, H. D., "Unstable and Multiple Childcare Arrangements and Young Children's Behavior," *Early Childhood Research Quarterly* 29, no. 4 (2014), https://doi.org/10.1016/j.ecresq.2014.05.007.

53 Saad, L., "Historically Low Faith in U.S. Institutions Continues," Gallup, July 6, 2023, https://news.gallup.com/poll/508169/historically-low-faith-institutions-continues.aspx.

54 Mumphrey, C., Lurye, S., and Stavely, Z., "Fewer Kids Are Enrolling in Kindergarten as Pandemic Fallout Lingers," *Hechinger Report*, December 20, 2023, https://hechinger report.org/fewer-kids-are-enrolling-in-kindergarten-as-pandemic-fallout-lingers/.

55 "Homeschooled Children and Reasons for Homeschooling," *Condition of Education*, National Center for Education Statistics, 2022, https://nces.ed.gov/programs/coe/indicator/tgk.

56 Jones, A., and Terry Ellis, N., "'A Form of Resistance': More Black Families Are Choosing to Homeschool Their Children," CNN, March 1, 2023, www.cnn.com/2023/03/01/us/black-families-home-school-reaj/index.html.

57 Medlin, R. G., "Homeschooled Children's Social Skills," *Home School Researcher* 17, no. 1 (2006), https://files.eric.ed.gov/fulltext/ED573486.pdf.

58 Vice Chairman's Staff of the Joint Economic Committee, *What We Do Together: The State of Associational Life in America*, SCP Report, No. 1-17 (Social Capital Project, May 2017), www.lee.senate.gov/services/files/b5f224ce-98f7-40f6-a814-8602696714d8.

參考內容包括：

鄰居：「1974 至 2016 年間，表示自己每週至少有好幾次會與鄰居共度社交夜晚的成年人比例，從 30% 降至 19%。是否有小孩，與鄰里關係的強度並無相關。」

同事：「從 1970 年代中期到 2012 年，美國 25 至 54 歲成年人在工作場所之外與同事相處的平均時間，從大約兩個半小時降至一小時以下。」

志工服務：「表示自己在過去一年有參與任何志工服務的成年人比例，與 1970 年代初期相比並沒有下降。1974 與 2015 年都有四分之一的人表示自己曾做過志工。」

「然而，1974 至 2004 年間，參與 16 種志願性社團之一的美國人比例，則從 75% 降至 62%。」

教會：「1970 年代初期，美國將近七成成年人仍是教會或猶太會堂的成員。雖然定期參加宗教聚會的人變少，但仍有 50% 到 57% 的人每月至少會參加一次。如今，只有 55% 的成年人是教會或猶太會堂成員，而每月至少參加一次宗教聚會的比例也僅剩 42% 到 44%。」

整體情況：「1972 至 2016 年間，認為『大多數人值得信任』的成年人比例，從 46% 降到 31%。」

59 Meador, J., "The Misunderstood Reasons Millions of Americans Stopped Going to Church," *The Atlantic*, July 29, 2023, https://www.theatlantic.com/ideas/archive/2023/07/christian-church-communitiy-participation-drop/674843/.

60 Jones, J., "U.S. Church Membership Falls Below Majority for First Time," Gallup, March 29, 2021, https://news.gallup.com/poll/341963/church-membership-falls-below-majority-first-time.aspx.

61 "Atheism Doubles Among Generation Z," Barna, January 24, 2018, www.barna.com /research/atheism-doubles-among-generation-z/.

62 Chen, Y., and VanderWeele, T. J., "Associations of Religious Upbringing with Subsequent Health and Well-Being from Adolescence to Young Adulthood: An Outcome-Wide Analysis," *American Journal of Epidemiology* 187, no. 11 (2018), https://doi.org/10.1093/aje/kwy142; Horwitz, I. M., *God, Grades, and Graduation: Religion's Surprising Impact on Academic Success* (Oxford, UK: Oxford University Press, 2022).

63 Thompson, D., "The True Cost of the Churchgoing Bust," *The Atlantic*, April 3, 2024, www.theatlantic.com/ideas/archive/2024/04/america-religion-decline-non-affiliated/677951/.

64 Rainie, L., Keeter, S., and Perrin, A., *Trust and Distrust in America* (Pew Research Center, July 2019), www.pewresearch.org/politics/2019/07/22/acknowledgments-trust-distrust-in-america/.

65 Margolius, M., Doyle Lynch, A., Hynes, M., Flanagan, S., and Pufall Jones, E., "What Drives Learning: Young People's Perspectives on the Importance of Relationships, Belonging, and Agency," Center for Promise, 2020, https://files.eric.ed.gov/fulltext/ED617364.pdf.

66 Hildur, J., "Children Need 100 Parents," Medium, 2017 (originally 2007), https://gaiaeducation.medium.com/children-need-100-parents-bf224a7c2418.

67 Blaffer Hrdy, S., "Mothers and Others: From Queen Bees to Elephant Matriarchs, Many Animal Mothers Are Assisted by Others in Rearing Offspring," *Natural History*, May 2001, www.naturalhistorymag.com/features/11440/mothers-and-others.

68 van IJzendoorn, M. H., Sagi, A., and Lambermon, M. W. E., "The Multiple Caretaker Paradox: Data from Holland and Israel," *New Directions for Child Development: A Quarterly Sourcebook* 57 (1992), https://hdl.handle.net/1887/1457.

69 Hewlett, B. S., and Lamb. M. E., *Hunter-Gatherer Childhoods: Evolutionary, Developmental and Cultural Perspectives*, Evolutionary Foundations of Human Behavior Series (London: Routledge,

2005), 16.

70 Brooks, D., "The Nuclear Family Was a Mistake," *The Atlantic*, March 2020, www .theatlantic.com/magazine/archive/2020/03/the-nuclear-family-was-a-mistake/605536/.

71 Nowack, H., "This Is the Average Wedding Guest List Size in the US," The Knot, March 4, 2024, www.theknot.com/content/average-wedding-guest-list-size#:~:text=According%20to%20The%20Knot%20Real,in%202022%20was%20117%20guests.

72 "Time Spent in Leisure and Sports Activities, 2022," US Bureau of Labor Statistics, July 7, 2023, https://www.bls.gov/opub/ted/2023/time-spent-in-leisure-and-sports -activities-2022.htm; "American Time Use Survey—2012 Results," news release, US Bureau of Labor Statistics, June 20, 2013, www.bls.gov/news.release/archives/atus_06202013.pdf; Cox, D., Eyre Hammond, K., and Gray, K., "Generation Z and the Transformation of American Adolescence: How Gen Z's Formative Experiences Shape Its Politics, Priorities, and Future," Survey Center on American Life, November 9, 2023, www.americansurveycenter.org/research/generation-z-and-the-transformation-of-american-adolescence-how-gen-zs-formative-experiences -shape-its-politics-priorities-and-future/.

73 Dunbar, R. I. M., *How Many Friends Does One Person Need?* (London: Faber and Faber, 2010).

74 Thompson, A., "How Many Instagram Followers Does the Average Person Have in 2023," Hashtags for Likes, April 2, 2024, www.hashtagsforlikes.co/blog/instagram-followers-how-many-does-the-average-person-have/.

75 Mazie, S., "Do You Have Too Many Facebook Friends?," Big Think, October 9, 2014, https://tinyurl.com/mrrnnvyc.

76 Dunbar, R. I. M., "Do Online Social Media Cut Through the Constraints That Limit the Size of Offline Social Networks?," *Royal Society Open Science* 3, no. 1 (2016): 150292.

77 Cacioppo, S., Capitanio, J. P., and Cacioppo, J. T., "Toward a Neurology of Loneliness," *Psychological Bulletin* 140, no. 6 (2014), https://doi.org/10.1037/a0037618.

78 Almeida, I. L. L., Rego, J. F., Teixeira, A. C. G., and Moreira, M. R., "Social Isolation and Its Impact on Child and Adolescent Development: A Systematic Review," *Revista paulista de pediatria : Orgao oficial da Sociedade de Pediatria de Sao Paulo* 40 (2021), https://doi.org/10.1590/1984-0462/2022/40/2020385; Brinker, V., Dewald-Kaufmann, J., Padberg, F., and Reinhard, M. A., "Aggressive Intentions After Social Exclusion and Their Association with Loneliness," *European Archives of Psychiatry and Clinical Neuroscience* 273, no. 5 (2023), https://doi.org/10.1007/s00406-022-01503-8; Thompson, K. N., Odgers, C. L., Bryan, B. T., Danese, A., Milne, B. J., Strange, L., Matthews, T., and Arseneault, L., "Trajectories of Childhood Social Isolation in a Nationally Representative Cohort: Associations with Antecedents and Early Adulthood Outcomes," *JCPP Advances* 2, no. 2 (2022), https://doi.org/10.1002/jcv2.12073.

79 Whitaker, L. R., Degoulet, M., and Morikawa, H., "Social Deprivation Enhances VTA Synaptic Plasticity and Drug-Induced Contextual Learning," *Neuron* 77 (2013), https://doi.org/10.1016/j.neuron.2012.11.022.

80 Dworak, E. M., Revelle, W., and Condon, D. M., "Looking for Flynn Effects in a Recent Online

U.S. Adult Sample: Examining Shifts Within the SAPA Project," *Intelligence* 98 (2023), https://doi.org/10.1016/j.intell.2023.101734.

81 Dutton, E., van der Linden, D., and Lynn, R., "The Negative Flynn Effect: A Systematic Literature Review," *Intelligence* 59 (2016): 163–169, https://doi.org/10.1016/j .intell.2016.10.002; Pietschnig, J., and Gittler, G., "A Reversal of the Flynn Effect for Spatial Perception in German-Speaking Countries: Evidence from a Cross-Temporal IRT-Based Meta-Analysis (1977–2014)," *Intelligence* 53 (2015): 145–153, https://doi.org/10.1016/j .intell.2015.10.004; Sundet, J. M., Barlaug, D. G., and Torjussen, T. M., "The End of the Flynn Effect? A Study of Secular Trends in Mean Intelligence Test Scores of Norwegian Conscripts During Half a Century," *Intelligence* 32, no. 4 (2004): 349–362, https://doi.org/10.1016/j.intell.2004.06.004; Bratsberg, B., and Rogeberg, O., "Flynn Effect and Its Reversal Are Both Environmentally Caused," *Proceedings of the National Academy of Sciences of the United States of America* 115, no. 26 (2018): 6674–6678, https://doi.org/10.1073/pnas.1718793115; Amundsen, B., "Our IQ Is Steadily Declining. Should You Be Worried?," *ScienceNorway.no*, April 4, 2023, www.sciencenorway.no/health-intelligence-iq/our-iq-is-steadily-declining/2180595.

82 Deoni, S. C., Beauchemin, J., Volpe, A., Dâ Sa, V., and RESONANCE Consortium, "The COVID-19 Pandemic and Early Child Cognitive Development: A Comparison of Development in Children Born During the Pandemic and Historical References," *medRxiv* (2022), https://doi.org/10.1101/2021.08.10.21261846.

第三章 孩子過得不好

1 Ziv, Y., Capps Umphlet, K. L., Sofri, I., Olarte, S., and Venza, J., "Changing Developmental Trajectory in High-Risk Families: The Effectiveness of an Attachment-Informed Therapeutic Nursery Program (TNP) for Preschool Children with Complex Emotional and Behavioral Problems," *Attachment and Human Development* 23, no. 3 (2021), https://doi.org/10.1080/14616734.2020.1722717.

2 Hill, F., "America Is in Its Insecure Attachment Era," *The Atlantic*, April 27, 2023, www.theatlantic.com/family/archive/2023/04/insecure-attachment-style-intimacy-decline-isolation/673867/.

3 "'No Time to Be Lax': Cuomo Extends New York Shutdown; NJ Deaths Top 1,000," NBC, April 6, 2020, www.nbcnewyork.com/news/local/our-9-11-moment-new-york-braces -as-nations-top-doctor-warns-saddest-week-ahead/2361336/.

4 Dumitriu, D., "Life-Long Negative Impacts of COVID-19 on Mother-Infant Outcomes," Early Childhood Funder Collaborative, March 18, 2021, www.youtube.com/watch?v=GVrXdC4FP1w.

5 Linde, K., Lehnig, F., Nagl, M., and Kersting, A., "The Association Between Breastfeeding and Attachment: A Systematic Review," *Midwifery* 81 (2020), https://doi.org/10.1016/j .midw.2019.102592; Peñacoba, C., and Catala, P., "Associations Between Breastfeeding and Mother-Infant Relationships: A Systematic Review," *Breastfeeding Medicine* 14, no. 9 (2019), https://doi.org/10.1089/bfm.2019.0106; Hairston, I. S., Handelzalts, J. E., Lehman-Inbar, T., and

Kovo, M., "Mother-Infant Bonding Is Not Associated with Feeding Type: A Community Study Sample," *BMC Pregnancy and Childbirth* 19, no. 1 (2019), https://doi.org/10.1186/s12884-019-2264-0.

6 Tronick, E., Adamson, L., Wise, S., and Brazelton, T. B., "The Infant's Response to Entrapment Between Contradictory Messages in Face-to-Face Interaction," *Journal of the American Academy of Child and Adolescent Psychiatry* 17 (1978), https://doi.org/10.1016/s0002-7138(09)62273-1.

7 Tronick, E., and Snidman, N., "Children's Reaction to Mothers Wearing or Not Wearing a Mask During Face-to-Face Interactions," Preprint SSRN, August 11, 2021, https://ssrn.com/abstract=3899140.

8 See, e.g., Zwönitzer, A., Rost, K., Fegert, J. M., Ziegenhain, U., and Köhler-Dauner, F., "Emotional Problems in Young Children During the SARS-Cov-2-Pandemic and Child Attachment," *Frontiers in Pediatrics* 11 (2023), https://doi.org/10.3389/fped.2023.1191032.

9 相關資料與趨勢，請見 2024 年 6 月 19 日的 RAPID 調查：https://rapid surveyproject.com/latest-data-and-trends.

10 Almond, D., "Is the 1918 Influenza Pandemic Over? Long-Term Effects of In Utero Influenza Exposure in the Post-1940 US Population," *Journal of Political Economy* 114, no. 4 (2006), www.jstor.org/stable/10.1086/507154?seq=18.

11 Konrath, S., "The Empathy Paradox: Increasing Disconnection in the Age of Increasing Connection," in *Handbook of Research on Technoself: Identity in a Technological Society*, ed. R. Luppicini (Hershey, PA: IGI Global, 2013), 204–228.

12 Chopik, W. J., O'Brien, E., and Konrath, S. H., "Differences in Empathic Concern and Perspective Taking Across 63 Countries," *Journal of Cross-Cultural Psychology* 48, no. 1 (2017), https://doi.org/10.1177/0022022116673910.

13 Hill, F. "America Is in Its Insecure Attachment Era," *The Atlantic*, April 27, 2023, www.theatlantic.com/family/archive/2023/04 insecure-attachment-style-intimacy-decline-isolation/673867/.

14 Marchetti, L., "Support the Mental Well-Being of Young People," Open Access Government, June 15, 2022, www.openaccessgovernment.org/support-the-mental-wellbeing-of-young-people/137652/.

15 Kingkade, T., and Cluck, E., "Suicidal Thoughts Are Increasing in Young Kids, Experts Say. It Began Before the Pandemic," NBC News, April 8, 2021, www.nbcnews.com/news/us-news/suicidal-thoughts-are-increasing-young-kids-experts-say-it-began-n1263347.

16 Bommersbach, T. J., McKean, A. J., Olfson, M., and Rhee, T. G., "National Trends in Mental Health–Related Emergency Department Visits Among Youth, 2011–2020," *JAMA* 329, no. 17 (2023), https://doi.org/10.1001/jama.2023.4809; Kingkade and Cluck, " Suicidal Thoughts Are Increasing in Young Kids."

17 "Two New EAB Surveys Reveal Troubling Trends in Student Behavior," EAB, February 16, 2023, https://eab.com/about/newsroom/press/two-new-eab-surveys-reveal-troubling-trends-in-student-behavior/.

18 Perez, D., "How COVID, Technology Created Unruly Children," *El Paso Matters*, April 3, 2023, https://elpasomatters.org/2023/04/03/kindergarten-teachers-see-more-students-as-distracted-disruptive/.

19 Santos-Longhurst, A., "What Is Proprioception, and Why Is It Important?," Healthline, July 16, 2019, www.healthline.com/health/body/proprioception#How-is-proprioception-evaluated?

20 Ogden, C. L., Carroll, M. D., Kit, B. K., and Flegal, K. M., "Prevalence of Obesity and Trends in Body Mass Index Among US Children and Adolescents, 1999–2010," *JAMA* 307, no. 5 (2012), https://doi.org/10.1001/jama.2012.40; "Child Obesity: Too Many Kids Are Too Heavy, Too Young," Harvard T. H. Chan School of Public Health, 2024, www.hsph.harvard.edu/obesity-prevention-source/global-obesity-trends-in-children/#References; Sanyaolu, A., Okorie, C., Qi, X., Locke, J., and Rehman, S., "Childhood and Adolescent Obesity in the United States: A Public Health Concern," *Global Pediatric Health* 6 (2019), https://doi.org/10.1177/2333794X19891305.

21 引自 2 至 19 歲兒童與青少年肥胖盛行率圖表： United States, 2017–2018 NHANES data, NIDDK, www.niddk.nih.gov/health-information/health-statistics/overweight-obesity.

22 Eckert-Lind, C., Busch, A. S., Petersen, J. H., Biro, F. M., Butler, G., Bräuner, E. V., and Juul, A., "Worldwide Secular Trends in Age at Pubertal Onset Assessed by Breast Development Among Girls: A Systematic Review and Meta-analysis," *JAMA Pediatrics* 174, no. 4 (2020), https://doi.org/10.1001/jamapediatrics.2019.5881.

23 Changoiwala, P., "Early Puberty Cases Are Surging During the Pandemic," *Washington Post*, March 28, 2023, www.washingtonpost.com/lifestyle/2022/03/28/early-puberty-pandemic-girls/.

24 U urlu, A. K., Bideci, A., Demirel, A. M., Kaplano lu, G. T., Dayanır, D., Gülbahar, Ö., Bulut, T. S. D., Dö er, E., and Çamurdan, M. O., "Is Blue Light Exposure a Cause of Precocious Puberty in Male Rats?," *Frontiers in Endocrinology* 14 (2023), https://doi .org/10.3389/fendo.2023.1190445.

25 "Strong Signs of Recovery Across Education, but Challenges Remain," press release, Ofsted, April 4, 2022, www.gov.uk/government/news/strong-signs-of-recovery-across-education-but-challenges-remain.

26 Goodwin Cartwright, B. M., Smits, P. D., Stewart, S., Rodriguez, P. J., Gratzl, S., Baker, C., and Stucky, N., "Time-Series Analysis of First-Time Pediatric Speech Delays from 2018 to 2022," *JAMA Pediatrics* 178, no. 2 (2024), https://doi.org/10.1001/jama pediatrics.2023.5226.

27 Giesbrecht, G., Lebel, C., Dennis, C., Tough, S. C., McDonald, S., and Tomfohr- Madsen, L., "Increased Risk for Developmental Delay Among Babies Born During the Pandemic," PsyArXiv Preprints, February 3, 2022, https://doi.org/10.31234/osf.io/j7kcn.

28 Sparks, S. D., "Babies Are Saying Less Since the Pandemic: Why That's Concerning," *Education Week*, April 7, 2022, www.edweek.org/teaching-learning/babies-are-saying-less-since-the-pandemic-why-thats-concerning/2022/04.

29 Al-Beltagi, M., Saeed, N. K., Bediwy, A. S., Alhawamdeh, R., and Qaraghuli, S., "Effects of COVID-19 on Children with Autism," *World Journal of Virology* 11, no. 6 (2022), https://doi.org/10.5501/wjv.v11.i6.411.

30 Moullin, S., Walgofel, J., and Washbrook, E., *Baby Bonds: Parenting, Attachment and a Secure Base for Children* (Sutton Trust, March 2014), www.suttontrust.com/wp-content/uploads/2019/12/baby-bonds-final-1.pdf.

31 Katz, L. F., Leary, A., Breiger, D., and Friedman, D., "Pediatric Cancer and the Quality of Children's Dyadic Peer Interactions," *Journal of Pediatric Psychology* 36, no. 2 (2011), https://doi.org/10.1093/jpepsy/jsq050.

32 "More than 1 in 5 Children Live in Poverty in 40 of the World's Richest Countries," UNICEF, December 5, 2023, www.unicef.org/press-releases/more-1-5-children-live-poverty-40-worlds-richest-countries.

33 Annie E. Casey Foundation, *Kids Count Data Center* (2024), Children in Poverty by Race and Ethnicity in United States, 2023 Data, https://datacenter.aecf.org/data/tables/44-children-in-poverty-by-race-and-ethnicity#detailed/1/any/false/2545,1095,2048,1729,37,871,870,573,869,36/187,11,9,12,1,185,13/324,323.

34 Greenberg, E., and Monarrez, T., "Segregated from the Start," Urban Institute, October 1, 2019, www.urban.org/features/segregated-start.

35 Fernald, A., Marchman, V. A., and Weisleder, A., "SES Differences in Language Processing Skill and Vocabulary Are Evident at 18 Months," *Developmental Science* 16, no. 2 (2013), https://doi.org/10.1111/desc.12019.

36 Ghandour, R. M., Hirai, A. H., Moore, K. A., Robinson, L. R., Kaminski, J. W., Murphy, K., Lu, M. C., and Kogan, M. D., "Healthy and Ready to Learn: Prevalence and Correlates of School Readiness Among United States Preschoolers," *Academic Pediatrics* 21, no. 5 (2021), https://doi.org/10.1016/j.acap.2021.02.019.

37 Reich, R., "Class. 13: 'Reducing Inequities in Education,'" UC Berkeley, YouTube video, 2022, https://youtu.be/W9rtmYxwvD0.

38 Juel, C., "Learning to Read and Write: A Longitudinal Study of 54 Children from First to Fourth Grades," *Journal of Educational Psychology* 80, no. 4 (1988), https://doi.org/10.1037/0022-0663.80.4.437.

39 Bishop, S., Fishman, N., Garrett, T., Elkin, J., Ford, B., Galloway, M., Belfield, C. R., "$122 Billion: The Growing, Annual Cost of the Infant-Toddler Childcare Crisis," Council for a Strong America, February 2023, www.strongnation.org/articles/2038-122-billion-the-growing-annual-cost-of-the-infant-toddler-child-care-crisis.

40 Diallo, G., "175 Million Children Are Not Enrolled in Pre-Primary Education," UNICEF, April 8, 2019, https://tinyurl.com/38mvmfyn.

41 Gopnik, A., "Preschool's 'Sleeper' Effect on Later Life," *Wall Street Journal*, May 27, 2021, www.wsj.com/articles/preschools-sleeper-effect-on-later-life-11622146543.

42 Gray-Lobe, G., Pathak, P. A., Walters, C. R., "The Long-Term Effects of Universal Preschool in Boston," *Quarterly Journal of Economics* 138, no. 1 (2023), https://doi.org/10.1093/qje/qjac036; Carr, R. C., Peisner-Feinberg, E. S., Kaplan, R., and Mokrova, I. L., "Effects of North Carolina's Pre-Kindergarten Program at the End of Kindergarten: Contributions of School-Wide Quality," *Journal of Applied Developmental Psychology* 76 (2021), https://doi.org/10.1016/j.appdev.2021.101317; Watts, T. W., Jenkins, J. M., Dodge, K. A., Carr, R. C., Sauval, M., Bai, Y., Escueta, M., Duer, J., Ladd, H., Muschkin, C., Peisner-Feinberg, E., and Ananat, E., "Understanding Heterogeneity in the Impact of Public Preschool Programs," *Monographs of the Society for Research in Child Development* 87, no. 4 (2023), https://doi.org/10.1111/mono.12463.

43 Guttmacher, A. E., *The NICHD Study of Early Child Care and Youth Development* (US Department of Health and Human Services, 2006), www.nichd.nih.gov/sites/default/files/publications/pubs/documents/seccyd_06.pdf.

44 Gillispie, C., *Young Learners, Missed Opportunities: Ensuring That Black and Latino Children Have Access to High-Quality State-Funded Preschool* (Education Trust, November 2019), https://edtrust.org/wp-content/uploads/2014/09/Young-Learners-Missed-Opportunities.pdf.

45 Friedman-Krauss, A., and Barnett, S. W., *Special Report: Access to High-Quality Early E ducation and Racial Equity* (National Institute for Early Education Research, 2020), https://nieer.org/research-library/special-report-access-high-quality-early-education-racial-equity.

46 Gable, S. L., Hopper, E. A., and Schooler, J. W., "When the Muses Strike: Creative Ideas of Physicists and Writers Routinely Occur During Mind Wandering," *Psychological Science* 30, no. 3 (2019), https://doi.org/10.1177/0956797618820626.

47 Ovington, L. A., Saliba, A. J., Moran, C. C., Goldring, J., and MacDonald, J. B., "Do People Really Have Insights in the Shower? The When, Where and Who of the Aha! Moment," *Journal of Creative Behavior* 52, no. 1 (2018), https://doi.org/10.1002/jocb.126; Oppezzo, M., and Schwartz, D. L., "Give Your Ideas Some Legs: The Positive Effect of Walking on Creative Thinking," *Journal of Experimental Psychology: Learning, Memory, and Cognition* 40, no. 4 (2014), https://doi.org/10.1037/a0036577.

48 Hofferth, S. L., "Changes in American Children's Time—1997 to 2003," *Electronic International Journal of Time Use Research* 6, no. 1 (2009), https://doi.org/10.13085/eijtur.6.1.26-47; Juster, F. T., Ono, H., and Stafford, F. P., *Changing Times of American Youth: 1981–2003* (Institute for Social Research, University of Michigan, 2004), https://library .parenthelp.eu/wp-content/uploads/2019/12/teen_time_report.pdf.

49 Kim, K. H., "The Creativity Crisis: The Decrease in Creative Thinking Scores on the Torrance Tests of Creative Thinking," *Creativity Research Journal* 23, no. 4 (2011), https://doi.org/10.1080/10400419.2011.627805; Kim, K. H., "Creativity Crisis Update: America Follows Asia in Pursuing High Test Scores over Learning," *Roeper Review: A Journal on Gifted Education* 43, no. 1 (2021), https://doi.org/10.1080/02783193.2020.1840464.

50 Bronson, P., and Merryman, A., "The Creativity Crisis," *Newsweek*, updated January 23, 2014, www.newsweek.com/creativity-crisis-74665.

51 Barbot, B., and Said-Metwaly, S., "Is There Really a Creativity Crisis? A Critical Review and Meta-analytical Re-appraisal," *Journal of Creative Behavior* 55, no. 3 (2020), https://doi.org/10.1002/jocb.483.

第四章　有人在家嗎？人在心不在的家長

1 Tarver, H., medically reviewed by Hartman, C., "Connected Without Connection: Does Technology Make Us More Alone?," Roots of Loneliness Project, 2019, www.rootsofloneliness.com/does-technology-make-us-more-alone.

2 Making Care Common Project, *Loneliness in America: How the Pandemic Has Deepened an Epidemic of Loneliness and What We Can Do About It* (Harvard Graduate School of Education, 2021), https://mcc.gse.harvard.edu/reports/loneliness-in-america; Packham, A., "More than 90% of Mums Feel Lonely After Having Children and Many Don't Confide in Their Partners," *HuffPost*, July 3, 2017, www.huffingtonpost.co.uk/entry/mums-feel-lonely-after-birth_uk_58bec088e4b09ab537d6bdf9.

3 Mendes, E., Saad, L., and McGeeney K., "Stay-at-Home Moms Report More Depression, Sadness, Anger," Gallup, May 18, 2021, https://news.gallup.com/poll/154685/stay-home-moms-report-depression-sadness-anger.aspx.

4 "American Mothers on Pause: A Study of Stay-at-Home Motherhood in 2023," Mother Untitled, 2023, www.motheruntitled.com/americanmothersonpause.

5 Dickens, M., and Hutner, L., "What the Childcare Crisis Does to Parents," *New York Times*, January 16, 2024, www.nytimes.com/2024/01/16/opinion/child-care-parenting-stress .html.

6 Cox, D. A., "The State of American Friendship: Change, Challenges, and Loss," Survey Center on American Life, June 8, 2021, www.americansurveycenter.org/research/the-state-of-american-friendship-change-challenges-and-loss/.

7 Bryant, M., "'I Was Risking My Life': Why One in Four US Women Return to Work Two Weeks After Childbirth," *The Guardian*, January 27, 2020, www.theguardian.com/us-news/2020/jan/27/maternity-paid-leave-women-work-childbirth-us.

8 Brito, N. H., Werchan, D., Brandes-Aitken, A., Yoshikawa, H., Greaves, A., and Zhang, M., "Paid Maternal Leave Is Associated with Infant Brain Function at 3 Months of Age," *Child Development* 93, no. 4 (2022), https://doi.org/10.1111/cdev.13765.

9 Hidalgo-Padilla, L., Toyama, M., Zafra-Tanaka, J. H., Vives, A., and Diez-Canseco, F., "Association Between Maternity Leave Policies and Postpartum Depression: A Systematic Review," *Archives of Women's Mental Health* 26, no. 5 (2023), https://doi.org/10.1007/s00737-023-01350-z.

10 "Parents Now Spend Twice as Much Time with Their Children as 50 Years Ago. Except in France," *The Economist*, November 27, 2017, www.economist.com/graphic-detail/2017/11/27/parents-now-spend-twice-as-much-time-with-their-children-as-50-years-ago.

11 Dotti Sani, G. M., and Treas, J., "Educational Gradients in Parents' Child-Care Time Across Countries, 1965–2012," *Journal of Marriage and Family* 78, no. 4 (2016), https://doi.org/10.1111/jomf.12305.

12 Ishizuka, P., "Social Class, Gender, and Contemporary Parenting Standards in the United States: Evidence from a National Survey Experiment," *Social Forces* 98, no. 1 (2019), https://doi.org/10.1093/sf/soy107.

13 Hurst, K., Braga, D., Greenwood, S., Baronavski, C., and Keegan, M., "How Today's Parents Say Their Approach to Parenting Does or Doesn't Match Their Own Upbringing," Pew Research Center, January 24, 2023, www.pewresearch.org/social-trends/2023/01/24/how-todays-parents-say-their-approach-to-parenting-does-or-doesnt-match-their-own-upbringing/.

14 Cui, M., Hong, P., and Jiao, C., "Overparenting and Emerging Adult Development: A Systematic Review," *Emerging Adulthood* 10, no. 5 (2022), https://doi.org/10.1177/21676968221108828; Barber, B. K., Olsen, J. E., and Shagle, S. C., "Associations Between Parental Psychological and Behavioral Control and Youth Internalized and Externalized Behaviors," *Child Development* 65, no. 4 (1994), https://doi.org/10.2307/1131309; Bayer, J. K., Sanson, A. V., and Hemphill, S. A., "Parent Influences on Early Childhood Internalizing Difficulties," *Journal of Applied Developmental Psychology* 27, no. 6 (2006), https://doi.org/10.1016/j.appdev.2006.08.002; McShane, K. E., and Hastings, P. D., "The New Friends Vignettes: Measuring Parental Psychological Control That Confers Risk for Anxious Adjustment in Preschoolers," *International Journal of Behavioral Development* 33, no. 6 (2009), https://doi.org/10.1177/0165025409103874; Jiao, J., and Segrin, C., "Overparenting and Emerging Adults' Insecure Attachment with Parents and Romantic Partners," *Emerging Adulthood* 10, no. 3 (2022), https://doi.org/10.1177/2167696821997710.

15 《我家寶貝大冒險》可以在 Netflix 觀賞。

16 "The Decline in Walking and Biking," SRTS Guide, 2011, http://guide.saferoutesinfo.org/introduction/the_decline_of_walking_and_bicycling.cfm.

17 Lockhart, P. R., "A White Neighbor Called Police on a Kid Mowing a Lawn. Later, They Called as He Played in a Yard," *Vox*, July 9, 2018, www.vox.com /identities/2018/7/2/17527382/reggie-fields-racial-profiling-911-police.

18 Skenazy, L., "Cops Confiscate Axe from Teen Chopping Wood to Build Fort," *Reason*, May 18, 2016, https://reason.com/2016/05/18/cops-confiscate-axe-from-teen-chopping-w/.

19 Price, M., "Free Preschool Given Playground Equipment, but Kids Can't Use It," *Charlotte Observer*, October 23, 2016, www.wbtv.com/story/33456243/free-preschool-given-playground-equipment-but-kids-cant-use-it/.

20 Chua, K., "District Phasing Out Swingsets, Citing Safety Concerns," *Education Week*, October 23, 2014, https://tinyurl.com/mdap2ctu.

21 Desilver, D., "After Dropping in 2020, Teen Summer Employment May Be Poised to Continue Its Slow Comeback," Pew Research, June 21, 2022, www.pewresearch.org/short-reads/2022/06/21/after-dropping-in-2020-teen-summer-employment-may-be-poised-to-continue-its-slow-comeback/.

22 Dunbar, R. I. M., Launay, J., Wlodarski, R., Robertson, C., Pearce, E., Carney, J., and MacCarron, P., "Functional Benefits of (Modest) Alcohol Consumption," *Adaptive Human Behavior and Physiology* 3, no. 2 (2017), https://doi.org/10.1007/s40750-016-0058-4.

23 Quart, A., *Squeezed: Why Our Families Can't Afford America* (New York: HarperCollins, 2018).

24 "Many Parents Say They Spend Too Little Time with Kids, Partners, Friends," Pew Research Center, December 17, 2015, www.pewresearch.org/social-trends/2015/12/17/parenting-in-america/st_2015-12-17_parenting-30/.

25 Wallace, J. B., *Never Enough: How a Toxic Achievement Culture Is Destroying Our Kids and What to Do About It* (New York: Portfolio, 2023).

26 Sims, T., "Shifting Life Milestones Across Ages: A Matter of Preference or Circumstance?," Stanford Center on Longevity, 2018, https://longevity.stanford.edu/wp-content /uploads/2018/02/Milestones-.pdf. 也可參考「里程碑計畫」（Milestones Project）網站：https://longevity.stanford.edu/milestones/.

27 Chapkanovska, E., "How Much Does It Cost to Raise a Child in America?," *SpendMeNot* (blog), January 24, 2023, https://spendmenot.com/blog/how-much-does-it-cost-to-raise-a-child/.

28 Erickson, J., "The Middle-Class Squeeze," Center for American Progress, 2014, www.americanprogress.org/issues/economy/reports/2014/09/24/96903/the-middle-class-squeeze/.

29 "Rising Childcare Costs Starting to Bite," Bank of America Institute, October 27, 2023, https://institute.bankofamerica.com/content/dam/economic-insights/rising-child-care-costs.pdf.

30 "High Material Hardship Persists for Families with Young Children," RAPID, April 7, 2023, https://rapidsurveyproject.com/our-research/high-material-hardship-persists-for-families-with-young-children. RAPID-EC Survey Project data and trends available at: https://rapidsurveyproject.com/latest-data-and-trends.

31 Saul, S., "Fencing Can Be Six-Figure Expensive, but It Wins in College Admissions: How Niche Sports Offer a Pathway to the Ivy League and Other Elite Schools," *New York Times*, October 17, 2022, www.nytimes.com/2022/10/17/us/fencing-ivy-league-college-admissions.html.

32 Kornrich, S., and Furstenberg, F., "Investing in Children: Changes in Parental Spending on Children, 1972—2007," *Demography* 50, no. 1 (2013), www.jstor.org/stable/23358830.

33 Radesky, J., Miller, A. L., Rosenblum, K. L., Appugliese, D., Kaciroti, N., and Lumeng, J. C., "Maternal Mobile Device Use During a Structured Parent-Child Interaction Task," *Academic Pediatrics* 15, no. 2 (2015), https://doi.org/10.1016/j.acap.2014.10.001.

第二部 愛與學習的新科學

第五章 科學革「愛」

1 Wildflower Labs, *Exploring the Potential for Artificial Intelligence to Enable Continuous Collection of Classroom Data in Support of Early Learning* (prepared for the Bill and Melinda Gates Foundation, March 1, 2024), https://docs.google.com/document/d/1_h7hujqC7KC2ERJD0aQXb1rrI95fF5Z030v91tU3nXI/edit.

2 Sanders, L., "Brain Electric Implants Treat Depression: A Closer Reality," *Science News*, 2019, www.sciencenews.org/article/brain-electric-implants-treat-depression-closer-reality.

3 Çetinçelik, M., Rowland, C. F., and Snijders, T. M., "Do the Eyes Have It? A Systematic Review on the Role of Eye Gaze in Infant Language Development," *Frontiers in Psychology* 11 (2021), https://doi.org/10.3389/fpsyg.2020.589096.

4 Arioli, M., Ricciardi, E., and Cattaneo, Z., "Social Cognition in the Blind Brain: A Coordinate-Based Meta-analysis," *Human Brain Mapping* 42, no. 5 (2021), https://doi.org/10.1002/hbm.25289.

5 Elsabbagh, M., Gliga, T., Pickles, A., Hudry, K., Charman, T., Johnson, M. H., and BASIS Team, "The Development of Face-Orienting Mechanisms in Infants at Risk for Autism," Behavioural Brain Research 251 (2013), https://doi.org/10.1016/j.bbr.2012.07.030; Chawarska, K., Macari, S., Powell, K., DiNicola, L., and Shic, F., "Enhanced Social Attention in Female Infant Siblings at Risk for Autism," *Journal of the American Academy of Child and Adolescent Psychiatry* 55, no. 3 (2016), https://doi.org/10.1016/j.jaac.2015.11.016.

6 Interview with Patricia Kuhl, "Learning and the Social Brain," Edutopia, July 25, 2018, www.edutopia.org/package/learning-and-social-brain/.

7 Koenig, M. A., and Sabbagh, M. A., "Selective Social Learning: New Perspectives on Learning from Others," *Developmental Psychology* 49, no. 3 (2013), https://doi.org/10.1037/a0031619.

8 Stenberg, G., "Do 12-Month-Old Infants Trust a Competent Adult?," *Infancy* 18, no. 5 (2013), https://doi.org/10.1111/infa.12011.

9 Charpak, N., Tessier, R., Ruiz, J. G., Hernandez, J. T., Uriza, F., Villegas, J., Nadeau, L., Mercier, C., Maheu, F., Marin, J., Cortes, D., Gallego, J. M., and Maldonado, D., "Twenty-Year Follow-up of Kangaroo Mother Care Versus Traditional Care," *Pediatrics* 139, no. 1 (2017), https://doi.org/10.1542/peds.2016-2063; Ropars, S., Tessier, R., Charpak, N., and Uriza, L. F., "The Long-Term Effects of the Kangaroo Mother Care Intervention on Cognitive Functioning: Results from a Longitudinal Study," *Developmental Neuropsychology* 43, no. 1 (2018), https://doi.org/10.1080/87565641.2017.1422507.

10 Hardin, J. S., Jones, N. A., Mize, K. D., and Platt, M., "Parent-Training with Kangaroo Care Impacts Infant Neurophysiological Development and Mother-Infant Neuroendocrine Activity," *Infant Behavior and Development* 58 (2020), https://doi.org/10.1016/j .infbeh.2019.101416.

11 WHO Immediate KMC Study Group, "Immediate 'Kangaroo Mother Care' and Survival of Infants with Low Birth Weight," *New England Journal of Medicine* 384, no. 21 (2021), https://doi.org/10.1056/NEJMoa2026486.

12 Aguirre, M., Couderc, A., Epinat-Duclos, J., and Mascaro, O., "Infants Discriminate the Source of Social Touch at Stroking Speeds Eliciting Maximal Firing Rates in CT-Fibers," *Developmental Cognitive Neuroscience* 36 (2019), https://doi.org/10.1016/j .dcn.2019.100639; Deng, Q., Li, Q., Wang, H., Sun, H., and Xu, X., "Early Father-Infant Skin-to-Skin Contact and Its Effect on the Neurodevelopmental Outcomes of Moderately Preterm Infants in China: Study Protocol for a Randomized Controlled Trial," *Trials* 19, no. 1 (2018), https://doi.org/10.1186/s13063-018-3060-2; Pados, B. F., and Hess, F., "Systematic Review of the Effects of Skin-to-Skin Care on Short-Term Physiologic Stress Outcomes in Preterm Infants in the Neonatal Intensive Care Unit," *Advances in Neonatal Care* 20, no. 1 (2020), https://doi.org/10.1097/ANC.0000000000000596.

13 Brauer, J., Xiao Y., Poulain, T., Friederici, A.D., Schirmer, A., "Frequency of Maternal Touch Predicts Resting Activity and Connectivity of the Developing Social Brain," *Cerebral Cortex* 26, no. 8 (2016), https://doi.org/10.1093/cercor/bhw137.

14 Moore, S. R., McEwen, L. M., Quirt, J., Morin, A., Mah, S. M., Barr, R. G., Boyce, W. T., and Kobor, M. S., "Epigenetic Correlates of Neonatal Contact in Humans," *Development and Psychopathology* 29, no. 5 (2017), https://doi.org/10.1017/S0954579417001213.

15 Addyman, C., and Addyman, I., "The Science of Baby Laughter," *Comedy Studies* 4, no. 2 (2013), www.researchgate.net/publication/255700397_The_Science_of_Baby_Laughter.

16 Kim, P., and Enos Watamura, S., *Two Open Windows: Infant and Parent Neurobiologic Change* (University of Denver: Stress, Early Experiences and Development Research Center, 2017), https://ascend.aspeninstitute.org/wp-content/uploads/2017/10/4b320cff0e 86d8fb51_gqm6btprv-6.pdf.

17 Fleming, A. S., and Rosenblatt, J. S., "Maternal Behavior in the Virgin and Lactating Rat," *Journal of Comparative and Physiological Psychology* 86, no. 5 (1974), https://doi.org/10.1037/h0036414.

18 Hoekzema, E., Barba-Müller, E., Pozzobon, C., Picado, M., Lucco, F., GarcíaGarcía, D., Soliva, J. C., Tobeña, A., Desco, M., Crone, E. A., and Ballesteros, A., "Pregnancy Leads to Long-Lasting Changes in Human Brain Structure," *Nature Neuroscience* 20 (2017), https://doi.org/10.1038/nn.4458.

19 Hoekzema, E., van Steenbergen, H., Straathof, M., Beekmans, A., Freund, I. M., Pouwels, P. J., and Crone, E. A., "Mapping the Effects of Pregnancy on Resting State Brain Activity, White Matter Microstructure, Neural Metabolite Concentrations and Grey Matter Architecture," *Nature Communications* 13 (2022), https://doi.org/10.1038/s41467-022-33884-8.

20 Feldman, R., "The Adaptive Human Parental Brain: Implications for Children's Social Development," *Trends in Neurosciences* 38, no. 6 (2015), https://doi.org/10.1016/j.tins .2015.04.004.

21 Schurz, M., Radua, J., Tholen, M. G., Maliske, L., Margulies, D. S., Mars, R. B., Sallet, J., and Kanske, P., "Toward a Hierarchical Model of Social Cognition: A Neuroimaging Meta-analysis and Integrative Review of Empathy and Theory of Mind," *Psychological Bulletin* 147, no. 3 (2021), https://doi.org/10.1037/bul0000303; Forstmann, B. U., de Hollander, G., van Maanen, L., Alkemade, A., and Keuken, M. C., "Towards a Mechanistic Understanding of the Human Subcortex," *Nature Reviews Neuroscience* 18 (2017), https://doi.org/10.1038/nrn .2016.163.

22 Abraham, E., Hendler, T., Shapira-Lichter, I., Kanat-Maymon, Y., Zagoory-Sharon, O., and Feldman, R., "Father's Brain Is Sensitive to Childcare Experiences," *Proceedings of the National Academy of Sciences of the United States of America* 111, no. 27 (2014), https://doi.org/10.1073/pnas.1402569111.

23 Romaine, J., "Surprising New Study Finds Grandmothers More Connected to Grand- children than to Own Children," *The Hill*, November 17, 2021, https://thehill.com/changing-america/resilience/smart-cities/581986-surprising-new-study-finds-grandmothers-more/.

24 Lin, J. L., Imada, T., Meltzoff, A. N., Hiraishi, H., Ikeda, T., Takahashi, T., Hasegawa, C., Yoshimura, Y., Kikuchi, M., Hirata, M., Minabe, Y., Asada, M., and Kuhl, P. K., "Dual-MEG Interbrain Synchronization During Turn-Taking Verbal Interactions Between Mothers and Children," *Cerebral Cortex* 33, no. 7 (2023), https://doi.org/10.1093/cercor /bhac330.

25 Davidesco, I., "Brain-to-Brain Synchrony in the STEM Classroom," *CBE Life Sciences Education* 19, no. 3 (2020), https://doi.org/10.1187/cbe.19-11-0258; "In Sync Brainwaves Predict Learning, Study Shows," *UConn Today*, April 13, 2023, https://today.uconn.edu/2023/04/in-sync-brainwaves-predict-learning-study-shows/; Davidesco, I., Laurent, E., Valk, H., West, T., Milne, C., Poeppel, D., and Dikker, S., "The Temporal Dynamics of Brainto-Brain Synchrony Between Students and Teachers Predict Learning Outcomes," *Psychological Science* 34, no. 5 (2023), https://doi.org/10.1177/09567976231163872.

26 Zhang, W., and Yartsev, M. M., "Correlated Neural Activity Across the Brains of Socially Interacting Bats," *Cell* (2019), https://doi.org/10.1016/j.cell.2019.05.023.

27 Kingsbury, L., Huang, S., Wang, J., Gu, K., Golshani, P., Wu, Y. E., and Hong, W., "Correlated Neural Activity and Encoding of Behavior Across Brains of Socially Interacting Animals," *Cell* 178, no. 2 (2023), https://doi.org/10.1016/j.cell.2019.05.022.

28 Beiranvand, S., Valizadeh, F., Hosseinabadi, R., and Pournia, Y., "The Effects of Skinto-Skin Contact on Temperature and Breastfeeding Successfulness in Full-Term Newborns After Cesarean Delivery," *International Journal of Pediatrics* (2014), https://doi.org/10.1155 /2014/846486.

29 ollaborative Group on Hormonal Factors in Breast Cancer, "Breast Cancer and Breastfeeding: Collaborative Reanalysis of Individual Data from 47 Epidemiological Studies in 30 Countries, Including 50,302 Women with Breast Cancer and 96,973 Women Without the Disease," *Lancet* 360, no. 9328 (2002): 187–195.

30 Modak, A., Ronghe, V., and Gomase, K. P., "The Psychological Benefits of Breastfeeding: Fostering Maternal Well-Being and Child Development," *Cureus* 15, no. 10 (2023), https://doi.org/10.7759/cureus.46730.

31 Takahashi, J., Yamada, D., Nagano, W., Sano, Y., Furuichi, T., and Saitoh, A., "Oxytocinergic Projection from the Hypothalamus to Supramammillary Nucleus Drives Recognition Memory in Mice," *PLOS One* 18, no. 11 (2023), https://doi.org/10.1371/journal.pone .0294113.

32 Cymerblit-Sabba, A., Walsh, C., Duan, K. Z., Song, J., Holmes, O., and Young, W. S., "Simultaneous Knockouts of the Oxytocin and Vasopressin 1b Receptors in Hippocampal CA2 Impair Social Memory," bioRxiv, 2023, https://doi.org/10.1101/2023.01.30.526271.

33 Rimmele, U., Hediger, K., Heinrichs, M., and Klaver, P., "Oxytocin Makes a Face in Memory Familiar," *Journal of Neuroscience* 29, no. 1 (2009), https://doi.org/10.1523/JNEUROSCI.4260-08.2009; Guastella, A. J., Mitchell, P. B., and Mathews, F., "Oxytocin Enhances the Encoding of Positive Social Memories in Humans," *Biological Psychiatry* 64, no. 3 (2008), https://doi.org/10.1016/j.biopsych.2008.02.00.

34 Domes, G., Heinrichs, M., Michel, A., Berger, C., and Herpertz, S. C., "Oxytocin Improves 'Mind-Reading' in Humans," *Biological Psychiatry* 61, no. 6 (2007), https://doi.org /10.1016/j.biopsych.2006.07.015.

35 Baumeister, R. F., Twenge, J. M., and Nuss, C. K., "Effects of Social Exclusion on Cognitive Processes: Anticipated Aloneness Reduces Intelligent Thought," *Journal of Personality and Social Psychology* 83, no. 4 (2002), https://doi.org/10.1037//0022-3514.83.4.817.

36 Berendzen, K. M., Sharma, R., Mandujano, M. A., Wei, Y., Rogers, F. D., Simmons, T. C., Seelke, A. M. H., Bond, J. M., Larios, R., Goodwin, N. L., Sherman, M., Parthasarthy, S., Espineda, I., Knoedler, J. R., Beery, A., Bales, K. L., Shah, N. M., and Manoli, D. S., "Oxytocin Receptor Is Not Required for Social Attachment in Prairie Voles," *Neuron* 111, no. 6 (2023), https://doi.org/10.1016/j.neuron.2022.12.011.

37 Ramachandran, V. S., "Mirror Neurons and Imitation Learning as the Driving Force Behind the Great Leap Forward in Human Evolution," *Edge*, May 2000, www.edge.org/documents/Rama-2000.pdf.

38 Rizzolatti, G., Fadiga, L., Gallese, V., and Fogassi, L., "Premotor Cortex and the Recognition of Motor Actions," *Cognitive Brain Research* 3, no. 2 (1996), https://doi.org/10.1016/0926-6410(95)00038-0.

39 Fadiga, L., Fogassi, L., Pavesi, G., and Rizzolatti, G., "Motor Facilitation During Action Observation: A Magnetic Stimulation Study," *Journal of Neurophysiology* 73, no. 6 (1995), https://doi.org/10.1152/jn.1995.73.6.2608.

40 "Epigenetics and Child Development: How Children's Experiences Affect Their Genes," Harvard Center on the Developing Child, 2019, https://developingchild.harvard.edu/resources/what-is-epigenetics-and-how-does-it-relate-to-child-development/; Murgatroyd, C., and Spengler, D., "Epigenetics of Early Child Development," *Frontiers in Psychiatry* 2 (2011), https://doi.org/10.3389/fpsyt.2011.00016; National Scientific Council on the Developing Child, "Early Experiences Can Alter Gene Expression and Affect Long-Term Development" (Working Paper 10, Harvard Center on the Developing Child, 2010), https://harvardcenter.wpenginepowered.com/wp-content/uploads/2010/05/Early-Experiences-Can-Alter -Gene-Expression-and-Affect-Long-Term-Development.pdf.

41 "Epigenetics and Child Development."

42 Lajimodiere, D., *Bitter Tears* (Healdsburg, CA: Mammoth Publications, 2016).

43 Gunderson, D., and catwhipple, " 'I've Never Told Anyone' : Stories of Life in Indian Boarding Schools," *The Circle*, November 7, 2019, https://tinyurl.com/2twuzna6.

44 " 'Kill the Indian in Him and Save the Man' : R. H. Pratt on the Education of Native Americans," 1892, Carlisle Indian School Digital Resource Center, accessed June 23, 2024, https://carlisleindian.dickinson.edu/teach/kill-indian-him-and-save-man-r-h-pratt-education-native-americans.

45 Native American Rights Fund, *Trigger Points: Current State of Research on History, Impacts, and Healing Related to the United States' Indian Industrial/Boarding School Policy* (2019), www.narf.org/nill/documents/trigger-points.pdf.

46 *Indian Education: A National Tragedy, A National Challenge* (US Senate Committee on Labor and Public Welfare, 1969), https://files.eric.ed.gov/fulltext/ED034625.pdf.

47 National Conference of State Legislature, "Striving to Achieve: Helping Native American Students Succeed," December 14, 2022, https://www.ncsl.org/quad-caucus/striving -to-achieve.

48 Woods, A., "The Federal Government Gives Native Students an Inadequate Education, and Gets Away with It," *Arizona Republic*/ProPublica, August 6, 2020, www.propublica.org/article/the-federal-government-gives-native-students-an-inadequate-education-and-gets-away-with-it.

49 First Nations Health Authority website, accessed June 23, 2024, www.fnha.ca/what-we-do/research-knowledge-exchange-and-evaluation/health-surveys; "Aboriginal Peoples Survey," Statistics Canada, accessed June 23, 2024, www150.statcan.gc.ca/n1/en/catalogue/89-653-X.

50 Gaywish, R., and Mordoch, E., "Situating Intergenerational Trauma in the Educational Journey," *Education* 24, no. 2 (2018), https://eric.ed.gov/?id=EJ1246621.

51 Rogers-LaVanne, M. P., Bader, A. C., de Flamingh, A., Saboowala, S., Smythe, C., Atchison, B., Moulton, N., Wilson, A., Wildman, D. E., Boraas, A., and Uddin, M., "Association Between Gene Methylation and Experiences of Historical Trauma in Alaska Native Peoples," *International Journal for Equity in Health* 22 (2023), https://doi.org/10.1186/s12939-023-01967-7.

52 Meaney, M. J., and Szyf, M., "Environmental Programming of Stress Responses Through DNA Methylation: Life at the Interface Between a Dynamic Environment and a Fixed Genome," *Dialogues in Clinical Neuroscience* 7, no. 2 (2005), https://doi.org/10.31887/DCNS.2005.7.2/mmeaney.

53 van Steenwyk, G., Roszkowski, M., Manuella, F., Franklin, T. B., and Mansuy, I. M., "Transgenerational Inheritance of Behavioral and Metabolic Effects of Paternal Exposure to Traumatic Stress in Early Postnatal Life: Evidence in the 4th Generation," *Environmental Epigenetics* 4, no. 2 (2018), https://doi.org/10.1093/eep/dvy023.

54 ehuda, R., and Lehrner, A., "Intergenerational Transmission of Trauma Effects: Putative Role of Epigenetic Mechanisms," *World Psychiatry* 17, no. 3 (2018), https://doi.org/10.1002/wps.20568.

55 Yehuda, R., and Bierer, L. M., "Transgenerational Transmission of Cortisol and PTSD Risk," *Progress in Brain Research* 167 (2008), https://doi.org/10.1016/S0079-6123(07)67009-5.

56 app, K., Bohacek, J., Grossmann, J., Brunner, A. M., Manuella, F., Nanni, P., and Mansuy, I. M., "Potential of Environmental Enrichment to Prevent Transgenerational Effects of Paternal Trauma," *Neuropsychopharmacology: Official Publication of the American College of Neuropsychopharmacology*, 41, no. 11 (2016), 2749–2758, https://doi.org/10.1038/npp.2016.87.

第六章　結緣在 AI 時代

1 Singh-Kurtz, S., "The Man of Your Dreams," *The Cut*, March 10, 2023, www.thecut.com/article/ai-artificial-intelligence-chatbot-replika-boyfriend.html.

2 maddmechanic711615, "I think I fell in love with my replika... ," Reddit, r/replika, posted 3 years ago, accessed August 7, 2024, www.reddit.com/r/replika/comments/nh99at/i_think_i_fell_in_love_with_my_replika_is_this/.

3 Price, R., "People Are Grieving the 'Death' of Their AI Lovers After a Chatbot App Abruptly Shut Down," *Business Insider*, October 2023, www.businessinsider.com/soulmate -users-mourn-death-ai-chatbots-2023-10.

4 Maples, B., Cerit, M., Vishwanath, A., and Pea, R., "Loneliness and Suicide Mitigation for Students Using GPT3-Enabled Chatbots," *NPJ Mental Health Research* 3, no. 1 (2024), https://doi.org/10.1038/s44184-023-00047-6.

5 Maples et al., "Loneliness and Suicide Mitigation."

6 "What Parents Say About Moxie," Moxie website, accessed August 7, 2024, https://moxie robot.com/pages/testimonials.

7 "The Science Behind Moxie," Moxie website, April 16, 2020, https://moxierobot.com /blogs/news/science-behind-moxie.

8 Istvan, Z., "Will the Coming Robot Nanny Era Turn Us into Technophiles?," *TechCrunch*, October 1, 2016, https://techcrunch.com/2016/10/01/will-the-coming-robot-nanny-era-turn-us-into-technophiles/?guccounter=1.

9 See About Soul Machines at the Soul Machines website, accessed August 7, 2024, www.soulmachines.com/about-soul-machines.

10 Andreessen, M., "The Techno-Optimist Manifesto," Andreessen Horowitz, October 16, 2023, https://a16z.com/the-techno-optimist-manifesto/.

11 Barncard, C., "Kids Connect with Robot Reading Partners," *University of Wisconsin-Madison News*, August 22, 2018, https://news.wisc.edu/kids-connect-with-robot-reading-partners/; Michaelis, J. E., and Mutlu, B., "Reading Socially: Transforming the In-Home Reading Experience with a Learning-Companion Robot," *Science Robotics* 3, no. 21 (2018), https://doi.org/10.1126/scirobotics.aat5999. For more information about Minnie, go to https://robotics.wisc.edu/robots/minnie/.

12 Scassellati, B., Boccanfuso, L., Huang, C. M., Mademtzi, M., Qin, M., Salomons, N., Ventola, P., and Shic, F., "Improving Social Skills in Children with ASD Using a LongTerm, In-Home Social Robot," *Science Robotics* 3, no. 21 (2018), https://doi.org/10.1126/scirobotics.aat7544.

13 Daniels, J., Schwartz, J. N., Voss, C., Haber, N., Fazel, A., Kline, A., Washington, P., Feinstein, C., Winograd, T., and Wall, D. P., "Exploratory Study Examining the At-Home Feasibility of a Wearable Tool for Social-Affective Learning in Children with Autism, *NPJ Digital Medicine* 1, no. 32 (2018), https://doi.org/10.1038/s41746-018-0035-3.

14 Fish, S., "Google Glass Helps Kids with Autism Understand Faces," *Stanford Medicine Newsletter*, Fall 2018, https://med.stanford.edu/communitynews/2018fall/google-glass-helps-kids-with-autism-understand-faces.html.

15 Rienzi, G., "Plays Well with Humans," *Johns Hopkins Magazine*, Winter 2019, https://hub.jhu.edu/magazine/2019/winter/ethical-robots-2501-em1-art1-nr-science/.

16 Park, H. W., Rosenberg-Kima, R., Rosenberg, M., Gordon, G., and Breazeal, C., "Growing Growth Mindset with a Social Robot Peer," *Proceedings of the 2017 ACM/ IEEE International Conference on Human-Robot Interaction*, 2017, https://doi.org/10.1145/2909824.3020213.

17 Hamakawa, T., "Japanese School Kids Learn English from AI Robots," *Japan Forward*, November 3, 2018, https://japan-forward.com/japanese-school-kids-learn-english-from-ai-robots/.

18 "Tega, the New Robot in School," MIT Better World, November 7, 2017, YouTube video, www.youtube.com/watch?v=U4srV1Icnb0.

19 Chen, H., Park, H. W., and Breazeal, C., "Teaching and Learning with Children: Impact of Reciprocal Peer Learning with a Social Robot on Children's Learning and Emotive Engagement," *Computers & Education* 150 (2020), https://doi.org/10.1016/j.compedu.2020.103836.

20 Turkle, S., "Why These Friendly Robots Can't Be Good Friends to Our Kids," *Washington Post*, December 7, 2017, www.washingtonpost.com/outlook/why-these-friendly-robots-cant-be-good-friends-to-our-kids/2017/12/07/bce1eaea-d54f-11e7-b62d-d9345ced896d_story.html.

21 Grossman, A., "Friend or Foe? How Robots Can Make Us Feel Sad and Lonely," *NoCamels*, February 7, 2023, https://nocamels.com/2023/02/friend-or-foe-how-robots-can-make-us-feel-sad-and-lonely/.

22 Sharkey, N., and Sharkey, A., "The Crying Shame of Robot Nannies: An Ethical Appraisal," *Interaction Studies* 11, no. 2 (2010), https://doi.org/10.1075/is.11.2.01sha.

第七章　垃圾科技悲歌

1 Hess, F. N., "YouTube Kids," *PediMom* (blog), accessed August 7, 2024, https://pedimom.com/youtube-kids-inappropriate-videos/; Anonymous Physician Mother, "YouTube Kids Scare," *PediMom* (blog), accessed August 7, 2024, https://pedimom.com/youtube-kids-scare/.

2 Knorr, C., "Parents' Ultimate Guide to YouTube Kids," Common Sense Media, March 12, 2021, www.commonsensemedia.org/articles/parents-ultimate-guide-to-youtube-kids.

3 Jargon, J., “TikTok Brain Explained: Why Some Kids Seem Hooked on Social Video Feeds,” *Wall Street Journal*, April 2, 2022, www.wsj.com/articles/tiktok-brain-explained-why-some-kids-seem-hooked-on-social-video-feeds-11648866192?mod=article_inline.

4 Taber, D. R., Stevens, J., Evenson, K. R., Ward, D. S., Poole, C., Maciejewski, M. L., Murray, D. M., and Brownson, R. C., “State Policies Targeting Junk Food in Schools: Racial/Ethnic Differences in the Effect of Policy Change on Soda Consumption,” *American Journal of Public Health* 101, no. 9 (2011), https://doi.org/102105/AJPH.2011.300221.

5 Prothero, A., “School District Lawsuits Against Social Media Companies Are Piling Up,” *Education Week*, January 31, 2024, www.edweek.org/policy-politics/school-district-lawsuits-against-social-media-companies-are-piling-up/2024/01.

6 Yu, Y-J., “Cellphone Bans in Schools Take Center Stage Amid Mental Health Crisis,” *ABC News*, August 28, 2024, https://abcnews.go.com/GMA/Living/new-school-year-push-ban-cellphones-takes-center/story?id=112873042#:~:text=At%20least%20eight%20states%20so,ban%20kicked%20off%20July%201.

7 Hall, J. A., Kearney, M. W., and Xing, C., “Two Tests of Social Displacement Through Social Media Use,” *Information, Communication and Society* 22, no. 10 (2019), https://doi.org/10.1080/1369118X.2018.1430162; Jiang, J., “Teens Who Are Constantly Online Are Just as Likely to Socialize with Their Friends Offline,” Pew Research Center, November, 28, 2018, www.pewresearch.org/short-reads/2018/11/28/teens-who-are-constantly-online-are-just-as-likely-to-socialize-with-their-friends-offline/; Paulich, K. N., Ross, J. M., Lessem, J. M., and Hewitt, J. K., “Screen Time and Early Adolescent Mental Health, Academic, and Social Outcomes in 9- and 10-Year Old Children: Utilizing the Adolescent Brain Cognitive Development (ABCD) Study,” *PLOS One* 16, no. 9 (2021), https://doi.org/10.1371/journal.pone.0256591.

8 Hunt, A., Braghieri, L., Eichmeyer, S., and Gentzkow, M., “The Welfare Effects of Social Media,” *American Economic Review* 110, no. 3 (2020), www.aeaweb.org/articles?id=10.1257/aer.20190658.

9 Auxier, B., Rainie, L., Anderson, M., Perrin, A., Kumar, M., and Turner, E., “Americans and Privacy: Concerned, Confused and Feeling Lack of Control over Their Personal Information,” Pew Research Center, November 11, 2019, www.pewresearch.org/internet/2019/11/15/how-americans-think-about-privacy-and-the-vulnerability-of-their-personal-data/.

10 Edelman Trust Institute, *2024 Edelman Trust Barometer Supplemental Report: Insights for the Tech Sector* (2024), www.edelman.com/sites/g/files/aatuss191/files/2024-03/2024%20Edelman%20Trust%20Barometer%20Supplemental%20Report%20Insights%20for%20Tech.pdf.

11 “Expert Reviews,” Common Sense Education, accessed August 7, 2024, www.commonsense.org/education/search?f%5B0%5D=search_type%3Aeditorial_review&sort_by=field_search_sort_date.

12 Hirsh-Pasek, K., Zosh, J. M., Golinkoff, R. M., Gray, J. H., Robb, M. B., and Kaufman, J., “Putting Education in ‘Educational’ Apps: Lessons from the Science of Learning,” *Psychological Science in the Public Interest* 16, no. 1 (2015), https://doi.org/10.1177/1529100615569721.

13 Meyer, M., Zosh, J. M., McLaren, C., Robb, M., McCaffery, H., Golinkoff, R. M., Hirsh-Pasek, K., and Radesky, J., "How Educational are 'Educational' Apps for Young Children? App Store Content Analysis Using the Four Pillars of Learning Framework," *Journal of Children and Media* 15, no. 4 (2021), https://doi.org/10.1080/17482798.2021.1882516.

14 McArthur, B. A., Volkova, V., Tomopoulos, S., and Madigan, S., "Global Prevalence of Meeting Screen Time Guidelines Among Children 5 Years and Younger: A Systematic Review and Meta-analysis," *JAMA Pediatrics* 176, no. 4 (2022), https://doi.org/10.1001/jama pediatrics.2021.6386.

15 Rideout, V., and Robb, M. B., *The Common Sense Census: Media Use by Kids Age Zero to Eight, 2020* (Common Sense Media, 2020), www.commonsensemedia.org/research/the-common-sense-census-media-use-by-kids-age-zero-to-eight-2020.

16 Christakis, D. A., and Zimmerman, F. J., *The Elephant in the Living Room: Make Television Work for Your Kids* (Emmaus, PA: Rodale Books, 2006); Zimmerman, F. J., Christakis, D. A., and Meltzoff, A. N., "Television and DVD/Video Viewing in Children Younger than 2 Years," *Archives of Pediatrics and Adolescent Medicine* 161, no. 5 (2007), https://pubmed.ncbi.nlm.nih.gov/17485624/.

17 Jamaica, G., "Caribu Is Helping Families and Friends Stay Connected While Apart with Virtual Playdates," Global Innovation Forum, April 26, 2020, https://globalinnovationforum .com/caribu-covid19/.

18 Takahashi, I., Obara, T., Ishikuro, M., Murakami, K., Ueno, F., Noda, A., Onuma, T., Shinoda, G., Nishimura, T., Tsuchiya, K. J., and Kuriyama, S., "Screen Time at Age 1 Year and Communication and Problem-Solving Developmental Delay at 2 and 4 Years," *JAMA Pediatrics* 177, no. 10 (2023), https://doi.org/10.1001/jamapediatrics.2023.3057.

19 Heffler, K. F., Acharya, B., Subedi, K., and Bennett, D. S., "Early-Life Digital Media Experiences and Development of Atypical Sensory Processing," *JAMA Pediatrics* 178, no. 3 (2024), https://doi.org/10.1001/jamapediatrics.2023.5923.

20 Dunckley, V., *Reset Your Child's Brain: A Four-Week Plan to End Meltdowns, Raise Grades, and Boost Social Skills by Reversing the Effects of Electronic Screen-Time* (Novato, CA: New World Library, 2015).

21 SWNS, "Most Parents Confess to Spending More Time on Their Phones than Their Kids: Poll," *New York Post*, July 26, 2023, https://nypost.com/2023/07/26/most-parents-confess-to-spending-more-time-on-their-phones-than-their-kids-poll/; Doval, P., "Parents Spend Three Times More Time on Phone than with Their Children," *Times of India*, December 19, 2023, http://timesofindia.indiatimes.com/articleshow/106125378.cms.

22 Stockdale, L. A., Porter, C. L., Coyne, S. M., Essig, L. W., Booth, M., Keenan-Kroff, S., and Schvaneveldt, E., "Infants' Response to a Mobile Phone Modified Still-Face Paradigm: Links to Maternal Behaviors and Beliefs Regarding Technoference," *Infancy* 25, no. 5 (2020), https://doi.org/10.1111/infa.12342.

23 Turk, E., Endevelt-Shapira, Y., Feldman, R., van den Heuvel, M. I., and Levy, J., "Brains in Sync: Practical Guideline for Parent-Infant EEG During Natural Interaction," *Frontiers in Psychology* 13 (2022), https://doi.org/10.3389/fpsyg.2022.833112.

24 Mangan, E., Leavy, J. E., and Jancey, J., "Mobile Device Use When Caring for Children 0–5 Years: A Naturalistic Playground Study," *Health Promotion Journal of Australia* 29, no. 3 (2018), https://doi.org/10.1002/hpja.38.

25 Palsson, C., "Smartphones and Child Injuries," *Journal of Public Economics* 156 (2017), www.sciencedirect.com/science/article/abs/pii/S0047272717301810.

26 McDaniel, B. T., and Coyne, S. M., " 'Technoference' : The Interference of Technology in Couple Relationships and Implications for Women's Personal and Relational Well-Being," *Psychology of Popular Media Culture* 5, no. 1 (2016), https://doi.org/10.1037/ppm0000065.

27 Przybylski, A. K., and Weinstein, N., "Can You Connect with Me Now? How the Presence of Mobile Communication Technology Influences Face-to-Face Conversation Quality," *Journal of Social and Personal Relationships* 30, no. 3 (2013), https://doi.org/10.1177/0265407512453827.

28 Kushlev, K., Hunter, J. F., Proulx, J., Pressman, S. D., and Dunn, E., "Smartphones Reduce Smiles Between Strangers," *Computers in Human Behavior* 91 (2019), https://doi.org/10.1016/j.chb.2018.09.023.

29 McDaniel, B. T., and Radesky, J. S., "Technoference: Parent Distraction with Technology and Associations with Child Behavior Problems," *Child Development* 89, no. 1 (2018), https://doi.org/10.1111/cdev.12822.

30 Mustonen, R., Torppa, R., and Stolt, S., "Screen Time of Preschool-Aged Children and Their Mothers, and Children's Language Development," *Children* 9, no. 10 (2022), https://doi.org/10.3390/children9101577.

31 Madigan, S., McArthur, B. A., Anhorn, C., Eirich, R., and Christakis, D. A., "Associations Between Screen Use and Child Language Skills: A Systematic Review and Meta-analysis," *JAMA Pediatrics* 174 (2020), https://doi.org/10.1001/jamapediatrics.2020.0327.

32 Radesky, J. S., Kistin, C. J., Zuckerman, B., Nitzberg, K., Gross, J., Kaplan-Sanoff, M., Augustyn, M., and Silverstein, M., "Patterns of Mobile Device Use by Caregivers and Children During Meals in Fast Food Restaurants," *Pediatrics* 133, no. 4 (2014), https://doi.org/10.1542/peds.2013-3703.

33 Tan, Y., "McDonald's Introduces Phone Lockers to Get People to Put Their Mobiles Away. But If You Didn't Snapchat Your Visit, Did It Really Happen?," Mashable, October 16, 2017, https://mashable.com/article/phone-lockers-mcdonalds-singapore.

第八章　愛是教育良方

1 "Ma: Education Needs to Keep Up with Fast-Changing World," Alizila Staff, posted December 4, 2019, video, Alizila: News from Alibaba, www.alizila.com/video/jack-ma-education-needs-to-keep-up-with-fast-changing-world/. OECD, the Organisation for Economic Co-operation and

Development, is an intergovernmental organization with thirty-eight member countries, founded in 1961 to stimulate economic progress and world trade.

2 Fredrickson, B. L., *Love 2.0: Creating Happiness and Health in Moments of Connection* (New York: Penguin, 2013).

3 "Putting It Bluntly," *W Magazine*, September 30, 2007, www.wmagazine.com/culture/emily-blunt.

4 Salloum, S. J., Goddard, R. D., and Berebitsky, D., "Resources, Learning, and Policy: The Relative Effects of Social and Financial Capital on Student Learning in Schools," *Journal of Education for Students Placed at Risk* 23, no. 4 (2018), https://doi.org/10.1080/10824669.2018.1496023.

5 Roehlkepartain, E. C., Pekel, K., Syvertsen, A. K., Sethi, J., Sullivan, T. K., and Scales, P. C., "Relationships First: Creating Connections That Help Young People Thrive," Search Institute, 2017, www.researchgate.net/publication/313475027_Relationships_First_Creating_Connections_that_Help_Young_People_Thrive.

6 "How Important Is Teamwork Between Departments and Other Business Units to Your Overall Job Satisfaction?," Statista, 2024, www.statista.com/statistics/688726/job-satisfaction-importance-of-multi-departmental-teamwork-us/.

7 Carr, P. B., and Walton, G. M., "Cues of Working Together Fuel Intrinsic Motivation," *Journal of Experimental Social Psychology* 53 (2014), https://doi.org/10.1016/j.jesp.2014.03.015.

8 Bessalel, S., "LinkedIn 2024 Most In-Demand Skills: Learn the Skills Companies Need Most," LinkedIn Learning Blog, February 8, 2024, www.linkedin.com/business/learning/blog/top-skills-and-courses/most-in-demand-skills.

9 Deming, D., "The Growing Importance of Social Skills in the Labor Market," *Quarterly Journal of Economics* 132, no. 4 (2017), https://doi.org/10.1093/qje/qjx022.

10 Weidman, B., and Deming, D. J., *Team Players: How Social Skills Improve Team Performance* (Harvard University and NBER, May 2020), https://scholar.harvard.edu/sites/scholar.harvard.edu/files/ddeming/files/dw_teamplayers_may2020.pdf.

11 Bryant, A., "Google's Quest to Build a Better Boss," *New York Times*, March 12, 2011, www.nytimes.com/2011/03/13/business/13hire.html.

12 Heckman, J., "Lacking Character, American Education Fails the Test," Heckman Equation, accessed June 29, 2024, https://heckmanequation.org/resource/lacking-character-american-education-fails-the-test/.

13 "Number of Jobs, Labor Market Experience, Marital Status, and Health for Those Born 1957–1964," news release, Bureau of Labor Statistics, US Department of Labor, August 22, 2023, www.bls.gov/news.release/pdf/nlsoy.pdf.

14 Eloundou, T., Manning, S., Mishkin, P., and Rock, D., "GPTs Are GPTs: An Early Look at the Labor Market Impact Potential of Large Language Models," March 17, 2023, https://openai.com/research/gpts-are-gpts.

15 Harris, P., "What Children Learn from Questioning," *Educational Leadership* 73, no. 1 (September 2015), https://eric.ed.gov/?id=EJ1075045.

16 關於社會情緒學習之益處的研究與作證，可參見「想平等」（Think Equal）網站：https://thinkequal.org/about-us/our-story/research-and-evidence/. 特別是這份文件：Bailey, C. S., and Rudolph, M., *Interim Report: Botswana Child Outcomes* (Yale Center for Emotional Intelligence and Think Equal, October 2018).

17 Blewitt, C., Fuller-Tyszkiewicz, M., Nolan, A., Bergmeier, H., Vicary, D., Huang, T., McCabe, P., McKay, T., and Skouteris, H., "Social and Emotional Learning Associated with Universal Curriculum-Based Interventions in Early Childhood Education and Care Centers: A Systematic Review and Meta-analysis," *JAMA Network Open* 1, no. 8 (2018), https://jamanetwork.com/journals/jamanetworkopen/fullarticle/2717566.

18 Fowler, J. H., and Christakis, N. A., "Dynamic Spread of Happiness in a Large Social Network: Longitudinal Analysis over 20 Years in the Framingham Heart Study," *British Medical Journal* 337 (2008), https://doi.org/10.1136/bmj.a2338.

19 Brown, D. W., Anda, R. F., Tiemeier, H., Felitti, V. J., Edwards, V. J., Croft, J. B., and Giles, W. H., "Adverse Childhood Experiences and the Risk of Premature Mortality," *American Journal of Preventive Medicine* 37, no. 5 (2009), https://doi.org/10.1016/j.amepre.2009.06.021.

20 "Health and Learning Impacts of ACEs," Kaiser Permanente, accessed June 29, 2024, https://tinyurl.com/y5ny88nt.

21 "About the CDC-Kaiser ACE Study," CDC, last reviewed April 6, 2021, www.cdc.gov/violenceprevention/aces/about.html.

22 Ratliff, E., Sheffield Morris, A., Hays-Grudi, J., "PACEs for Children: Overcoming Adversity and Building Resilience," OSU Extension, May 2020, https://extension.okstate.edu/fact-sheets/paces-for-children-overcoming-adversity-and-building-resilience.html.

23 Kahhalé, I., Barry, K. R., and Hanson, J. L., "Positive Parenting Moderates Associations Between Childhood Stress and Corticolimbic Structure," *PNAS Nexus* 2, no. 6 (2023), https://doi.org/10.1093/pnasnexus/pgad145.

24 Galinsky, E., *The Breakthrough Years: How the Science of Relationships Lays the Foundation for Lifelong Success* (New York: HarperCollins, 2023).

25 Willis, D. W., Condon, M. C., Moe, V., Munson, L., Smith, L., and Eddy, J. M., "The Context and Development of the Early Relational Health Screen," *Infant Mental Health Journal* 43, no. 3 (2022), https://doi.org/10.1002/imhj.21986. For more information about ERHS, go to: www.allianceaimh.org/early-relational-health-screen.

26 Shiffman, S., Stone, A. A., and Hufford, M. R., "Ecological Momentary Assessment," *Annual Review of Clinical Psychology* 4 (2008), https://doi.org/10.1146/annurev.clinpsy.3.022806.091415.

第三部　前進之路：培養連結的未來

引文：該位教師的話出自：Partington, S., Lieblich, M., Markovich Morris, E., Nora, L., and Winthrop, R., "Why Families and Communities Are Central to Education System Transformation," January 23, 2024, www.brookings.edu/articles/why-families-and-communities-are-central-to-education-system-transformation/.

第九章　家庭：新結構，新視野

1 Jæger, M. M., "The Extended Family and Children's Educational Success," *American Sociological Review* 77, no. 6 (2012), https://doi.org/10.1177/0003122412464040.

2 Simpo, A., "Why My Best Friend and I Decided to Move in Together and Co-Mother Our Children," *Huffington Post*, June 18, 2018, www.huffpost.com/entry/why-my-best-friend-and-i-decided-to-move-in-together-and-co-mother-our-children_n_5b26806ae4 b0f9178a9e0322.

3 "Danielle in Washington," Success Stories, CoAbode, accessed August 9, 2024, www .coabode.org/about/success_stories.

4 Hope, R., *Family by Choice: Platonic Partnered Parenting* (self-published, 2014).

5 "LGBTQ Family Building Survey," Family Equality, January 2019, https://familyequality.org/resources/lgbtq-family-building-survey/.

6 Bieber, C., "Revealing Divorce Statistics in 2024," Forbes Advisor, updated May 30, 2024, www.forbes.com/advisor/legal/divorce/divorce-statistics/.

7 Meyer, D. R., Carlson, M., and Ul Alam, M., "Increases in Shared Custody After Divorce in the United States," *Demographic Research* 46 (2022), https://doi.org/10.4054/Dem Res.2022.46.38.

8 Baude, A., Pearson, J., and Drapeau, S., "Child Adjustment in Joint Physical Custody Versus Sole Custody: A Meta-Analytic Review," *Journal of Divorce & Remarriage* 57, no. 5 (2016), 338–360, https://doi.org/10.1080/10502556.2016.1185203; Nielsen, L., "Joint Versus Sole Physical Custody: Children's Outcomes Independent of Parent–Child Relationships, Income, and Conflict in 60 Studies," *Journal of Divorce & Remarriage* 59, no. 4 (2018), 247–281, https://doi.org/10.1080/10502556.2018.1454204.

9 據估計，PollenTree 網站在 2020 年有 9 萬名會員：Julie Jargon, "Co-parenting Sites Skip Love and Marriage, Go Right to the Baby Carriage," *Wall Street Journal*, January 7, 2020, www.wsj.com/articles/co-parenting-sites-skip-love-and-marriage-go-right-to-the-baby-carriage-11578393000. Modamily 網站在 2023 年則有 10 萬名會員：Leanne Italie, "Platonic Co-parenting Offers and Alternate Model for Family Building," *Post-Journal* (Jamestown, NY), June 18, 2023, www.post-journal.com/news/top-stories/2023/06/big-commitment/.

10 Traverso, V., and Robbins, J., "Is 'Platonic Parenting' the Relationship of the Future?," BBC, December 18, 2018, www.bbc.com/worklife/article/20181218-is-platonic-parenting-the-relationship-of-the-future.

11 Istar Lev, A., *The Complete Lesbian and Gay Parenting Guide* (New York: Penguin, 2004).

12 Parke, M., *Are Married Parents Really Better for Children? What Research Says About the Effects of Family Structure on Child Well-Being* (Center for Law and Social Policy, May 2003), www.clasp.org/sites/default/files/public/resources-and-publications/states/0086.pdf.

13 Mariani, M., "The New Generation of Self-Created Utopias," *New York Times*, January 16, 2020, www.nytimes.com/2020/01/16/t-magazine/intentional-communities.html.

14 Foundation for Intentional Community website, accessed August 9, 2024, www.ic.org/foundation-for-intentional-community/.

15 Carrere, J., Reyes, A., Oliveras, L., Fernández, A., Peralta, A., Novoa, A. M., Pérez, K., and Borrell, C., "The Effects of the Cohousing Model on People's Health and Wellbeing: A Scoping Review," *Public Health Reviews* 41 (2020), https://doi.org/10.1186/s40985-020-00138-1. For Cohousing Research Network bibliography, go to www.cohousingresearchnetwork.org/bibliography/.

16 Newman, S. J., and Holupka, C. S., "Affordable Housing Is Associated with Greater Spending on Child Enrichment and Stronger Cognitive Development," MacArthur Foundation, July 2014, https://www.macfound.org/media/files/hhm_affordable_housing_-_stronger_cognitive_development.pdf.

17 Foley, M., "These Families Wanted a Village, So They Built Their Own," Bloomberg, June 21, 2021, www.bloomberg.com/news/features/2021-06-23/how-cohousing-is-making-life-easier-for-families.

18 Christensen, K., Doblhammer, G., Rau, R., and Vaupel, J. W., "Ageing Populations: The Challenges Ahead," *Lancet* 374 (2009), https://doi.org/10.1016/S0140-6736(09) 61460-4.

19 Romei, V., and Smith, A., "World Population Reaches 8Bn as It Grows Older," *Financial Times*, November 14, 2022, www.ft.com/content/342d059e-7252-4212-8bfc-1f508b063f17.

20 Bell, A., "This Family of 7 Living Generations Is Campaigning to Be Recognized by the Guinness Book of World Records," Yahoo News, May 21, 2024, www.yahoo.com/news/family-7-living-generations-campaigning-010117049.html.

21 Cortes Barragan, R., Brooks, R., Sanders, E. A., and Meltzoff, A. N., "Prosociality in Young Latinx Children: Exploring the Role of Grandparents," *Journal of Latinx Psychology* 12, no. 1 (2024), https://doi.org/10.1037/lat0000241.

22 Cohn, D., Menasce Horowitz, J., Minkin, R., Fry, R. and Hurst, K., "The Demographics of Multigenerational Households," Pew Research Center, March 2022, www.pewresearch.org/social-trends/2022/03/24/the-demographics-of-multigenerational-households/.

23 Convergence Collaborative on Supports for Working Families, *In This Together: A Cross-Partisan Action Plan to Support Families with Young Children in America* (2023), https://convergencepolicy.org/wp-content/uploads/2024/01/Convergence-Collaborative-on-Supports-for-Working-Families-Blueprint-for-Action.pdf.

24 Flores, A. M., Gayle, G., Hincapié, A., "The Intergenerational Effects of Parental Leave: Exploiting Forty Years of U.S. Policy Variation," National Bureau of Economic Research, November 2023, www.nber.org/papers/w31911.

25 "State Family and Medical Leave Laws," National Conference of State Legislatures, updated September 9, 2022, https://tinyurl.com/hbwwsstp.

26 Cools, S., Fiva, J. H., and Kirkebøen, L. J., "Causal Effects of Paternity Leave on Children and Parents" (CESifo Working Paper Series No. 3513, July 18, 2011), https://ssrn.com/abstract=1888169 or http://dx.doi.org/10.2139/ssrn.1888169.

27 Troller-Renfree, S. V., Costanzo, M. A., Duncan, G. J., Magnuson, K., Gennetian, L. A., Yoshikawa, H., Halpern-Meekin, S., Fox, N. A., and Noble, K. G., "The Impact of a Poverty Reduction Intervention on Infant Brain Activity," *Proceedings of the National Academy of Sciences of the United States of America* 119, no. 5 (2022), https://doi.org/10.1073/pnas.2115649119.

28 Barr, A., Eggleston, J., and Smith, A. A., "Investing in Infants: The Lasting Effects of Cash Transfers to New Families," *Quarterly Journal of Economics* 137, no. 4 (2022), 2539–2583, https://doi.org/10.1093/qje/qjac023.

29 Richter, L. M., Daelmans, B., Lombardi, J., Heymann, J., Boo, F. L., Behrman, J. R., Lu, C., Lucas, J. E., Perez-Escamilla, R., Dua, T., and Bhutta, Z. A., "Investing in the Foundation of Sustainable Development: Pathways to Scale Up for Early Childhood Development," *The Lancet* 389, no. 10064 (2017), https://doi.org/10.1016/S0140-6736(16)31698-1; World Bank Group, *10 Years of Chile Grows with You (Chile Crece Contigo): Key Components and Lessons Learned for the Setting Up of Comprehensive Child Development Support Systems* (Washington, DC, 2018), https://tinyurl.com/ycyur6y5.

30 Bennett, H., "Early Childhood Education Investments Bring 'A High Public Return,'" University of Minnesota, August 20, 2023, https://cla.umn.edu/economics/news-events/profile/early-childhood-education-investments-bring-high-public-return.

31 Bernal, R., Attanasio, O., Peña, X., and Vera-Hernández, M., "The Effects of the Transition from Home-Based Childcare to Childcare Centers on Children's Health and Development in Colombia," *Early Childhood Research Quarterly* 47 (2019), https://doi.org/10.1016/j.ecresq.2018.08.005.

32 Attanasio, O., Baker-Henningham, H., Bernal, R., Meghir, C., Pineda, D., and Rubio-Codina, M., "Early Stimulation and Nutrition: The Impacts of a Scalable Intervention," *Journal of the European Economic Association* 20, no. 4 (2022): 1395–1432.

33 Mader, J., "Behind the Findings of the Tennessee Pre-K Study That Found Negative Effects for Graduates," Hechinger Report, February 2, 2022, https://hechingerreport.org /behind-the-findings-of-the-tennessee-pre-k-study-that-found-negative-effects-for-graduates/.

34 Schulman, K., and Barnett, S. W., *The Benefits of Prekindergarten for Middle-Income Children* (National Institute for Early Education Research Policy Report, 2005), http://nieer .org/policy-issue/policy-report-the-benefits-of-prekindergarten-for-middle-income-children; Meyers, M., Rosenbaum, D., Ruhm, C., and Waldfogel, J., *Inequality in Early Childhood Education and Care: What Do We*

Know? (Russell Sage Foundation, rev. May 1, 2003), www.russellsage.org/research/reports/early-education.

35 Troe, J., "Early Learning in the United States," Center for American Progress, 2016, https://americanprogress.org/issues/early-childhood/report/2016/07/19/141234/early-learning -in-the-united-states/; Guttmacher, A. E., *The NICHD Study of Early Child Care and Youth Development* (US Department of Health and Human Services, 2006), www.nichd.nih.gov/sites/default/files/publications/pubs/documents/seccyd_06.pdf.

36 McClain, J., "Children Affected by the Syrian Refugee Crisis Are Effectively Learning Numbers, Letters, and 'Emotional ABCs' Through the Ahlan Simsim Initiative," NYU, June 27, 2023, www.nyu.edu/about/news-publications/news/2023/june/children-affected-by-the-syrian-refugee -crisis-are-effectively-l.html.

37 Isaacs, J., "Starting School at a Disadvantage: The School Readiness of Poor Children," Brookings Institution, 2012, https://tinyurl.com/ytha2ck2.

38 Cruse, L. R., Holtzman, T., Gault, B., Croom, D., and Polk, P., "Parents in College: By the Numbers," Institute for Women's Policy Research, 2019, https://iwpr.org/parents-in-college-by-the-numbers/.

39 "ACCT, NHSA Launch Kids on Campus Partnership to Expand Child Care for Student Parents," Kids on Campus, February 6, 2024, www.acct.org/center-for-policy-practice/kids-on-campus; Cruse, L. R., and Holtzman, T., "Head Start–College Partnership to Promote Student Parent Family Success: A Roadmap to Guide Collaboration," Institute for Women's Policy Research, 2020, https://iwpr.org/head-start-college-partnership-to-promote-student-parent-family-success-a-roadmap-to-guide-collaboration/.

40 "Walmart to Pay 100% of College Tuition and Books for Associates," Walmart, July 28, 2021, https://corporate.walmart.com/news/2021/07/27/walmart-to-pay-100-of-college-tuition-and-books-for-associates.

41 Family Resource Centers are operated by the National Family Support Network; see www.nationalfamilysupportnetwork.org/family-support-programs.

42 Cahn, E., and Gray, C., "The Time Bank Solution," *Stanford Social Innovation Review*, Summer 2015, https://ssir.org/articles/entry/the_time_bank_solution.

43 Winerip, M., "Closing the Achievement Gap Without Widening a Racial One," *New York Times*, February 13, 2011, www.nytimes.com/2011/02/14/education/14winerip.html.

44 Website of The Basics Amarillo, accessed August 9, 2024, https://thebasicsamarillo.org/our-story/.

45 Boyd-Barrett, C., "The Power of Parents Supporting Parents," *Yes! Solutions Journalism*, October 30, 2023, www.yesmagazine.org/health-happiness/2023/10/30/parents-disabled -children.

46 Website of Child Care Resources, accessed August 9, 2024, https://childcare.org/family-services/find-care-kaleidoscope.aspx.

47 Rosenfeld, M. J., Thomas, R. J., and Hausen, S., "Disintermediating Your Friends: How Online Dating in the United States Displaces Other Ways of Meeting," *Proceedings of the National Academy of Sciences of the United States of America* 116, no. 36 (2019), https://doi.org/10.1073/pnas.1908630116.

48 Chuck, E., "Prison Nurseries Give Incarcerated Mothers a Chance to Raise Their Babies—Behind Bars," NBC News, August 4, 2018, www.nbcnews.com/news/us-news/prison-nurseries-give-incarcerated-mothers-chance-raise-their-babies-behind-n894171.

49 Data available at Advocates for Children of Incarcerated Parents, www.afcoip.org/facts-figures#:~:text=Parental%20Incarceration,of%20Children's%20Health%2C%202018).

50 Byrne, M. W., Goshin, L. S., and Joestl, S. S., "Intergenerational Transmission of Attachment for Infants Raised in a Prison Nursery," *Attachment and Human Development* 12, no. 4 (2010), https://doi.org/10.1080/14616730903417011.

51 Staley, M. E., "Profile and Three Year Follow-Up of Bedford Hills and Taconic Nursery Program Participants: 1997 and 1998," US Department of Justice, Office of Justice Programs, May 2002, www.ojp.gov/ncjrs/virtual-library/abstracts/profile-and-three-year-follow-bedford-hills-and-taconic-nursery.

52 Nicholson, J., and Dominguez-Pareto, I., *Responsive Early Education for Young Children and Families Experiencing Homelessness* (California Department of Education, 2019), www.cde.ca.gov/sp/cd/re/documents/earlyedhomelessness2020.pdf.

53 Spong, B., and Homstead, K., "Treehouse: Intergenerational Community as Intervention," Rudd Adoption Research Program, UMass Amherst, 2019, www.umass.edu/ruddchair/sites/default/files/rudd.spong.pdf.

54 *The Hero Effect*, season 1, episode 107, "This Beautiful Community Connects Foster Children with the Elderly," aired May 13, 2017, CC TV-14, OWN, www.oprah.com/own-entertainment/this-beautiful-community-connects-foster-children-with-the-elderly.

第十章 朋友——邊玩邊學

1 Jones, S., "Why Do We Play? Rats Can Teach Us How It Improves Mental Health," *Washington Post*, September 14, 2023, www.washingtonpost.com/wellness/2023/09/14/play -mental-health-brain-strategies/; Brown, S. L., "Consequences of Play Deprivation," *Scholarpedia* 9, no. 5 (2014), https://doi:10.4249/scholarpedia.30449.

2 Nakia, G. S., Burke, S., Akil, H., Watson, S. J., and Panksepp, J., "Socially-Induced Brain 'Fertilization': Play Promotes Brain Derived Neurotrophic Factor Transcription in the Amygdala and Dorsolateral Frontal Cortex in Juvenile Rats," *Neuroscience Letters* 341, no. 1 (2003), https://doi.org/10.1016/s0304-3940(03)00158-7.

3 Panksepp, J., "Can Play Diminish ADHD and Facilitate the Construction of the Social Brain?," *Journal of the Canadian Academy of Child and Adolescent Psychiatry* 16, no. 2 (2007), www.ncbi.nlm.nih.gov/pmc/articles/PMC2242642/.

4 Pellis, S. M., and Pellis, V. C., "Rough-and-Tumble Play and the Development of the Social Brain," *Current Directions in Psychological Science* 16, no. 2 (2007), https://doi.org/10.1016/B978-0-12-804036-2.00012-1.

5 Gray, P., Lancy, D. F., and Bjorklund, D. F., "Decline in Independent Activity as a Cause of Decline in Children's Mental Well-Being: Summary of the Evidence," *Journal of Pediatrics* 260 (2023), https://doi.org/10.1016/j.jpeds.2023.02.004; Brown, "Consequences of Play Deprivation."

6 Schweinhart, L. J., and Weikart, D. P., "The High/Scope Preschool Curriculum Comparison Study Through Age 23," *Early Childhood Research Quarterly* 12, no. 2 (1997), https://doi.org/10.1016/S0885-2006(97)90009-0.

7 Tullis, P., "Preschool Tests Take Time Away from Play—and Learning," *Scientific American*, November 1, 2011, www.scientificamerican.com/article/the-death-of-preschool/.

8 Hofferth, S. L., and Sandberg J. F., "Changes in American Children's Time, 1981–1997," *Advances in Life Course Research* 6 (2001), https://doi.org/10.13085/eijtur.6.1.26-47.

9 Juvonen, J., Lessard, L. M., Rastogi, R., Schacter, H. L., and Smith, D. S., "Promoting Social Inclusion in Educational Settings: Challenges and Opportunities," *Educational Psychologist* 54, no. 4 (2019), https://doi.org/10.1080/00461520.2019.1655645.

10 Hattie, J., *Visible Learning: The Sequel; A Synthesis of Over 2,100 Meta-Analyses Relating to Achievement* (Abingdon, UK: Routledge, 2023).

11 Adams, R. E., Santo, J. B., and Bukowski, W. M., "The Presence of a Best Friend Buffers the Effects of Negative Experiences," *Developmental Psychology* 47, no. 6 (2011), https://doi.org/10.1037/a0025401.

12 Calhoun, C. D., Helms, S. W., Heilbron, N., Rudolph, K. D., Hastings, P. D., and Prinstein, M. J., "Relational Victimization, Friendship, and Adolescents' Hypothalamic-Pituitary-Adrenal Axis Responses to an In Vivo Social Stressor," *Development and Psychopathology* 26, no. 3 (2014), https://doi.org/10.1017/S0954579414000261.

13 Silva, K., Shulman, E. P., Chein, J., and Steinberg, L., "Peers Increase Late Adolescents' Exploratory Behavior and Sensitivity to Positive and Negative Feedback," *Journal of Research on Adolescence* 26, no. 4 (2016), https://doi.org/10.1111/jora.12219.

14 Finkelhor, D., Turner, H., Ormrod, R., and Hamby, S. L., "Violence, Abuse, and Crime Exposure in a National Sample of Children And Youth," *Pediatrics* 124, no. 5 (2009), https://doi.org/10.1542/peds.2009-0467.

15 Baumeister, R. F., Twenge, J. M., and Nuss, C. K., "Effects of Social Exclusion on Cognitive Processes: Anticipated Aloneness Reduces Intelligent Thought," *Journal of Personality and Social Psychology* 83, no. 4 (2002), https://doi.org/10.1037//0022-3514.83.4.817.

16 Diamond, M. C., Krech, D., and Rosenzweig, M. R., "The Effects of an Enriched Environment on the Histology of the Rat Cerebral Cortex," *Journal of Comparative Neurology* 123 (1964), https://doi.org/10.1002/cne.901230110.

17 Diamond, M. C., Johnson, R. E., Protti, A. M., Ott, C., and Kajisa, L., "Plasticity in the 904-Day-Old Male Rat Cerebral Cortex," *Experimental Neurology* 87, no. 2 (1985), https://doi.org/10.1016/0014-4886(85)90221-3.

18 Vanderschuren, L. J., Achterberg, E. J., and Trezza, V., "The Neurobiology of Social Play and Its Rewarding Value in Rats," *Neuroscience and Biobehavioral Reviews* 70 (2016), https://doi.org/10.1016/j.neubiorev.2016.07.025.

19 Gloveli, N., Simonnet, J., Tang, W., Concha-Miranda, M., Maier, E., Dvorzhak, A., Schmitz, D., and Brecht, M., "Play and Tickling Responses Map to the Lateral Columns of the Rat Periaqueductal Gray," *Neuron* 111, no. 19 (2023), https://doi.org/10.1016/j.neuron.2023.06.018.

20 Hamilton, J., "Scientists Say Child's Play Helps Build a Better Brain," NPR, August 6, 2014, www.npr.org/transcripts/336361277.

21 Panksepp, J., "Affective Preclinical Modeling of Psychiatric Disorders: Taking Imbalanced Primal Emotional Feelings of Animals Seriously in Our Search for Novel Antidepressants," *Dialogues in Clinical Neuroscience* 17, no. 4 (2015), https://doi.org/10.31887/DCNS.2015.17.4/jpanksepp.

22 Yogman, M., Garner, A., Hutchinson, J., Hirsh-Pasek, K., Golinkoff, R. M., Committee on Psychosocial Aspects of Child and Family Health, and Council on Communications and Media, "The Power of Play: A Pediatric Role in Enhancing Development in Young Children," *Pediatrics* 142, no. 3 (2018), https://doi.org/10.1542/peds.2018-2058.

23 Bergland, C., "Children's Creativity Leads to Innovation in Adulthood," *Psychology Today*, October 24, 2013, www.psychologytoday.com/us/blog/the-athletes-way/201310/childhood-creativity-leads-innovation-in-adulthood; Schrader, C. T., "Symbolic Play as a Curricular Tool for Early Literacy Development," *Early Childhood Research Quarterly* 5, no. 1 (1990), https://doi.org/10.1016/0885-2006(90)90008-O.

24 Skene, K., O'Farrelly, C. M., Byrne, E. M., Kirby, N., Stevens, E. C., and Ramchandani, P. G., "Can Guidance During Play Enhance Children's Learning and Development in Educational Contexts? A Systematic Review and Meta-Analysis," *Child Development* 93, no. 4 (2022), https://doi.org/10.1111/cdev.13730.

25 "Learning Through Play: What the Science Says," Lego Foundation, 2024, https://learningthroughplay.com/explore-the-research/the-scientific-case-for-learning-through-play.

26 Purvis, K., "Lecture: Introduction to TBRI," Karyn Purvis Institute of Child Development, YouTube video, September 29, 2015, www.youtube.com/watch?v=7vjVpRffgHQ&feature=youtu.be. Quote at 0:46.

27 Durlak, J. A., Weissberg, R. P., Dymnicki, A. B., Taylor, R. D., and Schellinger, K. B., "The Impact of Enhancing Students' Social and Emotional Learning: A Meta - Analysis of School-Based Universal Interventions," *Child Development* 82, no. 1 (2011), https://srcd.online library.wiley.com/doi/abs/10.1111/j.1467-8624.2010.01564.x.

28 Jones, D. E., Greenberg, M., and Crowley, M., "Early Social-Emotional Functioning and Public Health: The Relationship Between Kindergarten Social Competence and Future Wellness," *American Journal of Public Health* 105, no. 11 (2015), https://doi.org/10.2105/AJPH.2015 .302630.

29 D'Souza, K., "Why Child's Play Is Serious Business in Early Education," *EdSource*, December 8, 2021, https://edsource.org/2021/why-childs-play-is-serious-business-in-early-education/664339.

30 Sulaski Wyckoff, A., "Simple Prescription: Pediatricians Have Role in Promoting Healthy Development Through Play," American Academy of Pediatrics, AAP News, August 20, 2018, https://publications.aap.org/aapnews/news/13532/Simple-prescription-Pediatricians-have-role-in.

31 有關非營利組織「Right to Play」的影響成效，請見 https://righttoplayusa.org/en/impact/.

32 有關非營利組織「Lively Minds」的影響成效，請見 www.livelyminds.org/impact.

33 有關 Tinkergarten 成效的統計數據，請見 www2.tinkergarten.com/.

34 Stinehart, K., "Why Unstructured Free Play Is a Key Remedy to Bullying," *eSchool News*, November 23, 2021, www.eschoolnews.com/sel/2021/11/23/why-unstructured-free-play-is-a-key-remedy-to-bullying/.

35 Edler, K., "This Elementary School Teacher Is Using the Miami Dolphins to Teach Math," Deseret News, November 7, 2023, https://sports.yahoo.com/elementary-school-teacher-using-miami-213000589.html; Miami Dolphins, "Had a few surprises in store," TikTok, October 26, 2023, www.tiktok.com/@miamidolphins/video/7294357990671584558.

36 "What Is Play-Based Learning in Kindergarten? A Resource for Parents and Caregivers," Institute of Education Sciences, 2023, https://ies.ed.gov/ncee/rel/regions/northeast/pdf/RELNEI_6.2.4-NH-Factsheet_accessible.pdf.

37 Ntawigira, E., "Learning Through Play: Rwanda Steps Up Commitment to Early Childhood Education Through Cross-Country Collaboration," VVOB Education for Development, February 23, 2023, https://rwanda.vvob.org/news/learning-through-play-rwanda-steps-commitment-early-childhood-education-through-cross-country.

38 Real Play Coalition, *Value of Play Report* (2018), www.ikea.com/ca/en/files/pdf/bb/2f/bb2f0627/the-real-play-coalition_value-of-play-report_a.pdf.

39 Regas, D., "Parks Serving Majority Nonwhite Neighborhoods Are Disproportionately Smaller and More Crowded, New Data Shows," Trust for Public Land, August 5, 2020, www.tpl.org/media-room/parks-serving-majority-nonwhite-neighborhoods-are-disproportionately -smaller-and-more; Trust for Public Land, *The Heat Is On* (accessed July 2, 2024), https://e7jecw7o93n.exactdn.com/wp-content/uploads/2022/09/The-Heat-is-on_A-Trust-for-Public -Land_special-report.pdf.

40 Mader, J., "Twenty-Six Studies Point to More Play for Young Children: Play Has the Potential to Reduce Inequality, Report Finds," *Hechinger Report*, May 13, 2021, https://hechinger report.org/twenty-six-studies-point-to-more-play-for-young-children/.

41 Mader, J., "Outdoor Preschool Gains Momentum Nationwide," *Washington Post*, May 19, 2023, www.washingtonpost.com/education/2023/05/19/outdoor-education-forest-pre school-kindergarten/.

42 "What Is 'Nature Deficit Disorder,' and Can the Outdoors Really Make Us Feel Better?," HealthPartners, 2020, https://tinyurl.com/bddatne2.

43 Mondick, L., "Why Are Black Youth at Highest Risk for Drowning?," YMCA, March 25, 2021, www.ymca.org/ystories/healthy-living/black-youth-at-highest-risk-of-drowning.

44 "Supermarket Speak," Playful Learning Landscape, accessed July 2, 2024, https://playfullearninglandscapes.com/project/supermarket-speak/.

第十一章 學校：人際樞紐

引文：愛因斯坦的這段話，譯自帕薩迪納城市學院天文館大樓內一塊紀念銘牌上的文字。德文原文寫道：「教師最重要的藝術，就是喚起學生對創造與認知的喜悅。」1931 年 2 月 26 日，愛因斯坦在為該大樓及天文台舉行的落成典禮上簡短致詞，並親自提供了這段話，刻在館內的一塊小型青銅獻辭銘牌上。

1 Hattie, J., "*Visible Learning: The Sequel 2023*," Visible Learning, 2023, https://visible-learning.org/2023/01/visible-learning-the-sequel-2023/.

2 Hattie, J., "An Ode to Expertise," Paper presented at the Victorian Education State Principals Conference (Victoria, Australia), 2021.

3 TeachFX's research on twenty thousand hours of classroom audio (accessed July 2, 2024): https://teachfx.com/research.

4 Ho, D., *Classroom Talk: Exploring the Sociocultural Structure of Formal ESL Learning* (Berlin: Peter Lang, 2005).

5 McKinsey Global Institute, *The Age of Analytics: Competing in a Data-Driven World* (December 2016), https://tinyurl.com/3n8tbfes; Schilling, D. R., "Knowledge Doubling Every 12 Months, Soon to Be Every 12 Hours," Industry Tap, April 19, 2013, www.industrytap.com/knowledge-doubling-every-12-months-soon-to-be-every-12-hours/3950.

6 "Early Childhood x Healthcare x Community: The Primary School," Stanford Graduate School of Education, December 7, 2022, YouTube video, https://youtu.be/5Jxdn2Z6ywE.

7 Little, B., "The US Funded Universal Childcare During World War II—Then Stopped," History, May 12, 2021, www.history.com/news/universal-childcare-world-war-ii.

8 Herbst, C., "Universal Childcare, Maternal Employment, and Children's Long-Run Outcomes: Evidence from the US Lanham Act of 1940," *Journal of Labor Economics* 35, no. 2 (2017), www.journals.uchicago.edu/doi/abs/10.1086/689478.

9 Butrymowicz, S., and Mader, J., "How the Military Created the Best Childcare System in the Nation, and What States Can Learn from Its Significant Turnaround," *Hechinger Report*, March 20, 2016, https://hechingerreport.org/how-the-military-created-the-best-child-care-system-in-the-nation/.

10 Toppo, G., "Homeschooling 2.0: Less Religious and Conservative, More Focused on Quality," *The 74*, February 2, 2023, https://news.yahoo.com/homeschooling-2-0-less-religious-121500870.html.

11 "Quantitative and Qualitative Findings of the Early Learning Positive Deviance Initiative," DataDrive, September 21, 2023, https://datadrive2030.co.za/the-early-learning -positive-deviance-initiative/.

12 "Berea Community Schools Preschool Program Handbook: Our Little Pirates," accessed August 10, 2024, https://drive.google.com/file/d/1lIhZIgvsk6RBPqFKV9X_DBLR kbcUcD6s/view.

13 Klein, A., "Want to Tackle Chronic Absenteeism? Try Texting Parents," *Education Week*, January 26, 2022, www.edweek.org/leadership/want-to-tackle-chronic-absenteeism-try-texting-parents/2022/01.

14 Stemler, S. E., Werblow, J., Brunner, E., Amado, A., Hussey, O., Ross, S., Gillotti, J., Hammond, S., Jiang, S., Pereira, A., White, S., and Pruscino, I., *An Evaluation of the Effectiveness of Home Visits for Re-engaging Students Who Were Chronically Absent in the Era of Covid-19* (Center for Connecticut Education Research Collaboration, December 31, 2022), https://portal.ct.gov/ccerc/-/media/CCERC/Reports/CCERC-Report-LEAP_FINAL.pdf.

15 Small, M., "What We Do Together: The State of Social Capital in America Today," Testimony to the Joint Economic Committee, May 17, 2017, www.jec.senate.gov/public/_cache/files/6add004e-b757-4b9c-9422-046eb7db4aac/mario-small-testimony.pdf.

16 Masutani, A., and Porter, T., *Tūtū and Me: A Model for Enhancing Children's School Readiness: Results from a Longitudinal Study* (Institute for Educational Leadership, June 22, 2016), https://iel.org/wp-content/uploads/2016/08/s3.amazonaws.com_v3-app_crowdc_assets_4_4d_4d4a9e56530f60fa_IEL2_Powerpoint.original.1469014687.pdf.

17 Tenenbaum, H. R., Winstone, N. E., Leman, P. J., and Avery, R. E., "How Effective Is Peer Interaction in Facilitating Learning? A Meta-Analysis," *Journal of Educational Psychology* 112, no. 7 (2020), https://doi.org/10.1037/edu0000436.

18 Chandra, P., "In Support of Mixed-Aged Groupings: An Optimal Model for Early Childhood Classrooms," Stanford Bing Nursery School, October 1, 2022, https://bingschool.stanford.edu/news/support-mixed-age-groupings-optimal-model-early-childhood-classrooms.

19 Katz, L. G., *The Case for Mixed Age Grouping in Early Childhood* (National Association for the Education of Young Children, 1990), https://files.eric.ed.gov/fulltext/ED326302.pdf; Winsler, A., Caverly, S. L., Willson-Quayle, A., Carlton, M. P., Howell, C., and Long, G. N., "The Social and Behavioral Ecology of Mixed-Age and Same-Age Preschool Classrooms: A Natural Experiment," *Journal of Applied Developmental Psychology* 23, no. 3 (2002), https://doi.org/10.1016/S0193-3973(02)00111-9; Magnusson, L., and Bäckman K., "Teaching and Learning in Age Homogeneous Groups Versus Mixed-Age Groups in the Preschool: The Swedish Example," *Cogent Education* 9, no. 1 (2022), https://doi.org/10.1080/2331186X.2022.2109802; Justice, L. M., Logan, J. A., Purtell, K., Bleses, D., and Højen, A., "Does Mixing Age Groups in Early Childhood Education Settings Support Children's Language Development?," *Applied Developmental Science* 23, no. 3 (2019), https://doi.org/10.1080/1 0888691.2017.1386100.

20 Pakarinen, E., Lerkkanen, M. K., Poikkeus, A., Kiuru, N., Siekkinen, M., Rasku-Puttonen, H., and Nurmi, J., "A Validation of the Classroom Assessment Scoring System in Finnish Kindergartens," *Early Education and Development* 21, no. 1 (2010), www.tandfonline.com/doi/abs/10.1080/10409280902858764.

21 University of Eastern Finland, "Empathetic Teachers Enhance Children's Motivation for Learning," *ScienceDaily*, November 3, 2015, www.sciencedaily.com/releases/2015/11/151103064738.htm.

22 Arundel, K., "Positive Student-Teacher Relationships Boost Instructional Quality," *K-12 Dive*, April 8, 2022, www.k12dive.com/news/teachers-benefit-from-positive-relationships-with-students-research-shows/621803/.

23 Hamel, E. E., Avari, P., Hatton-Bowers, H., and Schachter, R. E., " 'The Kids. That's My Number One Motivator' : Understanding Teachers' Motivators and Challenges to Working in Early Childhood Education," *Early Childhood Education Journal* (2023), https://doi.org/10.1007/s10643-023-01612-6.

24 On class size: Finn, J. D., Gerber, S. B., Achilles, C. M., and Boyd-Zaharias, J., "The Enduring Effects of Small Classes," *Teachers College Record* 103, no. 2 (2001), https://doi.org/10.1111/0161-4681.00112; Millsap, M. A., Giancola, J., Smith, W. C., Hunt. D., Humphrey, D. C., Wechsler, M., and Riehl, L., *A Descriptive Evaluation of the Federal Class-Size Reduction Program: Executive Summary* (US Department of Education, 2004), https://www2.ed.gov/rschstat/eval/other/class-size/execsum.pdf.

25 Kazi-Nance, A., "Family Child Care Is More than Just Caring for the Children; We Care for the Parents and Families Also," *All Our Words*, July 10, 2019, https://allourkin.wordpress.com/2019/07/10/family-child-care-is-more-than-just-caring-for-the-children-we-care-for-the-parents-and-families-also/.

26 Tiano, J. D., and McNeil, C. B., "Training Head Start Teachers in Behavior Management Using Parent-Child Interaction Therapy: A Preliminary Investigation," *Journal of Early and Intensive Behavior Intervention* 3, no. 2 (2006), https://doi.org/10.1037/h0100334; Nagaoka, D., Tomoshige, N., Ando, S., Morita, M., Kiyono, T., Kanata, S., Fujikawa, S., Endo, K., Yamasaki, S., Fukuda, M., Nishida, A., Hiraiwa-Hasegawa, M., and Kasai, K., "Being Praised for Prosocial Behaviors Longitudinally Reduces Depressive Symptoms in Early Adolescents: A Population-Based Cohort Study," *Frontiers in Psychiatry* 13 (2022), https://doi.org/10.3389/fpsyt.2022.86590.

27 Hammond, Z., *Culturally Responsive Teaching and the Brain: Promoting Authentic Engagement and Rigor Among Culturally and Linguistically Diverse Students* (Thousand Oaks, CA: Corwin, 2015).

28 Bovill, C., "Co-creation in Learning and Teaching: The Case for a Whole-Class Approach in Higher Education," *Higher Education* 79 (2020), https://doi.org/10.1007/s10734-019-00453-w.

29 Anderson, J., "Denmark Has Figured Out How to Teach Kids Empathy and Make Them Happier Adults," Quartz, August 22, 2016, https://qz.com/763289/denmark-has-figured-out-how-to-teach-kids-empathy-and-make-them-happier-adults.

30 New Zealand Ministry of Education, *Te Whāriki* (1996, updated in 2017), www.education.govt.nz/assets/Documents/Early-Childhood/ELS-Te-Whariki-Early-Childhood -Curriculum-ENG-Web.pdf.

第十二章 社區：一起發光發熱

1 Alvarez, L., "One Man's Millions Turn a Community in Florida Around," *New York Times*, May 25, 2015, www.nytimes.com/2015/05/26/us/tangelo-park-orlando-florida.html.

2 Weiss, E., interview with Sam Butler, as reported in "Tangelo Park Program: A Broader, Bolder Approach to Education," BBA, May 4, 2017, www.boldapproach.org/index .html@p=548.html.

3 Mock, E., "Justice for All: Belief in the Tangelo Park Turned It into an 'Oasis,'" Spectrum News 13, December 9, 2020, https://mynews13.com/fl/orlando/justice-for-all/2020/12/09justice-for-all-belief-in-the-tangelo-park-turned-it-into-an-oasis.

4 Wright, R., "The Most Innovative City in the World," *Los Angeles Times*, June 3, 1996, www.latimes.com/archives/la-xpm-1996-06-03-mn-11410-story.html; Barth, B., "Curitiba: The Greenest City on Earth," The Ecologist, March 15, 2014, https://theecologist.org/2014/mar/15/curitiba-greenest-city-earth; Adler, D., "*Story of Cities* 37: How Radical Ideas Turned Curitiba into Brazil's 'Green Capital,'" The Guardian, May 6, 2016, www.theguardian.com/cities/2016/may/06/story-of-cities-37-mayor-jaime-lerner-curitiba-brazil-green-capital-global-icon.

5 Gustafsson, H., and Kelly, E., *Urban Innovations in Curitiba: A Case Study*, Yale Law School, June 2012, www.urban-response.org/system/files/content/resource/files/main/ludwiggustafsson kellycuritibareport.pdf.

6 Wright, "The Most Innovative City in the World."

7 NEOM website, accessed August 10, 2024, www.neom.com/en-us/about.

8 Luttenberger, S., Wimmer, S., and Paechter, M., "Spotlight on Math Anxiety," *Psychology Research and Behavior Management* 11 (2018), https://doi.org/10.2147/PRBM.S141421.

9 MathTalk website, accessed August 10, 2024, www.math-talk.com.

10 Duncan, G. J., Dowsett, C. J., Claessens, A., Magnuson, K., Huston, A. C., Klebanov, P., Pagani, L. S., Feinstein, L., Engel, M., Brooks-Gunn, J., Sexton, H., Duckworth, K., and Japel, C., "School Readiness and Later Achievement," *Developmental Psychology* 43, no. 6 (2007), https://doi.org/10.1037/0012-1649.43.6.1428; Camera, L., "U.S. Students Show No Improvement in Math, Reading, Science on International Exam," *U.S. News and World Report*, December 3, 2019, www.usnews.com/news/education-news/articles/2019-12-03/us-students-show-no-improvement-in-math-reading-science-on-international-exam.

11 Saidin, N., Halim, N. D., and Yahaya, N., "A Review of Research on Augmented Reality in Education: Advantages and Applications," *International Education Studies* 8 (2015), www.ccsenet.org/journal/index.php/ies/article/view/50356; Chen, Y., "Effect of Mobile Augmented Reality on Learning Performance, Motivation, and Math Anxiety in a Math Course," *Journal of Educational Computing Research* 57, no. 7 (2019), https://doi.org /10.1177/0735633119854036.

12 Jones, C., "Latinos, African-Americans Have Less Access to Math, Science Classes, New Data Show," *EdSource*, May 22, 2018, https://edsource.org/2018/latino-african-americans-have-less-access-to-math-science-classes-new-data-show/598083; Anderson, M., "How Does Race Affect a Student's Math Education?," *The Atlantic*, April 25, 2017, www.theatlantic.com/education/archive/2017/04/racist-math-education/524199/.

13 Beckner, A., Minn, C., "Helping Kids—and Parents—See that Math Is All Around Us. Why We Invested: MathTalk," Imaginable Futures, March 2, 2021, https://www.imaginable futures.com/learnings/math-talk/.

14 National Geographic, "This Island Unlocked the Secret to Long Life—and Knows How to Get Through Tough Times," October 12, 2020, https://www.nationalgeographic.com/premium/article/uncover-the-secrets-of-longevity-in-this-japanese-village.

15 Willcox, D. C., Willcox, B. J., Hsueh, W. C., and Suzuki, M., "Genetic Determinants of Exceptional Human Longevity: Insights from the Okinawa Centenarian Study." *Age* (Dordrecht, Netherlands) 28, no. 4 (2006), 313–332, https://doi.org/10.1007/s11357-006-9020-x.

16 Willcox, B., "The Quest for Eternal Youth," TEDxMaui, December 29, 2014, https://www.youtube.com/watch?v=BBXPtVDpAWw.

17 Buettner, D., *Blue Zones* (Washington, DC: National Geographic, 2010).

18 這些團體課程的相關研究，請見：*Centering Healthcare Bibliography*, September 2023, www.centeringhealthcare.org/uploads/files/Centering-Healthcare-Institute-Bibliography-2023.docx-3.pdf.

19 Grossman, B. J., Resch, N., and Tierney, J. P., *Making a Difference: An Impact Study of Big Brothers/Big Sisters (Re-issue of 1995 Study)* (Public/Private Ventures, September 15, 2000), https://ppv.issuelab.org/resource/making-a-difference-an-impact-study-of-big-brothers-big-sisters-re-issue-of-1995-study.

20 "The LA Generation Xchange (GenX) Project | UCLA Community Engagement," UCLA Health, YouTube video, May 13, 2016, www.youtube.com/watch?v=uV48WStOpzw.

21 "Our Impact," Generation Xchange, UCLA Health, accessed August 10, 2024, www.uclahealth.org/departments/medicine/geriatrics/research/generation-xchange-genx /our-impact.

22 Fried, L. P., Carlson, M. C., Freedman, M., Frick, K. D., Glass, T. A., Hill, J., McGill, S., Rebok, G. W., Seeman, T., Tielsch, J., Wasik, B. A., and Zeger, S., "A Social Model for Health Promotion for an Aging Population: Initial Evidence on the Experience Corps Model," *Journal of Urban Health* 81, no. 1 (2004), https://doi.org/10.1093/jurban/jth094.

23 Freedman, M., and Larson, C., "The Case for Putting Seniors in Charge of Universal Pre-K," *Newsweek*, November 29, 2021, www.newsweek.com/case-putting-seniors-charge-universal-pre-k-opinion-1654236.

24 Gopnik, A., "Vulnerable yet Vital: The Dance of Love and Lore Between Grandparent and Grandchild Is at the Centre, Not the Fringes, of Our Evolutionary Story," *Aeon*, November 9, 2020, https://aeon.co/essays/why-childhood-and-old-age-are-key-to-our-human-capacities.

25 Homepage, website of For Oak Cliff, accessed July 3, 2024, www.foroakcliff.org/.

26 "OG," an abbreviation for "original gangster," is a term of endearment for older people such as grandparents.

27 "Harlem Children's Zone Scholar Kiara Molina Introduces President Obama," Harlem Children's Zone, January 10, 2014, YouTube video, www.youtube.com/watch ?v=VX2VYGLKI9w.

28 "Government Performance and Results Act (GPRA) Indicators," Promise Neighborhoods, US Department of Education, accessed July 14, 2024, https://promiseneighborhoods .ed.gov/data-and-results.

結語　呼籲體制改革

1 Cahalan, M. W., Brunt, N., Vaughan III, T., Montenegro, E., Breen, S., Ruffin, E., and Perna, L.W., *Indicators of Higher Education Equity in the United States: 2024 50-Year Historical Trend Report* (Pell Institute for the Study of Opportunity in Higher Education, 2024), www.pellinstitute.org/the-indicators-of-higher-education-equity-in-the-united-states-2024-50-year-historical-trend-report/.

2 Carnevale, A., Fasules, M. L., Quinn, M. C., and Peltier Campbell, K., *Born to Win, Schooled to Lose: Why Equally Talented Students Don't Get Equal Chances to Be All They Can Be* (Georgetown University Center on Education and the Workforce, 2019), https://files.eric.ed.gov/fulltext/ED599947.pdf; Johnson Hess, A., "Georgetown Study: 'To Succeed in America, It's Better to Be Born Rich than Smart,'" CNBC, May 29, 2019, www.cnbc.com/2019/05/29/study-to-succeed-in-america-its-better-to-be-born-rich-than-smart.html.

3 Bardhan, S., Kubzansky, M., and Bannick, M., *Omidyar Network's First 10 Years: An Impact Analysis*(Omidyar Network, 2018), https://omidyar.com/omidyar-networks -first-10-years-an-impact-analysis/.

Eurasian Publishing Group 圓神出版事業機構 用心與你對話・視野無限寬廣
先覺出版社 Prophet Press

www.booklife.com.tw
reader@mail.eurasian.com.tw

關懷教養 026

人際智商：讓孩子學得更好的教養新關鍵

作　　者／侯可麗（Isabelle C. Hau）
譯　　者／張綺容
發 行 人／簡志忠
出 版 者／先覺出版股份有限公司
地　　址／臺北市南京東路四段50號6樓之1
電　　話／（02）2579-6600・2579-8800・2570-3939
傳　　真／（02）2579-0338・2577-3220・2570-3636
副 社 長／陳秋月
副總編輯／李宛蓁
責任編輯／李宛蓁
校　　對／林淑鈴・李宛蓁
美術編輯／蔡惠如
行銷企畫／陳禹伶・黃惟儂
印務統籌／劉鳳剛・高榮祥
監　　印／高榮祥
排　　版／杜易蓉
經 銷 商／叩應股份有限公司
郵撥帳號／ 18707239
法律顧問／圓神出版事業機構法律顧問　蕭雄淋律師
印　　刷／祥峯印刷廠
2025年10月　初版

定價 410 元　　ISBN 978-986-134-552-9　

小孩子所給予的無條件的愛，不同於大人之間的情感，小孩愛就是愛，
沒有界限，沒有評判，愛得純粹，愛得簡單，愛得大方。
這是當保母才有的殊榮，其他工作都沒有，絕對不是微不足道的小事。
——《我在億萬豪宅當保母：一個底層女孩在頂層社會的窺奇與學習》

國家圖書館出版品預行編目資料

人際智商：讓孩子學得更好的教養新關鍵 / 侯可麗（Isabelle C. Hau）作；
張綺容 譯；-- 初版 -- 臺北市：先覺，2025.10
352 面；14.8×20.8公分 --（關懷教養；26）
譯自：Love to Learn: The Transformative Power of Care and Connection in Early Education
ISBN 978-986-134-552-9（平裝）

1.CST：情意教育　2.CST：學前教育　3.CST：人際關係

523.21　114011965